DICTIONNAIRE

des Pierres et minéraux

Ouvrages du même auteur aux éditions Exclusif :

- Les fabuleux pouvoirs de l'ambre
- Guérir par les pierres et minéraux
- Les incroyables pouvoirs de l'eau
- Petit dictionnaire des pierres et minéraux

Éditions **Exclusif**
120, avenue Charles-de-Gaulle
92200 Neuilly-sur-Seine.
Tél. et Fax. : 01.46.43.09.24.
E-mail : exclusif.edit@Wanadoo.fr

Imprimé en France

I.S.B.N. : 2-84891-004-6

Florence Mégemont

DICTIONNAIRE

des Pierres et minéraux

INTRODUCTION

La « vie » des pierres

LUSAGE des pierres à des fins thérapeutiques se perd dans la nuit des temps. Les sépultures antiques sont fort parlantes à ce sujet.

Du luxe des tombes royales égyptiennes, constellées de jade et de lapis-lazuli, des tumulus barbares jusqu'aux tombes les plus anciennes des peuples les plus pauvres dans lesquelles un simple caillou gravé d'un signe magique accompagne le défunt, la pierre est présente.

Les traditions voient une ressemblance particulière entre la pierre et l'homme : ce dernier monte vers le ciel alors que, croyait-on, la pierre en descendait. On déclarait alors que « les pierres ne sont pas des masses inertes, tombées du ciel, elles demeurent vivantes après leur chute ».

L'idée d'une « vie » des pierres constitue un thème extrêmement répandu. Pourtant, la pierre tombale, la stèle, le monument que nous associons à la mort, constituent en réalité une résistance : on y grave le nom du défunt, on vient le célébrer sur sa sépulture. La pierre, le marbre, le granit ont pour but d'activer la mémoire, le souvenir. De cette façon, c'est un démenti de la mort et, loin de la symboliser, la pierre célèbre la vie.

Cette habitude de l'utiliser à des fins funéraires n'est pas si éloignée de la lithothérapie. Qui peut dire comment les Anciens, connaissant et utilisant le pouvoir des minéraux, considéraient leurs rapports avec la cessation de la vie ?

S'agissait-il, en quelque sorte, de réactiver l'énergie du défunt pour lui assurer une certaine énergie pour son existence future dans l'au-delà ?

Le schéma vibratoire de base

Sorciers ou magiciens, parfois forgerons sacrés ou verriers nobles, les hommes « magiques » des communautés premières communiaient avec le monde minéral et utilisaient les pierres à des fins thérapeutiques.

En tant que symbole de l'habitation, la pierre devint souvent sacrée. Synonyme de connaissance chez les mystiques rhénans, elle a toujours été ressentie comme portant des pouvoirs mystérieux.

Les opinions divergent quant à cette « vie » des pierres. Certains y voyaient une parcelle du souffle divin, d'autres imaginaient qu'un animal, serpent ou crapaud, vivait à l'intérieur du moindre caillou tandis que d'autres encore pensaient que chaque pierre restituait la chaleur du soleil qu'elle avait reçue.

Quoi qu'il en soit, le point commun entre ces opinions, demeure que la pierre « vit » ou, du moins, possède une certaine énergie.

Encore une fois, les pressentiments, les intuitions des peuples de jadis sont confirmés par la science moderne. En effet, le schéma vibratoire de base, celui qui régit aussi bien le spectre des couleurs que celui des sons (le même mot, chromatique, est employé dans les deux cas) se retrouve dans tous les phénomènes physiques, des ondes électromagnétiques au déplacement des « ronds dans l'eau » ou au mouvement infini des électrons.

L'inertie apparente du moindre galet ne doit pas nous tromper : chaque caillou est à la fois un émetteur et un récepteur de vibrations diverses. À tel point, que les grands rassemblements de mégalithes de Carnac ou de Stonehenge peuvent être considérés comme des récepteurs d'ondes, au même titre que les obélisques et pyramides d'Égypte ou d'Amérique précolombienne qui ne sont jamais orientées au hasard.

Ces monuments religieux « captaient » l'énergie cosmique et la « redistribuaient » au sol. Les pierres, reliées aux planètes, n'avaient pas encore livré tous leurs secrets, mais on constatait d'étranges phénomènes. Nous n'en savons qu'un peu plus : la loi du schéma vibratoire garde encore beaucoup de secrets.

Cela dit, la théorie est une chose, l'expérience une autre. Pour le commun des mortels, il suffit de se détendre, de toucher une pierre, de se laisser envahir par son rayonnement pour ressentir ce mystérieux pouvoir déjà perçu depuis des millénaires.

Ensuite, en réfléchissant, on sera persuadé par une évidence : un tel rayonnement, une aura aussi puissante agit sur nous.

L'étape suivante est d'essayer de déterminer ses pouvoirs physiologiques, psychiques et spirituels. Nous approchons déjà de la lithothérapie.

Aperçu historique : les ancêtres de la lithothérapie

En Chine ancienne, chez les Mandchous, la pierre était considérée comme une « sœur de l'arbre ». Elle représentait l'énergie statique par rapport à la croissance végétale.

La pierre, principe de vie intégrale qu'on ne change pas, qui ne se change pas, pouvait donc restaurer toutes les facultés humaines : datant de millions d'années, elle n'en était pas moins ni jeune ni vieille mais toujours identique à elle-même.

Dans toute l'Asie, le jade, le jaspe sont extrêmement révérés. Ce sont les pierres nobles, les pierres *sages* dont l'usage médicinal était soumis à des lois strictes. Le jade, chargé d'énergie yang se voyait octroyer des *qualités solaires*. C'était la panacée, le remède à tous les maux. Selon Ko-hung, fameux représentant de la tradition ésotérique chinoise, il fallait placer de l'or et du jade dans les neuf ouvertures d'un défunt pour préserver son cadavre de la putréfaction. Dans la sépulture on plaçait des perles dont l'énergie yin permettait d'assurer la renaissance, la réincarnation. Quiconque brisait un objet de jade était immédiatement puni de mort.

L'Égypte, puis l'Islam connaissaient la médecine par les pierres. Ce symbole de vie permanente représentait le triomphe de la vie contre la mort. De là vient la coutume fort répandue de jeter ou de poser des pierres sur un tombeau ou d'ensevelir un défunt avec une ou plusieurs pierres précieuses. Les marabouts donnaient certaines pierres aux malades qui devaient en frotter la partie souffrante de leur corps. La pierre était censée « absorber » le mal. Aussi personne ne devait la toucher ensuite, sous peine de contracter la maladie enclose dans le minéral.

Nous ne sommes pas loin de la lithothérapie actuelle, « revisitée » par la science médicale contemporaine. Les pierres précieuses, du Maghreb à l'Arabie, étaient chargées d'une symbolique précise et créant des pouvoirs magiques : la turquoise assurait la victoire, la cornaline et l'ambre protégeaient contre le mauvais œil, etc. L'importance de la Pierre Noire à la Mecque illustre l'importance du minéral dans cette civilisation : sa complexité symbolique est inépuisable et date, pour maints aspects, de bien avant l'Islam.

Dans la tradition judéo-chrétienne et pour les Hébreux, la pierre symbolise la sagesse, la permanence. Elle étanche la soif mystique comme l'eau désaltère le corps. On retrouve la trace de cette symbolique chez Moïse qui, à l'entrée et à la sortie du désert frappe une pierre de son bâton pour en faire jaillir une source.

La pierre nourricière est un autre thème biblique : le diable tente le Christ en lui demandant de changer les pierres en pain. Ensuite, le Christ changea le nom d'un pêcheur, le nomma Pierre et « sur cette pierre » fonda l'Église. L'homme périssable, mortel, deviendrait la première pierre d'un édifice mystique qui dure depuis 2000 ans.

Les pierres précieuses, dans la tradition judéo-chrétienne, représentent la transmutation, sœur de la transfiguration : nous allons du transparent à l'opaque, et vice-versa, selon la nécessité des secrets ésotériques ou celle de l'aveuglante luminosité de la Révélation : le rempart de la nouvelle Jérusalem est construit en jaspe et rehaussé de pierres diverses.

La première assise est de jaspe, la deuxième de saphir, la troisième de calcédoine, la quatrième d'émeraude, la cinquième de sardoine, la sixième de cornaline, la septième de chrysolite, la huitième de béryl, la neuvième de topaze, la dixième de chrysoprase, la onzième d'hyacinthe, la douzième d'améthyste. Quant aux douze portes de la ville, ce sont douze perles fines... Il ne s'agit pas seulement de beauté, de munificence ; la symbolique de chaque pierre est censée rejaillir sur la ville.

La tradition chrétienne étudia très précisément le pouvoir des pierres, Hugues de Saint-Victor associera la pierre à « la maison de Dieu » dont l'omniprésence se résoudrait particulièrement dans le règne minéral. Hildegarde de Bingen écrivit l'un des premiers traités de minéralogie sans oublier de mentionner les qualités thérapeutiques de chaque minéral. À l'époque des cathédrales naquit une symbolique des pierres extrêmement riche. Ce fut l'époque des « maîtres-ès-pierre », origine de la franc-maçonnerie et qui délivraient aux initiés un message ésotérique remontant à Hiram, le constructeur du premier Temple de Jérusalem.

De la pierre à bâtir, servant déjà de médecine, puisque la « poudre d'église » obtenue en grattant les murs était réputée soigner de nombreuses affections, aux pierres fines semi-précieuses ou précieuses, il n'y a guère de distance : les diamantaires, les joailliers médiévaux inventèrent de nouvelles tailles pour les gemmes. Sans exceller autant que la taille moderne du diamant à facettes, ces nouveaux procédés concentraient mieux les rayons lumineux *et les autres* des pierres translucides et transparentes.

On trouve, de ci, de là, des traces de lithothérapie. Cependant, certaines pierres, comme l'onyx, servent à concocter des poisons qui décimèrent certaines cours royales et demeureront, avec des recettes quasiment identiques, jusqu'à la Renaissance vénéneuse des Borgia. Ce fut l'occasion d'une confusion curieuse : on prétendit que le poison préféré de cette famille meurtrière contenait des rognures d'ongles. Le principe invoqué était que nos ongles, comme nos cheveux, contiennent de l'arsenic dont la présence est normale dans notre organisme à des doses infinitésimales. Personne n'a pensé que, si les ongles avaient été toxiques, toute personne se rongeant les ongles devrait mourir. En réalité le poison des Borgia contenait de la poudre d'onyx (ce mot signifie ongle en Grec), laquelle, accompagnée de poudre d'autres minéraux et d'éléments végétaux catalyseurs, peut effectivement devenir toxique.

En Grèce, puis à Rome, les pierres eurent un statut particulier. Elles servaient à compter : certaines petites pierres valaient une unité, d'autres, cinq ou dix unités, comme pour les bouliers chinois. Ainsi pouvait-on recenser les troupeaux, évaluer les marchandises, inventorier les biens. En Latin, caillou se disait *calculus* ou *scrupulus*. Le mot calcul nous est resté, comme le scrupule qui en vint à désigner l'attention particulière, la concentration nécessaire au métier de comptable.

La pratique commerciale, fondée sur les chiffres fut assez vite débordée par la symbolique des nombres : la pierre devint objet de spéculation philosophique à propos des chiffres, utilisés d'une façon magique ou pour la divination, à la façon de la numérologie actuelle. Ce qui n'empêcha pas que la spécificité de chaque pierre influe sur cette pratique. Car bientôt, les sages, les devins, les médecins utilisèrent des gemmes, des pierres semi-précieuses ou précieuses.

Pierres et traditions

Nous ne pouvons ici nous étendre à propos de l'alchimie. Cette vaste tradition se souciait de tous les minéraux et métaux, et non pas seulement de la fameuse « pierre philosophale ». Cette dernière, en référence à l'Évangile était aussi dite « pain du Seigneur ». La Pierre angulaire porte des significations ésotériques multiples et, en apparence contradictoires.

La tradition celte associa parfois la pierre à la fécondité. Les Bretonnes de jadis, grattaient les tables des dolmens et se frottaient le ventre avec la poudre de pierre obtenue afin de devenir fécondes.

Le fait est que le granit, avec sa légère radioactivité est propice à la gestation. On retrouve des pratiques analogues chez les femmes de l'Inde qui absorbent de la poussière de représentation monolithique de lingua (statue de pierre représentant un sexe masculin) et chez les aborigènes du sud de l'Australie.

Au Gabon, chez les Fang, une hache de pierre granitique est placée entre les jambes de la parturiente afin de favoriser l'accouchement, puis la délivrance. Quant aux femmes Yakoutes, elles boivent de l'eau dans laquelle on a placé des morceaux d'une pierre analogue... Nous voyons que la pratique des « eaux de pierre » vient de loin !

Dans la Cordillère des Andes, au Chili, au Pérou, comme au Tibet ou en Sibérie, on trouve à la croisée des chemins, à l'entrée des cols, des tas de pierres diverses : chaque voyageur y apporte la sienne. Ces pierres, ajoutées les unes aux autres, portent un peu de l'âme de chaque voyageur.

Ainsi, avec ces fragments d'âmes individuelles, créera-t-on une très puissante âme minérale collective protégeant l'itinérant des aléas de la route.

La pierre, en Afrique noire, peut devenir principe vital et recueillir l'énergie de l'âme des défunts. Elle peut protéger de la foudre ou susciter le malheur chez celui qui l'aura offensée, profanée. Les pierres sont aussi symboles de la fertilité.

Les anciens Mexicains fabriquaient des haches et des couteaux de pierre polie. Ces instruments de mort, servant aux sacrifices humains, représentaient aussi la renaissance, le cycle des saisons, voire l'éternité. Ces ustensiles sacrés étaient souvent faits de jade ou d'obsidienne, pierres, comme on le verra, fortement chargées symboliquement.

En Mongolie, des chamans parcourent les montagnes et les plaines inlassablement, essayant de trouver, dans le ventre d'un bœuf ou dans la tête d'un cerf, une pierre « climatique » permettant d'apporter le vent, la pluie, le gel, la neige chez l'ennemi et de maîtriser la rigueur des saisons. Il s'agit certainement de bézoard, pierre qui est présentée plus loin.

Chez les Indiens Omaha de la grande prairie américaine, la pierre opaque est symbole ou morceau de soleil dont le silex a emmagasiné des rayons.

Les pierres translucides représentent, quant à elles, la puissance de l'eau, capable de se cristalliser, de durcir sa puissance en la concentrant. Une telle force fut évidemment utilisée à des fins magiques, divinatoires ou médicinales.

La lithothérapie : une médecine douce

Comme on le voit, la lithothérapie peut s'enorgueillir d'une très ancienne histoire. Au-delà des croyances magiques, les chercheurs tentent, depuis le XIXe siècle de séparer le bon grain de l'ivraie afin de créer une médecine à l'innocuité attestée, une médecine douce dont la rigueur scientifique ne trahit pas la sagesse antique des traditions universelles.

Aujourd'hui, la lithothérapie est une alternative aux médicaments dont on abuse, hélas, au détriment de l'équilibre du terrain. Ce qui ne veut pas dire que la lithothérapie tourne le dos aux progrès extraordinaires de la médecine officielle. Les antibiotiques, lorsqu'on n'en abuse pas, sont efficaces et sauvent des vies. Les vaccins ont fait disparaître les grandes épidémies qui tuaient jadis, des millions de personnes.

Remarquons que l'un et l'autre de ces traitements procèdent d'une médecine « du même au même », c'est-à-dire du principe initial d'une autre médecine douce, compatible avec la lithothérapie, utilisant d'ailleurs les vertus, entre autres, des dilutions minérales : l'homéopathie. La modernité, encore une fois, vient du passé...

La lithothérapie constitue un moyen précieux de venir à bout de maintes affections. Elle ne peut cependant pas tout soigner : certaines maladies nécessitent un traitement différent et ce serait faire preuve de charlatanisme de prétendre le contraire. La rigueur des lithothérapeutes fait que chaque patient est informé de ce fait au besoin.

Ce guide ne saurait se substituer à la pratique médicale d'un lithothérapeute expérimenté. Toutefois, il permettra à tout un chacun de trouver une alternative aux traitements lourds et traumatisants tout en permettant une meilleure connaissance de soi, de son être intégral : corps, esprit et âme.

Nous vous proposons ainsi de pénétrer dans l'univers de la lithothérapie : 78 minéraux vous sont proposés !

À vous de les apprécier, de les découvrir et de les aimer...

Thérapie par les pierres

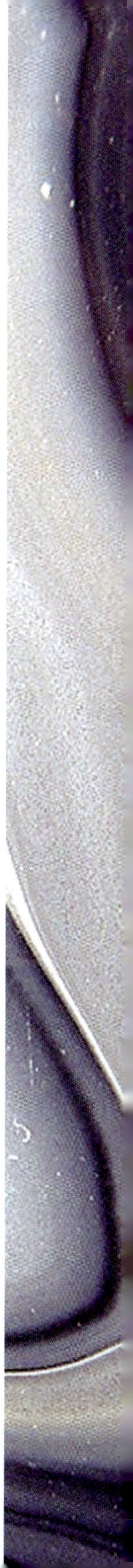

Agate

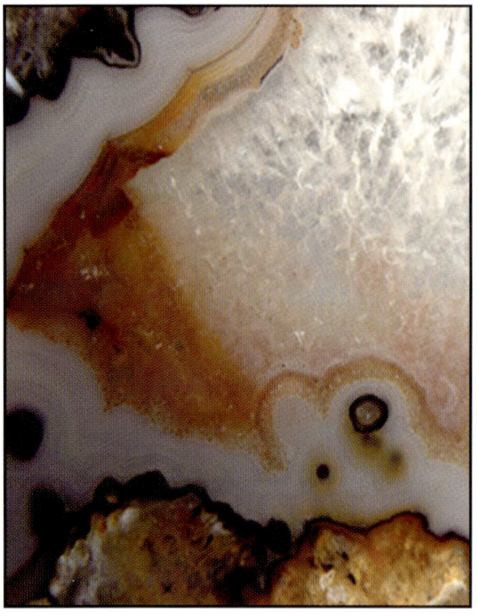

Agate : dioxyde de silicium. Pierre du groupe des quartz, variété de calcédoine finement zonée en couches concentriques. L'agate se présente sous diverses formes : lignée, laiteuse, arborisée, herborisée (agate mousse) ou œillée selon la disposition de ses couleurs et zones. Cette pierre opaque devient translucide, une fois coupée en lamelles pour la joaillerie.

Gisements : on trouve l'agate en Allemagne, sur le continent américain (Brésil, Uruguay, Mexique, Texas), en Inde.

Dureté : 6,5 à 7. **Densité** : 2,5. Attention : certaines agates sont artificiellement colorées.

Étymologie et Généralités

Le nom d'agate est celui d'un fleuve sicilien de la région de Sélinonte auprès duquel, d'après Pline l'Ancien, on trouve cette pierre. Cependant, le nom du cours d'eau, comme celui de la pierre évoquent un mot grec désignant ce qui est beau et bon.

Les couleurs de l'agate sont nombreuses, comme leurs significations :

L'AGATE BLEUE : chère au poète Francis Jammes, elle évoque le ciel, les « cieux d'Avril ». C'est pourtant la pierre terrienne par excellence. Cette couleur évoque donc une complémentarité, un équilibre.

L'AGATE INCOLORE : peut tout représenter. Elle reflète la solidité terrienne, l'amour du sol nourricier.

L'AGATE JAUNE : lorsqu'il s'y mêle des traces cristallines, elle évoque, du point de vue matériel l'or, la richesse. C'est pourquoi un grand nombre de traditions lui prêtent le pouvoir d'aider à découvrir les trésors cachés. Au point de vue spirituel, l'or représente à la fois l'amitié fidèle et le désir ardent. L'agate à dominante jaune serait une pierre de séduction favorable aux hommes qui souhaitent attirer les femmes. Ce désir peut aussi s'apparenter à la soif profane de richesse ou à la hâte coupable dans la recherche de pouvoirs spirituels.

L'AGATE NOIRE OU SARDOINE, CORNALINE OU ONYX : elle est propice à la vie intérieure, à la méditation. C'est une pierre-miroir, permettant de se concentrer, de se découvrir soi-même. C'est la pierre de la quête, celle que Thésée trouve en plongeant dans la mer et offre à la reine. Cette symbolique nous renvoie à l'esprit en recherche. Cette pierre de la vie intérieure peut toutefois nous conduire à nous replier sur nous-même et à ratiociner d'une façon égoïste. Elle peut provoquer certaines ivresses spirituelles que l'améthyste peut soigner. Le nom d'agate noire est parfois donné abusivement au jais, tandis que l'obsidienne est souvent qualifiée d'« agate d'Islande ».

L'agate pourpre : couleur de la noblesse, de la richesse chez les Romains, la pourpre symbolise l'élévation d'esprit, mais aussi la tristesse, le sang, la mort. C'est la pierre des graveurs de camées, des artistes. Aussi représente-t-elle leur destin, pour le meilleur comme pour le pire. Cette pierre est celle de l'action énergique, de la volonté et de la patience, voire de l'acharnement.

L'agate verte : elle est marquée par l'espoir, le devenir. Elle symbolise la croissance, l'évolution, la germination, la fécondité. C'est aussi la pierre de l'imagination créatrice. Elle représente souvent la fatalité ainsi que la tentation. L'idole de Tartarie, statue d'agate verte, tenant sept flèches sans plumes dans sa main d'argent tourmenta Saint-Antoine durant ses pénibles visions.

Indications thérapeutiques

L'agate représente la vie dans son aspect le plus terrien, le plus matériel. Il convient de porter cette pierre à même la peau. Recommandée aux femmes enceintes, elle favorise la gestation à tout point de vue. Son aspect tonique permet même d'éviter le « baby blues » que les jeunes mères éprouvent après la naissance de leur enfant. Un bijou d'agate porté entre les seins active la lactation. De même elle exerce une action non négligeable sur les problèmes sexuels masculins. Pour les neurasthéniques, les déprimés, cette « pierre de vie » se montre fort efficace. Il convient d'observer une agate translucide après l'avoir portée à même la peau. On regardera la lumière jouer avec ses différents coloris et veine.

L'agate soigne la fièvre : une pierre froide posée sur le front est généralement efficace. Toutefois, si la fièvre revient, il conviendra d'aller consulter un médecin. Elle tempère l'épilepsie. Chez certains sujets, elle s'oppose bénéfiquement au somnambulisme. Hildegarde de Bingen la préconise pour les maladies cardiaques, et aussi pour tout ce qui concerne le cœur dans le sens affectif. Cette spécialiste des conflits intérieurs propose d'en porter un disque au milieu de la poitrine afin de renforcer le muscle cardiaque, et le potentiel affectif.

L'agate mousse : ainsi nommée parce qu'elle ressemble au lichen, guérit les bourdonnements d'oreilles et les crampes intestinales. Toutefois, les effets de l'agate peuvent être violents. Une personne très déprimée ou en deuil devra se méfier : les agates au cœur vide (géodes et pierres creuses) peuvent accentuer le désarroi, la morosité.

L'agate protège contre les accidents de la circulation et des mésaventures susceptibles d'advenir aux voyageurs. Les agates aux dessins réguliers aideront ceux qui désirent la paix et l'harmonie. Cependant, les pierres aux dessins tumultueux, tourmentés, « ébouriffés » peuvent inciter à l'action efficace, aider à prendre une décision importante. Le tout est une question d'équilibre, de dosage.

Correspondances zodiacales

L'agate aide au traitement des plaies en ralentissant l'écoulement du sang. Aussi est-elle reliée au signe du Taureau. Elle soulage les démangeaisons dues aux piqûres et morsures d'insectes : on l'associe au signe du Scorpion. L'agate mousse est plus particulièrement reliée aux Gémeaux pour les Indiens d'Amérique.

Aigue-Marine

Aigue-Marine : silicate d'aluminium et de béryllium. Variété d'émeraude contenant des traces de lithium, de fluor, de calcium qui modifient sa couleur.

Gisements : continent américain, Afrique du Sud, Nigeria, Madagascar, Oural.

Dureté : 7,5 à 8.

Densité : 2,7.

Étymologie et Généralités

Le nom de cette pierre vient de aqua, nom latin de l'eau et de l'adjectif marin, puisque cette pierre vert-d'eau évoque la mer. On la dit aussi vert glauque, ce mot ayant eu autrefois un sens positif. L'aigue-marine orientale n'est autre qu'une variété de topaze qu'on nomme ainsi par erreur.

L'aigue-marine porte en elle toutes les symboliques liées à la mer. Mais aussi, quoique d'une façon atténuée, celles qui se rapportent au ciel reflété sur la surface de l'eau, ridé par les vagues et vaguelettes. C'est dire qu'elle se présente comme une sorte de miroir se reflétant indéfiniment. C'est la pierre des correspondances, des symétries, des en deçà et au-delà. Elle permet d'aller de l'autre côté du miroir, de découvrir le sens caché de la réalité. C'est une source de clarté : elle permettra d'explorer les profondeurs les plus obscures de l'âme humaine. C'est la pierre idéale à porter à l'index pour les psychologues, psychiatres et psychanalystes. Cette clarté, parfois aveuglante, nous met face à face avec nous-même comme avec les autres. C'est souvent dangereux.

La purification trop brutale risque de provoquer un vertige lucide. Pour certains mystiques, l'aigue-marine provoque la révélation. Elle aide la vision intérieure, la communion avec le monde, l'intelligence des choses et des êtres. Certaines traditions prétendent que l'on peut voir son ange gardien au travers d'une aigue-marine orientée vers le Nord. On comprend que c'est aussi la pierre des prophètes, des chamans, des guérisseurs et des mystiques. C'est une pierre d'amour et de fidélité. Elle peut délivrer chez certaines personnes des dons paranormaux longtemps enfouis. Elle incite à la méditation.

Indications thérapeutiques

C'est la pierre du souffle, des voies respiratoires, des poumons. Elle peut guérir un toussotement fréquent, voire une sinusite. Les allergies chroniques, comme le rhume des foins ou la phobie de la lavande ne lui résistent pas. L'asthme, les séquelles convalescentes de la coqueluche et de la diphtérie seront soulagés par l'alliance de l'aigue-marine, d'une émeraude et une jade verte, ou encore une tourmaline.

Une aigue-marine non taillée, voire polie calme les rages de dents. Il suffit de la sucer comme on le ferait d'un bonbon. La fatigue oculaire, certains troubles de la vue seront amoindris ou soulagés par l'application d'aigues-marines sur les paupières closes en position allongée. On gardera les pierres ainsi durant vingt minutes chaque soir avant de dormir. On peut poser une pierre sur l'estomac ou dans la région du foie en cas d'affection de ces organes. Sur le plexus solaire, l'action bénéfique de l'aigue-marine irradie et peut calmer les spasmes nerveux. Certaines maladies de peau d'origine allergique sont vaincues par l'aigue-marine. Elle peut intervenir en complément du traitement des zonas par sa double action organique et psychique. L'aigue-marine aide à gagner les procès.

Correspondances zodiacales

Pierre d'eau, l'aigue-marine est liée au Verseau, signe de terre, mais évidemment complémentaire. Il en est de même pour les Poissons. L'aspect double, lumière-miroir, mer-ciel de cette pierre la relie aux Gémeaux tandis que sa symbolique d'équilibre l'accorde parfaitement au signe de la Balance.

Albâtre

Albâtre : sulfate de calcium blanc, rose, parfois brunâtre.

Dureté : 2. **Densité** : 2,3.

Gisements : on trouve l'albâtre un peu partout, mais l'albâtre légendaire des statues et objets antiques venait d'un gisement près de Volterra en Toscane.

Étymologie et Généralités

D'*albus*, « blanc » en latin. L'albâtre n'est pas le « marbre du pauvre » comme on l'a trop souvent dit.

Les statues d'albâtre présentent une tout autre sensualité. La blancheur de cette pierre « vibre » et exalte la représentation du corps humain. Ce réalisme évoque la « prison du corps » opposée à la liberté de l'esprit.

L'albâtre représente la vie intérieure qui couve sous la froideur, l'inertie apparente.

Le mythe de Galathée, sculptée (en albâtre) par Pygmalion qui voulut que cette statue s'animât et vécût est une bonne représentation de la symbolique de l'albâtre. C'était le canon des formes féminines, tant pour la tenue que pour la blancheur : le cliché poétique « seins d'albâtre » se trouve encore çà et là chez certains littérateurs. Il montre combien cette pierre est liée à la chair.

Les belles romaines en faisaient une poudre afin, justement, de blanchir leur décolleté. Cette poudre entrait dans plusieurs préparations ancestrales de nos fonds-de-teint.

Indications thérapeutiques

La poudre d'albâtre peut remplacer le talc. Elle a un effet adoucissant pour l'épiderme. Le calcium contenu dans l'albâtre serait tout aussi efficace, mais plus difficile à doser que celui des préparations pharmaceutiques : s'abstenir d'en absorber car il est souvent impur et peut contenir d'autres substances plus toxiques.

L'albâtre en poudre dilué dans une eau distillée soulage les troubles mentaux : les altérations de la personnalité, de l'intelligence, du caractère, s'en trouvent atténuées si l'on en boit une cuillerée à café chaque matin durant une semaine. L'albâtre, pierre féminine, apaise les troubles du cycle menstruel.

Régénérant de la peau, l'albâtre est effectivement un bon moyen de lutter contre le relâchement des chairs : on massera doucement avec une pierre d'albâtre les doubles mentons, les poitrines fatiguées, les paupières en chute libre.

Correspondances zodiacales

Les Poissons ayant souvent besoin de guidance sauront se diriger eux-mêmes un peu mieux en portant cette pierre.

Les femmes natives du Verseau corrigeront leur infatigable serviabilité dont on abuse si souvent en portant des boucles d'oreilles d'albâtre. Ceci renforcera encore leur ardent, mais paradoxal, désir de liberté.

C'est le grand dilemme du Verseau que cette hésitation entre le désir de servir, voire la soumission, et celui de s'affranchir, de se libérer. L'albâtre peut aider à le résoudre.

Les Vierge et les Balance y trouveront la chaleur qui leur manque parfois.

Amazonite

Amazonite : silicate double d'aluminium et de potassium. Belle couleur verte, vert-bleu. **Gisements** : Amazonie (d'où son nom), Inde, Madagascar. **Dureté** : 6 à 6,5. **Densité** : 2,5.

Étymologie et Généralités

Le nom de la pierre vient de la région du gisement le plus connu. Les conquistadors la trouvèrent et en firent tailler des bijoux et des objets cultuels. Cette pierre est reliée à la légende des Amazones et servait de médication à ces redoutables guerrières pour toutes sortes de troubles, lésions, affections.

L'énergie de cette pierre demeure tempérée par sa couleur : le bleu-vert en régule l'aspect agressif et l'incite à nous faire rechercher l'équilibre émotionnel. N'oublions pas que c'est aussi une pierre de guerre cependant et ne nous trompons pas de combat !

Indications thérapeutiques

Blessures infectées : on dit qu'après s'être fait trancher le sein gauche (pour les droitières) afin de mieux tirer à l'arc, les Amazones frottaient leurs plaies avec une amazonite polie afin d'éviter ou de soigner l'éventuelle infection. Les vésicules purulentes, comme celles de la varicelle ou de la variole ne résistent pas à l'amazonite. Elle calmera aussi les démangeaisons. Cependant, cette pierre ne soigne pas ces maladies qui demandent un traitement de fond : elle ne fait qu'en soulager les effets pénibles. L'amazonite soigne aussi l'acné. C'est un régulateur du désir sexuel qu'il soit défaillant psychologiquement (anaphrodisie, manque de désir sexuel sans impuissance ni frigidité) ou physiquement : impuissance, vaginisme, frigidité. Ou qu'il soit exagéré : priapisme, nymphomanie, Maladie de Clérambault (érotomanie de la femme âgée), obsession sexuelle avec pulsions irrépressibles, etc. L'amazonite soulage les douleurs rhumatismales et l'arthrose.

Correspondances zodiacales

Le Lion s'y découvrira pour le meilleur et pour le pire. Le Bélier y trouvera l'accompagnement de son esprit décidé… Le Scorpion usera de l'amazonite pour sortir de ses moments de déprime. Il devra toutefois ne pas les transformer en moments d'agressivité abusive.

Ambre

Ambre : il ne s'agit pas d'une pierre, mais d'une substance résineuse tendre fossilisée, d'origine végétale. L'ambre est parfois appelé succin, lorsqu'il est très jaune ou carabé. **Gisements :** l'ambre de la Baltique était fort apprécié à Rome. On en trouve aussi autour de la mer du Nord, en Roumanie, en Sicile, en Birmanie, en République Dominicaine. **Dureté :** 2 à 2,5. **Densité :** 1 à 1,1.

Étymologie et Généralités

Le mot ambre vient de l'arabe *anbar* qui désignait au départ l'ambre gris, sécrétion du cachalot à l'odeur musquée utilisée en parfumerie. Le nom grec de l'ambre est elektron, origine d'électron en français et d'électricité. Les propriétés magnétiques de l'ambre furent découvertes et décrites par Thalès vers 600 av. J.-C.

L'ambre agit, sous la forme de bijou, de chapelet, comme un condensateur d'énergie. En se chargeant, il décharge leur porteur de leur trop plein d'énergie ou d'humeurs mauvaises. Certains prétendent que l'ambre de couleur foncée serait plus efficace que l'ambre clair. On ne l'a jamais vérifié. L'expression « ambre noir » désigne improprement le jais. L'ambre est souvent imité. Il convient de vérifier ses propriétés électriques : déchirer de petits morceaux de papier, frotter l'ambre sur un tissu de laine. Le papier doit être attiré par l'ambre comme le fer par un aimant.

L'ambre peut contenir des insectes, des coquillages enclos dans cette résine depuis des millions d'années. En ceci, il constitue un symbole de longévité, Comme l'évoque Balzac « ambre au sein duquel un insecte vit éternellement dans son immuable beauté ». C'est aussi le symbole de la solitude et de la nostalgie : Apollon, banni de l'Olympe versait « des larmes d'ambre ». Son alliance avec le grenat, déjà connue par les orfèvres mérovingiens qui les mêlèrent dans de merveilleux bijoux, permet un équilibre entre la fougue, la vitalité et la sagesse méditante. C'est l'alliance harmonieuse du physique et du mental, du corporel et du spirituel.

La pureté, la sainteté sont évoquées par l'ambre : le visage des saints et des sages, croyait-on jadis, était « couleur d'ambre ». Chez les Celtes, le vieillard Ogmios attache une multitude d'hommes à l'aide d'une chaîne d'ambre. Les captifs pourraient la briser facilement. Aussi l'ambre représente-t-il le lien spirituel qui délivre, opposé aux chaînes matérielles qui emprisonnent.

Indications thérapeutiques

Véritable pile électrique, l'ambre aide à « recharger nos batteries ». En le frottant sur un chiffon de laine, on s'en servira pour pratiquer une sorte d'électrothérapie en l'approchant d'un endroit du corps malade ou douloureux. On entendra des craquements, les poils se hérisseront, on pourra même voir des étincelles. Il nous renforce, nous rend énergique. Il combat efficacement la dépression. Il peut même venir à bout de l'angoisse. L'ambre constitue une sorte de panacée et se montre bénéfique, à divers degrés. Il convient de poser l'ambre sur la partie du corps concernée et d'attendre que la résine se trouve à la température du corps. On le gardera en place une vingtaine de minutes.

Une parcelle d'ambre cousue dans le vêtement d'un nourrisson amoindrira nettement ses douleurs dentaires. On frottera les gencives avec de l'eau safranée : cette épice est le complément phythothérapique de l'ambre. La fumée d'ambre chassait, selon la croyance médiévale, les mauvais esprits. Disons qu'elle purifierait l'air ambiant si elle n'était pas si coûteuse ! Parmi ses nombreuses applications, l'ambre est renommé contre l'impuissance et la frigidité. Il « électrise » le désir et se consommait jadis sous forme de pilules. On peut en utiliser la poudre, obtenue avec une râpe à muscade, mêlée aux aliments. Enfin, l'ambre est la pierre protectrice des enfants.

Correspondances zodiacales

L'ambre qui attire les semblables et les contraires s'accorde avec les Gémeaux. Sa puissance est celle du Lion. Sa pureté nous renvoie à la Vierge.

Améthyste

Améthyste : il s'agit d'un quartz dont la couleur va du lilas vineux au violet intense ou au bleu foncé, selon la concentration de manganèse et de fer contenue dans la pierre. Il existe plus rarement des améthystes vertes ou brun-rouge.

Gisements : Brésil, Uruguay, Sri Lanka (Ceylan), Maghreb, Oural. **Dureté** : 7. **Densité** : 2,65.

Étymologie et Généralités

Le nom grec *ametusthos* signifie « qui n'est pas ivre ». Aussi cette pierre est-elle liée à la tempérance. Toutefois, cette sobriété fut tout d'abord d'ordre spirituel. L'anneau d'améthyste, apanage des évêques, les gardait de l'ivresse mystique : administrateurs « passeurs d'âmes », ils devaient conserver leur lucidité, leur raison pour gérer leurs diocèses.

Pline l'Ancien signale qu'une améthyste portant les figures gravées de la lune et du soleil immunise contre les poisons. Elle est reliée à la lame XIIII du tarot, représentant l'équilibre et la tempérance. Enfin, l'améthyste, placée sous l'oreiller ou sous le matelas, nous incite à faire de beaux rêves et éloigne les cauchemars.

Améthyste, selon Ovide, fut une nymphe poursuivie par les ardeurs de Bacchus. Désirant lui échapper, elle invoqua Diane. La déesse vint à son secours en la transformant en pierre brillante, en « pur et froid cristal ». Bacchus, furieux, lança sa coupe emplie de vin sur cette pierre qui prit la teinte que nous lui connaissons sous l'effet des pigments du vin.

L'améthyste bénéficie des propriétés du manganèse qu'elle contient : pierre incitant à la méditation, elle n'en favorise pas moins la créativité en activant l'anticipation, la création d'images intérieures, la formation de projets. Elle recèle un « silence agissant » qui fermente au fond de notre imagination, affinant la réflexion, renforçant l'intuition, le tout permettant de mener à bien ce qui ne pourrait être qu'une vague idée velléitaire. L'améthyste va « droit au but » et constitue un talisman efficace permettant la réussite.

La tempérance, c'est aussi l'équilibre. L'améthyste devrait être la « pierre du couple », de nos dualités intimes et de notre rapport à l'autre. Symbole de pureté spirituelle, elle peut donner du sens à une union d'abord fondée sur la chair et qui s'étiole peu à peu, faute d'autres communions. Elle permettra d'ailleurs de transcender l'union charnelle et donnera un sens à la vie à deux.

Indications thérapeutiques

C'est la pierre des perturbations psychiques, du stress, de la tension nerveuse. Posée sur le front, elle calme la migraine et atténue les états névrotiques. Elle combat l'insomnie et procure, comme nous l'avons vu, des rêves heureux et néanmoins riches d'enseignement. La poudre d'améthyste sert à la confection de pommades activant la circulation du sang.

L'améthyste posée sur le nombril protège de l'ivresse et soigne l'alcoolisme. La mode du « piercing » permet de la conserver à demeure. Cet usage convient aussi pour les problèmes sexuels. Enfin, l'améthyste contribue grandement à l'apaisement des brûlures. Cette pierre est on ne peut plus bénéfique pour le traitement des tempéraments colériques. C'est la pierre des diplomates, des négociateurs, des hommes d'affaires.

Correspondances zodiacales

Les Poissons, signe d'eau, symbole du Christ s'accordent à l'améthyste qui évoque aussi le Bélier par sa force terrienne, comme le Sagittaire par sa façon de « cibler » exactement les problèmes. Sa pureté évoque la Vierge.

Amétrine

Amétrine : dioxyde de silicium.

Dureté : 7.

Densité : 2,6.

Gisements : les amétrines se trouvent dans les gisements d'améthyste. Mais c'est une pierre rare.

Étymologie et Généralités

Le nom de l'amétrine est une combinaison de ceux de l'améthyste et de la citrine. C'est la pierre du chakra du sommet : elle nous relie au cosmos. Elle favorise la perception, l'intuition des phénomènes cachés, des ondes et des courants psychiques. Elle active le dynamisme des méditations actives.

Indications thérapeutiques

Tous problèmes digestifs : aérophagie, météorisme, coliques, crises de foie.

L'amétrine atténue les effets du mauvais caractère et du défaitisme. C'est une pierre tonique favorisant la bonne humeur.

Correspondances zodiacales

Les Poissons retrouveront un peu d'allant grâce à cette pierre qui favorisera aussi le Bélier dont elle calmera l'aspect parfois brutal.

Le Sagittaire et la Vierge s'en serviront comme pierre complémentaire en vue de s'équilibrer.

Andalousite

Andalousite : silicate d'aluminium. Pierre verte, vert-jaune ou rouge-brun.

Gisements : Brésil, Québec, Sri Lanka, Oural, Amérique du Nord, Andalousie.

Dureté : 7,5.

Densité : 3,1.

Étymologie et Généralités

Sœur européenne de l'amazonite, l'andalousite lui ressemble au point de vue symbolique. Elle représente cependant une énergie plus piquante, plus tendue aussi. C'est une pierre de fougue, d'élan, de générosité.

Indications thérapeutiques

Les mêmes que l'amazonite (et que beaucoup de pierres composées d'aluminium), mais avec un effet plus brillant, moins durable.

L'andalousite servira de « traitement d'attaque » que l'on poursuivra à l'aide d'amazonite dont le potassium « alourdira » la force de l'aluminium.

Attention cependant, ce traitement avec deux pierres produit parfois une légère ivresse, un vertige durant quelques heures.

Correspondances zodiacales

Celles de l'amazonite, plus un effet bénéfique sur le Scorpion dont l'andalousite renforce la détermination, la persévérance.

Aragonite

Aragonite : nacre. Plus spécialement nacre terrestre. Composée de calcium, strontium voire de baryum, l'aragonite est le constituant principal de la coquille de nombreux mollusques, (huîtres) et des coraux. Les perles en sont faites. Mais aussi les « perles des cavernes » concrétions d'aragonite qu'on trouve dans les grottes. L'aragonite est moins commune que la calcite.

Dureté : 3,5 à 4. **Densité** : 2,9. **Gisements** : pierre très commune sur les cinq continents.

Étymologie et généralités

Province d'Aragon en Espagne. On y fabriquait divers bibelots d'aragonite imitant la nacre : éventails, etc.

Indications thérapeutiques

Elle s'active au contact de la peau et renforce l'effet du calcium médicinal qu'on absorbera par ailleurs, ou de celui que contient l'eau minérale qu'on ingère en cas de décalcification.

Plus qu'un remède spécifique de telle ou telle affection, la pierre doit être considérée comme un catalyseur renforçant les effets des autres gemmes.

De plus, elle stabilise et aide à faire percevoir en nous notre rayonnement intérieur qu'elle exalte et enrichit.

Correspondances zodiacales

Les signes d'eau se sentiront en harmonie avec l'aragonite. Et cette harmonie rejaillira sur leur entourage. Le Cancer et les Poissons, particulièrement, y puiseront la révélation de leur richesse intérieure. L'aragonite donnera à la Vierge une énergie faite d'audace qui lui manque parfois. Le Capricorne verra s'atténuer les effets souvent dévastateurs de son individualisme.

Aventurine

Aventurine : dioxyde de silicium. Variété de quartz ou de feldspath comprenant des inclusions de mica, de fer oligiste, de fuchsite. L'aventurine peut être verte ou brun-rouge doré. Elle scintille. Cette pierre est parfois opaque, mais peut aussi être translucide. On écrit parfois avanturine.

Gisements : Oural, Sibérie, Brésil, Inde, Madagascar.

Dureté : 7. **Densité** : 2,6.

Étymologie et Généralités

L'aventurine, jusqu'au XIXe siècle s'appelait « pierre des Amazones ». En effet, les gisements brésiliens étaient censés avoir fourni des bijoux, des talismans à ces redoutables guerrières. On la nommait aussi, « pierre de soleil » ou « pluie d'argent ». En italien : « *all'avventura* ». Voici la légende : en 1700, dans une verrerie italienne, un ouvrier laissa tomber par mégarde de la limaille de laiton dans une cuve de verre en fusion. Le résultat, une fois refroidi, séduisit et servit à la confection de verroterie, de bijoux de pacotille. On lui donna le nom d'aventurine. Ce nom fut ensuite appliqué à la pierre naturelle qui ressemble au produit industriel.

L'aventurine nous incline vers l'harmonie intérieure. Elle apaise l'esprit et favorise l'autoguérison. Elle nous aide à mieux comprendre la nature, à mieux communier avec les grands espaces, les forêts, les océans. Elle permet d'imprégner profondément des vibrations bénéfiques et euphoriques de la campagne. En même temps, l'aventurine, surtout la verte, calme les excès dûs à une trop grande activité, à l'agitation des villes. Pierre d'équilibre, elle permet, particulièrement l'aventurine brune, de corriger une trop grande tendance au défaitisme, à la soumission, à la passivité.

Indications thérapeutiques

L'aventurine verte active la croissance physique des enfants, des adolescents. Elle peut même corriger certains retards. En combattant l'agitation, l'hyperactivité destructrice des jeunes gens en échec scolaire, elle favorise leur développement intellectuel. De plus, elle atténue sensiblement les effets de l'acné, source de souci chez l'adolescent. Toutefois, elle ne peut rien si l'alimentation demeure déséquilibrée, comme c'est hélas, souvent le cas.

L'aventurine bleue, plus rare que la verte, a les mêmes effets que cette dernière. Il semble qu'elle agisse plus rapidement. L'aventurine fait merveille sur les tempéraments sanguins, colériques ou brutaux. Elle peut atténuer sensiblement les effets ravageurs des affrontements entre conjoints ou « scènes de ménage ».

L'eau d'aventurine (placer un fragment de pierre dans l'eau) est bénéfique contre l'eczéma, l'acné rosacée ou juvénile et certaines autres affections cutanées. Cette eau peut être bue ou utilisée en ablutions.

L'aventurine est principalement la « pierre du cœur ». Il faut en porter une sur la poitrine pour ressentir ses bienfaits. En apaisant l'esprit, cette pierre récupère l'énergie nécessaire à un myocarde affaibli ou défaillant. Elle restaure le rythme et développe la force du muscle moteur. Très bonne action sur les cheveux et les glandes surrénales. Cette pierre combat le stress et protège des oublis malencontreux.

Correspondances zodiacales

Le calme qu'elle instaure d'une façon presque autoritaire relie l'aventurine aux signes d'eau et, principalement, au Cancer dans son aspect le plus sage, serein, philosophique, tel que l'illustra Montaigne. Cependant, l'énergie de cette « pierre d'équilibre » s'apparente au Sagittaire, fougueux mais résolu tout en possédant le calme et la concentration nécessaires à la pratique du tir à l'arc. Enfin, la force brute, la puissance organique se dévoile, plus spécifiquement avec l'aventurine rouge, dans son affinité subtile avec le Taureau.

Azurite

Azurite : carbonate basique de cuivre. Pierre d'un bleu intense. Couleur outremer.

Dureté : 3,5. **Densité** : 3,7 à 3,9. **Gisements** : France, Oural, Brésil, Arizona, Pennsylvanie, Mexique.

Étymologie et Généralités

Cette pierre qui tire son nom de sa profonde couleur bleue est un fort beau pigment naturel et sert à fabriquer les couleurs fines des artistes peintres.

Tendre, elle se laisse réduire en poudre facilement et se mêle à l'huile de lin pour produire toute une gamme de bleus du plus bel effet.

Indications thérapeutiques

Autrefois, on badigeonnait la gorge des personnes souffrant d'angine avec de l'alcool mêlé d'azurite. À ne pas confondre avec le bleu de méthylène qui servait à la même chose. Le bleu de l'azurite affine et affûte, tout en apaisant. Il présente des effets durables. L'azurite renforce et précise les qualités thérapeutiques de toutes les pierres bleues.

Elle ne soigne rien spécifiquement. Il suffit d'en broyer un fragment de la taille d'un petit pois que l'on versera dans un litre d'eau distillée (jamais d'eau minérale ou de source !). On laissera reposer une nuit. On prendra une cuillère à café de cette eau chaque matin et chaque soir durant une semaine. Le reste ne doit pas être consommé mais appliqué avec un coton tige (par exemple) sur une zone douloureuse ou lésée.

Les effets du cuivre s'exprimeront pour le plus grand bien de la santé du patient.

Correspondances zodiacales

Le Sagittaire verra sa tendance au mysticisme s'épanouir grâce à l'azurite. Elle lui permettra de calmer d'éventuels maux de gorge. Elle apaisera son trop-plein émotionnel lors de ses emballements amoureux.

Les maux de gorge du Taureau seront aussi soignés par cette pierre. Elle donnera aux natifs de ce signe un surcroît de self-control et de confiance en soi.

Béryl

Béryl : silicate d'aluminium et de béryllium. Jaune pâle, voire jaune-vert selon la concentration en fer.

Dureté : 7,5 à 8. **Densité** : 2, 6 à 2,8. Éclat vif, hyalin (comme du verre).

Gisements : le béryl se trouve un peu partout dans le monde. C'est une pierre commune, ce qui n'amoindri pas son efficacité comme talisman, ni ses qualités médicinales.

Étymologie et Généralités

Du grec *beryllos*, venant lui-même d'une langue de l'Inde antique. Ce mot a donné l'allemand B*rille*, signifiant lunettes et le français *bésicles* (voir à émeraude, p. 98) parce que le béryl transparent, comme les émeraudes pâles servirent jadis à fabriquer des lentilles polies servant de loupes.

Minéral servant à la fabrication du ciment, il s'utilise aussi comme pierre à bâtir. En poudre, on le répand sur les champs pour amender les sols. Selon sa couleur, on distingue diverses variétés de béryl :

Bixbite : origine inconnue. Couleur rose pâle à saumon. Parfois rouge tirant sur le marron.

Goshénite : de Goshen, ville du Massachusetts où se trouve un gisement. Incolore.

Héliodore : « don du soleil » du grec *hélios*, « soleil ». Jaune doré qu'on trouve à Madagascar, au Brésil. Certains héliodores doivent leur couleur jaune soutenu à la présence d'uranium. Ils sont légèrement radioactifs. À ces doses, ils ne présentent pas de danger (moins que le granit).

Morganite : nom venant de J.-P. Morgan, milliardaire et collectionneur de gemmes. Couleur « fleur-de-pêcher » ou rose mauve.

Indications thérapeutiques

Il faut suivre celles des couleurs. Le béryl, en régulant la tension artérielle tonifie l'acuité visuelle tout en affinant la précision du regard : il permet de mieux voir, de distinguer, mais aussi de discerner, de remarquer ce qui semble insignifiant. C'est la pierre des « chineurs », brocanteurs, antiquaires, qui savent découvrir dans un lot d'horreurs poussiéreuses, l'objet rare. C'est la pierre des prospecteurs, des chercheurs d'or... ou de pierres précieuses qui discerneront dans le magma boueux le plus confus la gemme rare que la taille rendra sublime... C'est aussi le talisman du médecin confronté à un cas difficile au diagnostic malaisé.

Le Béryl est généralement bénéfique pour la santé. C'est une pierre courante, très peu coûteuse et souvent belle. C'est la « panacée des pauvres ». Il ne faut pas le négliger.

Correspondances zodiacales

Le Taureau qui fonce « tête baissée » a besoin qu'on diminue l'aspect sanguin de son caractère : le béryl combattra sa fougue en douceur.

Le Cancer découvrira dans cette pierre ce qu'il est réellement, au-delà de sa propension à refuser de se connaître tout en dissipant les fumées de son imagination.

Bois silicifié

Bois silicifié : bois envahi par des substances minérales généralement appelé « bois pétrifié », ce qui est erroné. « Pseudomorphose » de calcédoine, parfois de jaspe ou d'opale. Le bois mort disparaît tandis que la pierre prend sa forme, le moule. La structure du bois est préservée. Le bois silicifié présente des dessins chatoyants, des veinures ligneuses. Il peut être brun, brun-rouge, marron clair.

Densité : celle des pierres dont il est constitué. Densité : idem.

Gisements : le bois silicifié se trouve un peu partout dans le monde, particulièrement en Égypte, en Argentine, au Nevada. Le gisement le plus spectaculaire est la « forêt pétrifiée » de Holbrook en Arizona qui date de 200 000 000 d'années et comprend des troncs d'araucarias d'un diamètre de 6,5 mètres.

Étymologie et Généralités

Le « bois pétrifié » cumule la symbolique du minéral et du végétal. Il représente le temps arrêté, la vie en suspens, voire le « ralenti », le moment qui s'écoule lentement avant une catastrophe. L'influence du végétal, du « souvenir » de végétation, rattache les pierres de profondeur à la surface de la terre, à la luxuriance, à la nutrition. C'est la pierre de la survie, d'après l'Apocalypse (en grec : Révélation). C'est une pierre de survie qui marque une nouvelle étape dans l'existence. C'est une pierre talisman que les marins emportaient pour se prémunir du naufrage.

Indications thérapeutiques

Toutes convalescences. Autrement, les mêmes que les pierres concernées, voir calcédoine, opale, jaspe. C'est une pierre propice à la gestation, à tout ce qui demande une maturation. Dans certaines contrées, on s'en servait pour ralentir la maturation du vin, afin qu'il n'aigrisse pas. Ces pierres « donnent faim » et conviennent aux anorexiques.

Correspondances zodiacales

Voir jaspe, calcédoine, opale. Une certaine intimité avec la Balance fait du bois « pétrifié » une pierre amicale pour ce signe. Ce « bois » patient, tenace, qui a dormi durant des millions d'années au sein de la terre est aussi propice à la Vierge prête à s'éveiller, au Taureau, décidé à découvrir le vaste monde.

Calcédoine

Calcédoine : dioxyde de silicium. Le quartz et la silice donnent à cette pierre un aspect fibreux, une structure microcristalline parfois granulaire. Il s'agit de la couche liante de l'agate qu'elle enveloppe. La calcédoine possède symboliquement ces deux vertus : elle lie, elle protège, mais elle peut aussi enfermer. Sa lumière est douce et positive. Elle peut être grise, d'un blanc laiteux ou bleuté voire bleu clair.

Gisements : Afrique du Sud et de l'Ouest, Brésil, Uruguay, Madagascar, Inde, Sibérie, USA. **Dureté** : 7. **Densité** : 2,6.

Étymologie et Généralités

Le nom de cette pierre vient de celui de la ville de Calchedon en Bythinie, connue pour ses gisements de cuivre (*Calchos* en grec) et située en face de Byzance. Le doux rayonnement de la calcédoine résume sa situation géographique : elle est proche du centre de son agitation, mais sait conserver sa distance, son calme.

Loin des cris et de la fureur, la calcédoine incite à la réflexion, à la méditation. Elle prépare l'action. Elle aide à retenir les paroles qu'on pourrait regretter. C'est la pierre de l'orateur, de celui qui doit mesurer ses paroles. On dit que Cicéron en portait une au cou. Il suffirait de toucher du bout de la langue cette pierre pour être bon orateur politique. Les avocats devraient la sucer longuement, comme un bonbon, en écoutant les arguments de l'adversaire, ils se trouveraient en bonne forme pour les contrer. Les comédiens se contenteront de s'en frotter les lèvres et la gorge. Les chanteurs pourront boire un verre d'eau dans lequel une calcédoine a trempé durant une heure avant d'entrer en scène.

Indications thérapeutiques

Une calcédoine au cou permet de vaincre le trac, les blocages de l'expression orale. Grâce à la calcédoine, on ne demeurera pas à court d'arguments et l'on se défera du décevant « esprit de l'escalier ».

Les enrouements tenaces, les trachéites ne lui résistent pas. Elle protège contre l'asthénie, la morosité maladive, la jalousie obsessionnelle, la dépression. Elle atténue le somnambulisme. Elle calme les engelures et protège des mauvaises rencontres durant les voyages.

Correspondances zodiacales

La calcédoine blanche est très favorable au Cancer. Toutefois, trop de calme peut nuire.

Les Gémeaux préféreront les variétés bleues.

Mais attention : une certaine tendance à demeurer hors du monde, voire « dans la lune », à se replier sur soi peut être activée par la calcédoine : il conviendra de porter une pierre complémentaire de couleur rouge.

L'alternance de concentration et d'action rapide, caractéristique de certains Sagittaire sera équilibrée par l'eau de calcédoine, ou par une calcédoine blanche montée en bague (dans ce cas, il convient de préférer l'argent à l'or et le maillechort au laiton pour la monture).

Calcite

Calcite : carbonate de calcium. Pierre offrant des faces en forme de losanges ou de triangles irréguliers. Elle peut être bleue, verte, rouge, grise, incolore, brune ou noire. Sa tendreté empêche qu'on puisse la sculpter.

Gisements : Europe occidentale, Madagascar, Roumanie, États-Unis, Égypte. Pierre relativement répandue. En France, on la trouve en Provence, dans les Vosges.

Dureté : 3. **Densité :** 2,5, à 3.

Étymologie et Généralités

La calcite doit son nom à la chaux, au calcium. Elle en possède les qualités énergétiques et peut aussi servir de dépuratif. C'est une pierre calme, qui incite à la tolérance. Elle nous propose une symbolique féminine qui peut aussi concerner les hommes. Il s'agit de savoir s'engendrer soi-même en continuation avec ceux qui nous ont donné le jour.

Indications thérapeutiques

Le calcium s'active au contact de la peau et renforce l'effet du calcium médicinal qu'on absorbera par ailleurs. Il est recommandé de faire rouler une perle de calcite le long des os atteints.

On peut dissoudre la calcite dans le vinaigre. On conservera ce vinaigre pour s'en frotter légèrement les tempes en cas d'idées noires, de dépression, de tendances suicidaires, d'obsession de la mort. La calcite combat les douleurs de tous genres. L'angoisse, la dépression ne lui résistent pas. C'est aussi un stimulant sexuel.

Correspondances zodiacales

Les signes d'eau se sentiront en harmonie avec la calcite. Le Cancer et les Poissons découvriront, grâce à elle, leur potentiel caché, leurs volontés secrètes ou inassouvies. C'est une pierre de révélation. Elle aide à trouver notre richesse intérieure. Le Capricorne pourra, grâce à elle, trouver un peu de la sérénité qui lui manque souvent. La Vierge, le Lion, la Balance et le Sagittaire apprécieront son effet à la fois stimulant et rassérénant.

CÉLESTINE

Célestine ou célestite : pierre bleue aux multiples usages. Elle est le plus souvent bleue, mais peut aussi être verdâtre voire rougeâtre. On la trouve souvent associée à l'aragonite.

Dureté : 3 à 3,5.

Densité : 3,9 à 4.

Gisements : Canada, Madagascar, Sicile.

Étymologie et Généralités

Cette pierre doit son nom au ciel, au bleu du ciel. En Sicile, elle est le résultat d'une lente transformation de gypse en soufre. On s'en sert dans les fusées, les feux d'artifice, voire pour certaines munitions. Sa combustion produit une lumière rouge intense. Sa composition lui permet aussi d'être utilisée en sucrerie pour enrichir les mélasses et en confiserie artisanale. Enfin, sa couleur intense sert de colorant pour les peintures, pour la céramique et en verrerie.

Indications thérapeutiques

Comme beaucoup de pierres bleues, la célestine stimule la maturité spirituelle. Cette couleur représente un équilibre tranquille, assuré.

Cette pierre abaisse sensiblement la fièvre, y compris les fièvres des marais, la malaria, le paludisme. En ce sens, elle constitue un excellent adjuvant pour un traitement de fond, car elle ne peut, à elle seule, guérir ces maladies complexes.

Elle combat aussi les affections cutanées, les rougeurs. En la posant sur le chakra frontal, on constate une amélioration sensible de la vue.

Correspondances zodiacales

La célestine atténue la dépression des Cancer. Elle redonne du tonus aux Verseau fatigués. Elle soulage les problèmes digestifs chroniques des Sagittaire. Il suffit de la poser sur le ventre, à l'endroit concerné.

Chrysobéryl

Chrysobéryl : aluminate de béryllium de couleur jaune, jaune d'or, vert-jaune.

Dureté : 8,5.

Densité : 3,7.

Gisements : Madagascar, Brésil, Sri Lanka, Birmanie, Oural, Zimbabwe.

Étymologie et Généralités

De *khrusos*, « or » en grec et de *beryllos* : béryl. Cette belle pierre renforcerait le sentiment amoureux. Elle aiderait à rester fidèle sous forme d'amulette offerte par le partenaire. Elle renforce l'intuition.

L'alexandrite est une pierre double. Elle doit son nom au Tsar Alexandre II qui l'admirait. Cette pierre, vert-jaune à la lumière du jour devient pourpre à la lumière des chandelles ou de l'électricité.

Ses indications thérapeutiques changent pareillement, mêlant celles du jade ou de l'émeraude à celles du grenat et du rubis. C'est une pierre rare et du plus bel effet.

Indications thérapeutiques

Le chrysobéryl équilibre la tension artérielle. De ce fait, il guérit les troubles oculaires dûs aux artérioles de la cornée.

C'est une pierre qu'il vaut mieux laisser aux lithothérapeutes avertis.

Correspondances zodiacales

Le Taureau, ardent, fonceur, a besoin qu'on diminue l'aspect brutalement émotif de son caractère : le chrysobéryl agira bénéfiquement dans son cas.

En méditant sur un chrysobéryl, le Cancer réveillera son sens des réalités qu'il aime tant laisser sommeiller.

Chrysocolle

Chrysocolle : hydro-silicate de cuivre ou silicate de malachite.

La belle couleur bleu-vert de la chrysocolle provient du cuivre hydro-siliceux qu'elle contient en proportions variables. La chrysocolle peut ressembler à la turquoise : cette confusion est fréquente. De plus, l'influence bénéfique de la chrysocolle ressemble beaucoup à celle de la turquoise tandis que les deux pierres proposent des indications thérapeutiques similaires.

Gisements : la chrysocolle se trouve dans les gisements de cuivre : Chili, Oural, Afrique du Sud-ouest, États-Unis et Italie sont les principaux producteurs.

Dureté : 2 à 4 (selon la proportion de cuivre et d'autres métaux).

Densité : 2,2.

Étymologie et Généralités

Du grec *khrusos*, l'or (à cause de la brillance du cuivre) et *kolla* qui a donné colle, la chrysocolle était employée dans l'antiquité comme fluidifiant en métallurgie, comme adjuvant à la fonte des métaux.

C'est la pierre du pardon, de la paix, du renforcement des liens distendus. Elle incite à la compassion. Elle permet de retrouver au fond de soi une spontanéité bénéfique, mais perdue au fil du temps, au cours des aléas de l'existence.

La vraie paix commence par la paix intérieure : la chrysocolle nous « met au monde », nous permet d'effacer certains défauts, certaines pesanteurs dues à une vie aux multiples tensions.

Une étrange propriété de la chrysocolle est connue depuis la plus haute antiquité : elle incite à rester chez soi. Les tempéraments les plus vagabonds, ceux qui ne restent pas en place s'en trouveront bien.

C'est la pierre des moines, des ermites et des... prisonniers. Elle atténue les angoisses et la dépression que détermine la réclusion.

Indications thérapeutiques

Angoisse, dépression, sentiment de culpabilité, hypermotricité... De nombreux troubles nerveux ne résistent pas longtemps à la puissance calme de la chrysocolle.

C'est aussi la pierre des femmes. Elle atténue les douleurs menstruelles et favorise les grossesses heureuses tout en atténuant les inquiétudes légitimes des primipares. On pose la pierre sur le ventre au niveau des ovaires ou de l'utérus, selon le cas. Son action calmante favorise les accouchements harmonieux. En cas d'accouchement douloureux on préconise de mettre une chrysocolle dans la main de la parturiente.

Correspondances zodiacales

La chrysocolle est parfois liée au Taureau : il s'agit d'une question de complémentarité. Cependant, ses affinités avec la Balance sont beaucoup plus fréquentes.

De même, le Sagittaire qui « réfléchit avant d'agir » y puisera une plus grande netteté de décision.

Le Verseau, air et eau, pourra voir s'éloigner ses tarissements émotifs grâce à l'action régulatrice de la chrysocolle.

Chrysolite

Chrysolite : silicate de magnésium ferreux. Couleurs diverses, chatoyantes : vert-jaune ou olive, brun. Éclat intense.

Gisements : Mer Rouge, Australie, Patagonie, Nevada.

Dureté : 6,5 à 7.

Densité : 3,2 à 3,3.

Étymologie et Généralités

Du grec *khrusos* « or » et *lithos*, « pierre ». C'est la « pierre d'or » mais non seulement à cause de la couleur de certaines variétés. C'est la pierre de la joie, du soleil, de la nature opulente.

Indications thérapeutiques

Stimule le système neurovégétatif. Régule le rythme cardiaque. Normalise la tension artérielle.

Dépuratif puissant : « libère » la vésicule biliaire et stimule les reins. À utiliser aux changements de saisons.

Correspondances zodiacales

Le Lion saura comment apprivoiser la puissance de ce « soleil pétrifié », prêt à irradier.

Le Bélier fougueux, caressera cette pierre avant d'agir. Ainsi saura-t-il canaliser son énergie et même sa violence vers des actions justes et belles.

Le Scorpion y trouvera la joie de vivre, le sentiment constructif positif qui lui manque parfois.

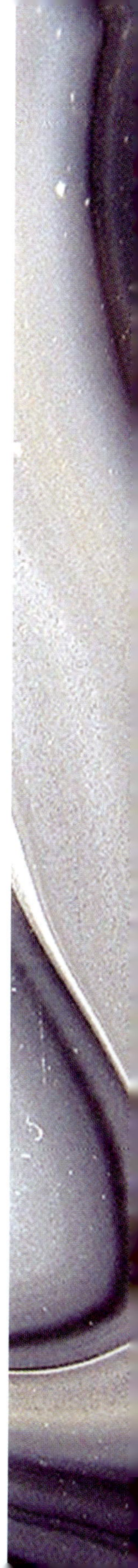

Chrysoprase

Chrysoprase : dioxyde de silicium. Il s'agit en fait d'une variété de calcédoine de couleur verte. Cette couleur, due à la présence de nickel est parfois très claire (vert pomme) mais peut tout aussi bien se montrer olivâtre ou vert noir. La chrysoprase est généralement opaque. On trouve cependant des pierres translucides. C'est une pierre reliée à la féminité : force tranquille et douceur sont ses deux qualités marquantes. Toutes les qualités de la calcédoine se retrouvent dans la chrysoprase d'une façon renforcée.

Dureté : 7. **Densité** : 2,6. **Gisements** : Afrique du Sud, Oural, Chili, Silésie (à côté de la ville nommée… Frankenstein !)

Étymologie et Généralités

Du grec *khrusos*, or et *prasos*, poireau, cette pierre fut ainsi dénommée à cause de sa couleur. Mais aussi en relation avec les vertus digestives et bénéfiques du poireau portées en haute estime dans la pharmacopée antique. C'était aussi un symbole de victoire : le pharaon Chéops récompensait ses plus valeureux guerriers en leur offrant des bottes de poireaux qui correspondent aux couronnes de laurier romaines. Cicéron, surnommé « porophage » (mangeur de poireaux) faisait une grande consommation de ce légume propice aux cordes vocales et portait toujours une calcédoine – peut-être une chrysoprase – sur lui... C'est la pierre des Francs (F*ranken-stein*), des hommes libres. Elle symbolise l'esprit de liberté, d'aventure, de conquête des tribus germaniques.

Indications thérapeutiques

On se référera à celles de la calcédoine. De plus, la chrysoprase agit bénéfiquement sur les voies urinaires : poser la pierre durant vingt minutes sur les reins ou au niveau de la vessie. La chrysoprase augmente la confiance en soi. Elle normalise la tension artérielle et, de ce fait, peut contribuer à la guérison de certains troubles de la vue. Elle aide aussi à développer les dons, à s'astreindre au travail nécessaire pour les épanouir.

Correspondances zodiacales

La chrysoprase est très favorable au Cancer. Les Gémeaux verront leur caractère parfois hésitant s'affirmer en portant cette pierre en bijou. Le Lion y trouvera l'aide nécessaire pour assouvir ou atténuer, son désir de victoire : la chrysoprase équilibrera cette soif parfois dangereuse.

CITRINE

Citrine : dioxyde de silicium, famille des quartz parfois appelée safranite à cause de sa couleur ou fausse topaze. Cette pierre semi-précieuse, du plus bel effet propose des coloris allant du jaune citron au brun jaune. Sa structure fait penser à une améthyste de couleur jaune. À tel point que les faussaires, en chauffant des améthystes, parviennent à en changer la couleur de telle façon qu'elles imitent la citrine, beaucoup plus coûteuse, d'une façon convaincante. La citrine partage beaucoup de ses qualités avec l'ambre. C'est une pierre qu'on ne doit pas porter avec d'autres pierres.

Dureté : 7. **Densité** : 2,6. **Gisements** : Brésil, Madagascar, Angleterre, Péninsule Ibérique.

Étymologie et Généralités

La citrine doit son nom à sa couleur jaune citron. Comme cet agrume, elle est tonique, énergétique. Le rayonnement de la citrine mêle une certaine douceur à une force revigorante. Si elle peut aider à trouver une plénitude, une paix intérieure, elle n'en possède pas moins la faculté d'encourager à l'action.

Elle renforce notre lumière intérieure et nous incite à concrétiser nos rêves. C'est une pierre de conquête. C'est un soleil miniature, condensé d'énergie qui peut se révéler bénéfique... ou terriblement destructrice. C'est une pierre idéale pour les artistes dont elle renforce la créativité, l'imagination agissante.

Elle peut aussi, hélas, être la pierre du guerrier, du conquérant... Selon le cas, elle peut exacerber ou atténuer l'agressivité. C'est une pierre noble, parfois excessive, à manier avec précaution !

Indications thérapeutiques

En activant l'influx nerveux, la citrine peut le meilleur comme le pire. Elle renforce l'intelligence, les facultés intellectuelles de concentration et de sagacité : on peut la recommander à ceux qui préparent un examen.

Active les fonctions des glandes endocrines.

La citrine facilite le transit intestinal, mais n'est pas recommandée en cas d'ulcère. En harmonisant la digestion, elle aide à la santé de la peau, des ongles et des cheveux. Elle aide à réguler la sécrétion d'insuline, mais ne saurait en aucun cas se montrer suffisante en cas de diabète : elle ne doit alors être utilisée qu'en complément d'un traitement classique qu'elle dynamisera. L'eau de citrine (une pierre trempée durant vingt minutes dans un verre d'eau) permet aux malades chroniques de trouver un surcroît d'énergie. L'association de la citrine et de l'ambre soulage l'asthme et réduit un grand nombre d'allergies.

Ne jamais utiliser la citrine en cas de caractère bagarreur, hypersanguin ou colérique. De même, ceux qui ont tendance au dénigrement, à la calomnie, aux ragots devraient soigneusement l'éviter.

Correspondances zodiacales

Les aspects bénéfiques, énergétiques de la citrine conviennent à tous les signes. De même ses aspects dangereux peuvent nuire à tous.

Cependant, le Taureau, lors de ses « décompressions » peut se trouver bien en portant une citrine durant quelques jours (bague ou pendentif).

Le Lion qui connaît parfois de terribles doutes après l'action, voire de profondes dépressions après une victoire agira de même.

Les Balance et les Vierge présentent parfois une douceur presque amorphe : la citrine corrigera cette tendance. La dualité des Gémeaux se montre parfois conflictuelle. La citrine permettra de « mettre les choses au point » entre les deux aspects de ces riches personnalités.

CORAIL

Corail : calcaire. Support des polypes corallium en arborescences. Les bancs de coraux peuvent occuper de très grandes surfaces. À l'état naturel, le corail est terne. Le polissage lui donne une beauté brillante rouge-orangé. Le grand centre commercial du corail est Torre del Greco, près de Naples : le corail y joue un grand rôle dans les traditions locales, le folklore.

Gisements : mers chaudes. **Dureté** : 3 à 4. **Densité** : 2,6 à 2,7.

Étymologie et Généralités

Les coraux protègent des influences négatives. Ils régulent nos sentiments et purifient nos pensées. C'est l'« arbre des eaux », pivot symbolique du monde marin.

Lié au sang par sa couleur rouge, il l'est aussi aux viscères par ses formes contournées. Les Grecs y voyaient le sang de la Méduse qu'on ne pouvait contempler sans être changé en pierre et que Persée décapita. De ce sang naquit Pégase, le cheval ailé.

Le corail comprend symboliquement les trois règnes : animal, végétal, minéral. Il est censé écarter la foudre et stopper les hémorragies.

Il est lié à la bouche des femmes, par sa couleur rouge et aux paroles qui en sortent pour les anciens Irlandais.

Les orfèvres de l'époque baroque le mêlèrent à l'or, à l'argent, à d'autres pierres pour créer toutes sortes d'effigies grotesques, de chimères, de démons.

Indications thérapeutiques

Anémie, problèmes circulatoires. Le corail concerne tout ce qui a rapport à la circulation sanguine. On peut le moudre et mêler la poudre obtenue à du vinaigre qui servira d'assaisonnement pour les repas. Le mélange moussera durant la préparation. Le corail combat l'anorexie et soigne les troubles consécutifs à la sous-alimentation. Les douleurs menstruelles, mais aussi les humeurs et états d'esprits dépressifs et modifications du caractère qu'elles entraînent sont atténués par le corail. Plus généralement, le port d'un bijou de corail donne de l'énergie, de l'espoir, de la vitalité.

Correspondances zodiacales

Le Taureau devra préférer le corail brun au rouge. Il lui permettra de maîtriser mieux ses émotions tout en atténuant ses opinions parfois rétrogrades.

Le Cancer, trouvera dans le rouge du corail une énergie qui le surprendra. Il atténuera le côté volontiers casanier de ce signe.

La Balance se trouvera bien de porter un bijou de corail rose : Les natifs de la Balance se taisent facilement. Le corail leur permettra de trouver leur parole, l'usage de leur bouche (symboliquement féminine, même pour les hommes) et ils diront enfin ce qu'ils ont à dire. Attention, cependant à ne pas se montrer trop tranchant, chose surprenante pour ce signe, mais que le corail permet parfois.

Les Poissons, hypersensibles, vulnérables, trouveront une énergie certaine avec le corail rouge. De plus, ce corail les protégera contre les expériences hasardeuses et certaines douleurs morales dues à l'animosité de plusieurs personnes de leur entourage.

Cornaline

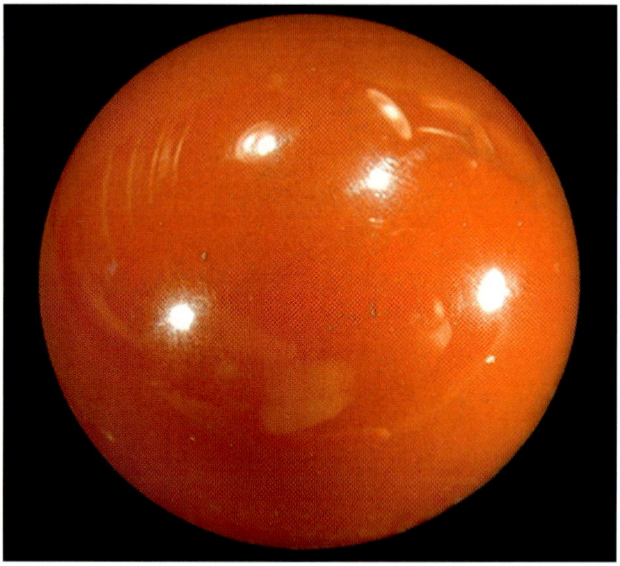

Cornaline : dioxyde de silicium. Ce quartz est une variété d'agate sans tache, de couleur unie, orange clair ou foncé. La cornaline présente quelques-uns des aspects thérapeutiques de l'agate, mais en diffère par son aura plus chaleureuse. C'est la pierre de l'esprit d'entreprise, de la joie de vivre et de la plénitude après l'action.

Dureté : 6,5 à 7. **Densité** : 2,6. **Gisements** : Uruguay, Japon, Brésil, Sibérie, Inde, Afrique du Nord.

Étymologie et Généralités

Du latin *corneus*, corne avec deux suffixes : - *alis* et - *ina*. Ce qui a donné le mot cornouiller. La cornaline, en effet, ressemble au fruit de cet arbuste. C'est la pierre de l'aurore et du crépuscule. Elle est très positive et saura inspirer celui qui commence une action d'importance comme celui qui, au soir d'une vie bien remplie, médite positivement à propos du chemin parcouru. Elle « actualise le passé » tout en préparant le futur : elle les rend présents, compréhensibles et permet de tirer les leçons de l'expérience en vue de mener à bien les projets les plus ambitieux. Elle favorise le « regard intérieur » et nous rend lucides, mais bienveillants.

Indications thérapeutiques

La cornaline purifie le sang. Elle est bénéfique pour toutes les maladies de la circulation : congestion, phlébites, varices, hémorroïdes, etc. Posée sur le plexus solaire ou au niveau du nombril, la cornaline aidera au transit intestinal. De même, les problèmes bilieux ou hépatiques s'en trouveront allégés. Les problèmes sexuels seront soignés en appliquant une cornaline sur les parties génitales. On en frottera doucement les zones affectées de rhumatisme. Elle guérit les furoncles et les irritations cutanées. La cornaline accélère la cicatrisation et soigne l'épistaxis (saignements du nez). En cas de récidive, il conviendra de consulter un médecin. Elle éclaircit la voix : c'est la pierre des chanteurs.

Correspondances zodiacales

L'impétuosité du Bélier s'équilibrera grâce à l'action positive de la cornaline rouge. Attention : elle peut aussi favoriser ses tendances colériques. À utiliser avec précaution. Les Gémeaux découvriront leur unité profonde grâce à la cornaline jaune, pierre à la fois tonique et équilibrante. La Vierge et le Cancer se trouveront bien en portant une cornaline rouge, pierre énergétique et rassurante.

Cristal d'Herkimer

Cristal d'Herkimer : dioxyde de silicium. Variété de cristal de roche très brillante à plusieurs pointes. L'appellation « diamant d'Herkimer » est abandonnée dans le commerce des gemmes puisqu'elle prête à confusion.

Gisements : principalement Herkimer, au Québec. **Dureté** : 7. **Densité** : 2,65.

Étymologie et Généralités

Ce beau cristal de roche doit son nom au lieu de sa provenance.

Il symbolise l'équilibre entre le ciel et la terre, entre l'esprit et le corps. Il renforce l'influence des autres pierres.

Indications thérapeutiques

Le cristal d'Herkimer est souverain contre la douleur : on pose une pierre sur l'endroit concerné. Au bout de trois à quatre minutes le courant énergétique se remet à circuler et atténue la sensation douloureuse avant de la faire disparaître.

Correspondances zodiacales

Celles du cristal de roche.

Le Capricorne, assurément, verra son entêtement fréquent, voire son aveuglément puissamment atténué par le cristal de roche.

Le Lion apaisera sa volonté de puissance souvent pénible pour son entourage.

Les Gémeaux deviendront un peu plus tolérants. Le Capricorne, verra son entêtement fréquent, voire son aveuglément puissamment atténué par le cristal de roche.

Cristal de roche

Cristal de roche : dioxyde de silicium pur. Il s'agit d'un très beau quartz transparent mais qui peut aussi être blanc laiteux. C'est une pierre de lumière, un prisme idéal.

Il diffuse toutes les couleurs du spectre chromatique et son étincelante clarté nous incite à la pureté, mais aussi à une intransigeance parfois outrée : le « démon de la pureté » peut exercer des ravages. La fascination hypnotique procurée par cette pierre est propice au sommeil et nous incite à connaître des rêves facilement déchiffrables. C'est un miroir transparent : il n'y a pas d'autre face, mais il nous reflète symboliquement.

Certains cristaux de roches renferment des bâtonnets de tourmaline sombre ou noire appelés « flèches d'amour ».

Gisements : France (Alpes), Madagascar, Arkansas, Oural, Brésil. **Dureté** : 7. **Densité** : 2,65.

Étymologie et Généralités

K*rystallos* veut dire glace en grec. Il est vrai que la lumière du cristal de roche semble parfois trop froide. S'il apporte force et clarté à notre intellect, il est aussi la pierre de la mort : de nombreuses cultures l'incluent dans leurs rites funéraires.

Le cristal de roche protège. Mais c'est un minéral qu'il faut assumer. En effet, pour bénéficier de ses bienfaits, il faut se trouver en harmonie avec lui, le mériter.

Aussi, rares sont les personnes qui tireront bénéfice d'un cristal de roche trop transparent. Une personne sujette aux remords, quelqu'un qui a commis une action regrettable prendront soin de chercher une transparence adaptée à leur état de pureté intérieure. Un cristal blanc laiteux est fort efficace et ne présente aucun danger de conflit intérieur grave dû à une culpabilité réelle ou à une culpabilisation.

Quant à la véritable boule de cristal, il convient de la laisser aux voyants professionnels expérimentés. Elle est de toute façon très rare et coûteuse. Elle ne peut rien apporter de bon au profane. Au contraire.

Indications thérapeutiques

Elles sont très nombreuses. En règle générale, l'application d'un cristal de roche sur une zone douloureuse ou lésée harmonise, purifie, soulage.

En cas de phlyctène (ampoule) on se sert du cristal comme d'une loupe en concentrant la lumière du soleil sur la peau morte soulevée.

Le cristal de roche soulagea Hildegarde de Bingen de ses migraines accompagnées de visions : ses yeux fatigués d'avoir contemplé les prodiges que cette sainte femme décrivit retrouvèrent leur acuité visuelle grâce au cristal de roche. On l'utilisera principalement sous forme d'eau.

Le cristal taillé en pointe émettra toujours son pouvoir dans le sens de la pointe : on « visera » ou on apposera cette extrémité sur la zone à guérir. Le cristal poli permet des massages bénéfiques. Aussi est-il conseillé d'en posséder un de chaque variété.

Le cristal de roche guérit les diarrhées. Il est aussi efficace contre le mal des transports.

L'eau de cristal de roche se prépare durant la nuit : laisser tremper durant huit heures un cristal dans 75 cl d'eau distillée. Attention : ne jamais utiliser d'eau de source ou d'eau minérale, car la présence d'autres minéraux, même en quantité infime, nuirait à l'action du cristal de roche. L'eau ainsi préparée durant une pleine lune est encore plus efficace.

L'alcoolat de cristal de roche est parfois prescrit par certains guérisseurs. Il s'agit d'alcool officinal à 70° dans lequel on a laissé tremper un fragment de cristal durant une nuit de pleine lune. On en prend une à trois gouttes sur un morceau de sucre deux à trois fois par jour en cas de dépression, d'angoisse ou de deuil. Cette préparation est efficace pour une foule d'affections mais ne doit pas être administrée à la légère. Aussi s'en abstiendra-t-on faute d'avis compétent.

Le cristal de roche peut aussi être utilisé comme « catalyseur »: allié à une pierre plus grosse, il en améliorera grandement les effets.

Correspondances zodiacales

Le Capricorne, assurément, verra son entêtement fréquent, voire son aveuglément puissamment atténué par le cristal de roche.

Le Lion apaisera sa volonté de puissance souvent pénible pour son entourage.

Les Gémeaux deviendront un peu plus tolérants.

Cristal cathédrale

Cristal cathédrale : dioxyde de silicium. Cette forme particulière de cristal de roche est aussi appelée « cristal peigne » du fait que ses pointes peuvent être orientées dans tous les sens.

Son nom de « cathédrale » vient du fait que ces mêmes pointes peuvent évoquer les ogives de l'architecture gothique. On trouve les cristaux cathédrale dans l'argile siliceuse. Leur rareté, leur beauté fait qu'ils sont très recherchés.

Le jeu de la lumière réfractée dans divers sens en fait un véritable spectacle : irisations et chatoiements se succèdent au fur et à mesure que l'on oriente la pierre. C'est une pierre particulièrement propice à la méditation, à la réflexion, à la prière.

Gisements : les mêmes que ceux du cristal de roche.

Dureté : 7. **Densité** : 2,65.

Étymologie et Généralités

Les pointes du cristal cathédrale agissent comme autant d'antennes et captent les vibrations d'une façon incomparable.

Il est recommandé, lorsqu'on veut contempler cette pierre à des fins de méditation d'en orienter la pointe la plus importante vers notre planète, vers la constellation correspondant à notre signe du zodiaque.

On peut aussi choisir celle de son ascendant. Dans ce cas, il vaut mieux, auparavant, prendre l'avis d'un lithothérapeute expérimenté. Cette pierre est plus « indulgente » que les autres cristaux de roche. On peut donc s'en servir même si l'on se sent coupable ou si l'on éprouve un remords. En effet, si nous ne nous trouvons pas en harmonie avec cette pierre, son usage, sa fréquentation, nous accorderont à son aura puissante.

Indications thérapeutiques

Le cristal cathédrale absorbe les vibrations et, de ce fait, peut nous aider à « libérer » les chakras.

En le posant sur celui qui pose problème, on ressentira rapidement une impression de douceur incomparable. Cette douceur ne doit cependant pas nous tromper : cette pierre est une pile électrique, elle nous fera déborder d'énergie si nous l'appliquons durant plus de vingt minutes sur tel ou tel chakra.

Dans certains cas, son effet euphorisant, tonique, peut occasionner de légères insomnies. Dans ce cas, le jade (voir p. 113) nous permettra de retrouver le sommeil.

S'il agit sur tous les chakras, ce cristal a une prédilection pour celui du cœur. Il renforce la « pompe », le myocarde et active la circulation.

Correspondances zodiacales

Celles du cristal de roche. Mais avec l'orientation de sa pointe principale vers notre signe zodiacal, l'effet bénéfique est, à divers degrés, assuré.

Cristal « à fantômes »

Cristal « à fantômes » : dioxyde de silicium. Durant les millions d'années nécessaires à la croissance du quartz, il arrive qu'à l'intérieur de la pierre se trouvent des cristaux inachevés, généralement de forme triangulaire. Ils ont arrêté leur croissance durant plusieurs centaines de millénaires et l'ont reprise

ensuite sous l'influence de l'environnement géologique, selon la pression, les émanations gazeuses, la température. Ces « fantômes » représentent ainsi l'histoire de ces pierres.
Dureté, densité, gisements : comme le cristal de roche.

Étymologie et Généralités

Trace du passé, le « fantôme » peut être de couleur blanche, grise ou beige clair. Cette pierre invite à la méditation, à la réflexion sur le temps, à la réconciliation avec son propre passé.

Indications thérapeutiques

Il a les mêmes effets que le cristal de roche. À ceci près : il est toujours bénéfique. Certes, si l'on ne se trouve pas au départ en harmonie avec cette pierre, on ressentira, durant quelques jours, une impression de malaise qui se dissipera en moins d'une semaine. Ce malaise pourra aussi se traduire par des rougeurs cutanées qui disparaîtront vite. Ces effets psychosomatiques nous montrent qu'il s'agit d'une pierre « psychologue », elle aide à l'introspection, à la guérison des problèmes d'ordre névrotique, des angoisses et de la dépression. En l'appliquant sur le chakra Visuddha (5e) ou sur le chakra Ajna (6e) voire sur le chakra Sahasrara (7e), nous pourrons améliorer sensiblement nos problèmes de communication, de clairvoyance, d'équilibre. Le « mal être intérieur » s'amoindrira tandis qu'on commencera à retrouver son harmonie interne.

Correspondances zodiacales

Le cristal « à fantômes » corrige l'influence de Saturne. Les personnes trop sensibles aux effets de la pleine lune ou à ceux de la lune rousse se trouveront bien d'utiliser cette pierre.

Cristal « arc-en-ciel »

Cristal « arc-en-ciel » : dioxyde de silicium. Aussi appelé « iris » ou, aux États-Unis « laser quartz ». Lorsqu'elles sont de grande taille, ces pierres conservent des traces de leur lente cristallisation que l'on nomme « givre de croissance ». Certains d'entre eux agissent comme des prismes et décomposent la lumière en spectre solaire, en arc-en-ciel. Ce sont des pierres diurnes à utiliser en pleine lumière, quitte à s'en éblouir.

Dureté et densité : comme le cristal de roche.

Gisements : comme le cristal de roche

Indications thérapeutiques

En plus des actions communes avec tous les autres cristaux de roches, cette pierre est souveraine pour activer la disparition des opérations chirurgicales, des blessures.

Sa lumière pure et dense aide à la « soudure » des parties lésées et favorise la guérison des lésions de la peau, des coups de soleil, des coupures et de l'acné.

Le faisceau d'énergie du cristal « arc-en-ciel » est mince, linéaire, orienté et permet de bien orienter la lumière vers les points à traiter.

Correspondances zodiacales

Comme le cristal de roche. Avec, en plus, une prédilection pour les signes solaires, particulièrement le Lion.

Cristal biterminé

Cristal biterminé : Voir cristal d'Herkimer.

Cristal sceptre

Cristal sceptre : dioxyde de silicium. Ces cristaux ne se distinguent du cristal de roche que par leur forme particulière. À ceci près que leur pointe est renflée et de couleur opaque, blanche ou beige, parfois grisâtre. On pourrait croire qu'il s'agit d'un collage de deux pierres différentes.

Dureté et densité : comme le cristal de roche. **Gisements** : comme le cristal de roche.

Étymologie et Généralités

Voici une pierre qui évoque un champignon, mais aussi et surtout le sexe masculin. Il s'agit d'une « signature » de la nature : cette pierre masculine, voire virile peut servir d'outil de domination, de pouvoir.

Aussi convient-il de se servir des côtés positifs de cette énergie sur soi-même.

Indications thérapeutiques

Outre les effets communs à tous les quartz, cette pierre est à utiliser avec énormément de précautions, à la résolution des problèmes sexuels des hommes comme des femmes. Son aspect trop masculin est corrigé par le fait de n'en faire que de courtes applications.

Mieux vaut cependant suivre les conseils d'une personne avisée. Cette pierre peut devenir dangereuse. Rien de tel pour soigner l'impuissance et l'anaphrodisie.

Attention cependant, aux risques de « boulimie sexuelle » voire « d'addiction » : le sexe devenant comme une drogue dont on est dépendant. Ce qui se termine toujours par une grave dépression.

Il faut se trouver en harmonie avec cette pierre, sinon elle peut présenter les mêmes effets négatifs que le cristal de roche ordinaire, si l'on peut user de cet adjectif pour qualifier cette superbe pierre. À utiliser avec précaution. Ne jamais appliquer directement sur le chakra du sexe !

À éviter à tout prix si l'on exerce une activité de commandement, de direction : elle favoriserait une tendance à la persécution des subordonnés pouvant aller jusqu'au harcèlement, à la dictature domestique, voire à la violence. Ce serait obligatoirement une source de graves ennuis relationnels, voire judiciaires si ces abus se déroulent dans le domaine conjugal ou au travail.

Cette pierre dangereuse ne devrait être utilisée que par des professionnels avisés de la lithothérapie. Il vaut mieux, si on l'apprécie, ne la posséder qu'en guise d'élément décoratif dans une entrée ou une chambre.

Correspondances zodiacales

Vierge, Verseau, certes, mais il vaut mieux ne pas se servir de ce cristal. À éviter absolument chez les Lion, les Capricorne et les Scorpion. À la rigueur, et avec prudence, les Cancer pourront se servir modérément du cristal sceptre sous la direction d'un lithothérapeute confirmé.

Plus qu'un remède spécifique de telle ou telle affection, la pierre doit être considérée comme un catalyseur renforçant les effets des autres gemmes. De plus, elle stabilise et aide à faire percevoir en nous notre rayonnement intérieur qu'elle exalte et enrichit.

Diamant

Diamant : carbone cristallisé. C'est la pierre la plus dure. Il est généralement transparent. Il peut être incolore, vert, brun, bleu, noir ou plus rarement rose. Les plus précieux ne présentent aucune phosphorescence. Le diamant est la pierre la plus dispersive : elle décompose la lumière plus que toute autre gemme. Sa beauté exerce un pouvoir de fascination jamais démenti.

Gisements : Afrique du Sud et Centrale, Inde, Brésil, Australie, Sibérie. **Dureté** : 10. **Densité** : 3,5.

Étymologie et Généralités

Du grec *adamas*, « indomptable » et *diaphanus*, « transparent ». Seule pierre composée d'un élément unique, le diamant se découvre et se mérite. À l'état brut, il n'attire pas l'attention du profane, c'est un caillou comme un autre. En revanche, une fois taillée, la moindre petite pierre devient somptueuse. C'est une pierre amie de l'humanité : l'une révèle l'autre et vice-versa. Le diamant symbolise la perfection, l'illumination, voire l'extase. Elle représente l'amour divin. Cependant l'étymologie « dio-amnado », présente sur la devise de la famille Médicis n'est qu'un jeu de mots. C'est une pierre que l'on contemple et qui fascine. Elle nous donne la vitalité, et nous incite à la pureté. Selon Hildegarde de Bingen, sucer un diamant préserverait du mensonge et... trompe la faim, ce qui facilite le jeûne. Son immense valeur marchande est à la mesure de sa puissance spirituelle.

Paradoxalement, le diamant serait la pierre idéale du solitaire ayant renoncé aux richesses matérielles. Il serait l'objet idéal pour la contemplation assidue et la méditation profonde. Le fait qu'on doive le tailler pour révéler sa beauté répond au dénuement de l'être en quête de soi, ou de Dieu.

La taille symbolise aussi les résistances aux épreuves et à l'adversité. Elle correspond à la taille botanique des arbres fruitiers qui leur font produire de meilleurs fruits.

Indications thérapeutiques

Il n'est pas besoin de posséder un diamant de grand prix. Le moindre petit brillant sera efficace, autant que tous les diamants de la Couronne.

Le diamant lutte contre le vieillissement des cellules et renforce l'énergie vitale. Il soigne la constipation, la rétention d'urine et, en général, tout ce qui concerne les émonctoires. Appliquer un diamant au niveau des reins accélérera l'évacuation des calculs. Il convient d'éviter de laisser un diamant trop longtemps posé sur une zone à soigner située sur l'abdomen. On procédera par petites « séances » de cinq minutes. L'effet du diamant persiste après qu'on l'a ôté de la zone concernée. En revanche, sur les mains, la poitrine, etc., le diamant peut demeurer. Sa puissance peut devenir gênante si on le porte au niveau du nombril : attention à ce genre de bijoux à la mode... Surtout s'il s'accompagne d'or.

Le diamant est fort bénéfique pour les épileptiques. On l'évitera en cas de psychose paranoïaque, de manie dépressive, de jalousie obsessionnelle. En règle générale, le diamant correspond aux personnes ayant travaillé sur elles-mêmes. Sa pureté, comme pour le cristal de roche, peut aller jusqu'à nuire aux êtres mesquins, aux individus dominés par des appétits grossiers. On a trop souvent vu des personnes cupides, riches, acquérir des diamants de prix et subir, dans leur vie personnelle, les conséquences de ce choix. À tel point qu'on a pu prétendre que les diamants, ou, du moins certains d'entre eux, « portent malheur ». Rien n'est plus faux : la supposée « malédiction » n'est, en fait, que le résultat d'une mésalliance, d'un être au mental bas avec ce symbole de pureté et de grandeur.

Correspondances zodiacales

Le diamant correspond aux signes les plus animaux : Bélier, Taureau, Capricorne, Lion, dont il tempérera la brutalité en équilibrant leur impétuosité par sa pureté, l'éternité de son calme serein.

Écume de Mer

Écume de Mer ou sépiolite : hydro-silicate de magnésium de couleur blanche tirant parfois sur le jaune, le gris.

Dureté : 2.

Densité : 3.

Gisements : principalement à Eskischehir en Anatolie. Mais aussi en Afrique du Sud.

Étymologie et Généralités

Certains pensent que cette appellation vient du fait que, vu sa faible densité, cette pierre flotte sur l'eau. D'autres y voient la déformation du nom Eskichehir, ville de Turquie proche du gisement légendaire produisant l'écume la plus pure.

Cette pierre sert à fabriquer des pipes richement ouvragées ou sculptées dont le goût exquis et le culottage harmonieux séduisent les fumeurs avertis. Certaines de ces pipes sont des œuvres d'art que conservent jalousement antiquaires et musées.

Indications thérapeutiques

L'écume de mer, pure magnésie, réduite en poudre servait jadis à soigner l'acidité gastrique. Pierre du fumeur, elle atténue les effets nocifs du tabac sous forme de filtres absorbant la nicotine et constitués de granulés d'écume. L'écume, polie en sphères ou en forme d'œuf sert au massage de l'estomac, du plexus solaire en cas de douleur ou de contraction. Elle détend la nuque et soulage momentanément les douleurs de l'arthrose cervicale.

Correspondances zodiacales

Les Verseau ont besoin de blancheur. Une amulette taillée dans l'écume représentant leur signe ou tout autre sujet aimé leur sera bénéfique.

Les Cancer y puiseront une énergie calme parfois nécessaire. Le Sagittaire aimera cette pierre douce et franche.

ÉMERAUDE

Émeraude : béryl. Silicate de béryllium et d'aluminium. L'émeraude transparente et pure est une pierre précieuse. Les variétés translucides et opaques sont toutefois aussi efficaces. Cette pierre remarquable équilibre l'esprit avec le corps, l'émotionnel avec la raison. Elle redonne de l'espoir et atténue les souffrances sentimentales. Selon Hildegarde de Bingen, la plus savante des lithologues, l'émeraude concentre en elle tout le vert de la nature. Elle peut aussi être d'un jaune tirant sur le vert. Elle est le plus souvent d'un vert éclatant et profond à la fois. Elle symbolise la croissance, l'espoir, le devenir. À défaut, le cristal de roche l'accompagnera pour le plus grand bien du porteur. Un bijou comprenant ces deux pierres est un facteur d'équilibre.

Gisements : Oural, Pakistan, Colombie, Afrique du Sud, Brésil, Inde. **Dureté** : 7,5 à 8. **Densité** : 2,8.

Étymologie et Généralités

Le nom de cette pierre vient du grec *smaragdos*, qui signifie « pierre verte ». Sa splendeur, sa force, sa pureté s'allient à un effet tonique sur la pensée, la réflexion, la philosophie. Aussi un grand grammairien chrétien, moine enivré du « parfum de la grammaire » choisit le nom de Smaragde pour se mettre sous la protection de cette pierre en vue de rédiger de forts savants et clairvoyants traités. L'émeraude lui servit sans doute : cette pierre polie servait de loupe et permettait la lecture à ceux dont la vue se fatiguait. L'émeraude était appelée béryl, comme maintes autres pierres de sa famille. Celles qu'on polissait pour mieux voir à travers elles furent nommées *bérycles* dont l'évolution de la langue a fait *bésicles*, mot qui désigna ensuite les tout premiers modèles de lunettes. « Déesse des pierres précieuses », l'émeraude vivifie, active la créativité artistique. C'est aussi le symbole d'une certaine innocence, d'une pureté sans naïveté, d'une honnêteté qui n'ignore rien des bassesses du monde. Et c'est pourquoi Victor Hugo plaça sous sa protection la vive Esmeralda, la danseuse gitane suppliciée à tort dans Notre-Dame-de-Paris.

Indications thérapeutiques

Pierre de jouvence, l'émeraude s'oppose au vieillissement. En la plaçant tour à tour au niveau des organes fatigués, on obtient un effet revitalisant. Mais, au-delà de son aptitude à être taillée en loupe ou en lunettes, l'émeraude est favorable à la vue : déjà, les Égyptiens du Haut Empire s'en servaient dans ce but. Les Grecs, puis les Romains collaient de petites émeraudes au coin des yeux des myopes ou des presbytes. Rappelons que ce dernier mot signifie « vieux » ou « vieilli » : l'aspect régénérateur de l'émeraude se manifeste encore une fois à ce propos, puisque la presbytie est principalement une maladie du vieillissement.

Une pierre portée en pendentif fait déjà bon effet. Si l'on incruste les branches d'une paire de lunettes d'une ou deux petites émeraudes, on se surprendra à reposer les dites lunettes pour lire à l'œil nu. Des bains d'yeux à l'eau d'émeraude seront efficaces (laisser tremper une émeraude durant une nuit dans de l'eau déminéralisée). Boire de l'eau d'émeraude calme les flatulences comme les faiblesses cardiaques. C'est un excellent adjuvant dans le traitement de la goutte. De plus, elle renforce la mémoire.

Correspondances zodiacales

Le Taureau qui fonce « tête baissée » a besoin qu'on diminue l'aspect sanguin de son caractère. De plus, l'émeraude combattra son aveuglement et l'aidera symboliquement à « y voir clair ». Au contraire, le Cancer, éternel indécis à la démarche hésitante, apprendra par cette pierre à se montrer plus direct, plus « fonceur », tout en dissipant les fumées de son imagination qui lui troublent la vue, la stricte perception de la réalité au-delà de ses rêves. Le Capricorne, tour à tour capricieux et fonceur s'avancera vers une paix intérieure : il représente la petite chèvre d'Esmeralda, emblème de la danseuse tzigane, indécise et farouche.

Fluorite

Fluorite : halogénure, fluorure de calcium aussi appelée fluorine. Il s'agit d'un feldspath tendre qui peut être incolore, jaune, rouge, noir, vert, violet ou bleu. Une même pierre peut présenter plusieurs de ces nuances. De structure cristalline, cubique, la fluorite paraît peu naturelle, trop régulière. On la dirait fabriquée. C'est une pierre qui n'a pas terminé son évolution. En ceci, elle favorise les projets, accompagne les processus de guérison, renforce la patience. C'est aussi la pierre du Vieux Monde.

Gisements : Allemagne, Suisse, France, Espagne, Angleterre, Afrique du Sud. **Dureté** : 4. **Densité** : 3,1.

Étymologie et Généralités

La fluorite doit son nom au fluor qu'elle contient. Fluor provient du latin *fluere*, « couler ». Comme la chrysocolle, la fluorite servait en métallurgie à fluidifier les métaux en fusion. C'est la pierre du raisonnement en marche. On la nomme « pierre du génie », que celui-ci raisonne calmement ou s'exalte en ébullition. Elle stimule l'inspiration des savants comme des poètes. Elle « muscle » le QI. Cette pierre s'accorde aux recherches actuelles, à l'usage des ordinateurs, à la pensée informatique, aux techniques scientifiques de simulation. Elle approfondit aussi la méditation, permet à la pensée de mieux s'irradier dans l'esprit. Il suffit de la tenir en main pour ressentir ces effets souvent surprenants.

Indications thérapeutiques

La fluorite soulage les troubles mentaux : les altérations de la personnalité, de l'intelligence, du caractère souvent liées, ne lui résistent pas pour peu qu'on s'astreigne à porter cette pierre jour et nuit durant plusieurs mois. La symbolique des couleurs renforce celle de la pierre. Elle nous permet de découvrir notre vrai potentiel : bien des personnes ont découvert, grâce à elle, une erreur d'orientation et ont pu changer de métier pour réussir enfin.

Correspondances zodiacales

Toujours bénéfique, la fluorite violette sera particulièrement propice aux Poissons qui en sentiront la chaude stabilité terrienne qui leur permettra de mener à bien leurs projets. La variété bleue ou bleu clair libérera les Verseau d'une pesanteur trop terrestre qui empêche parfois leur intelligence de s'envoler, d'imaginer, de créer.

Grenat

Grenat : silicate double de magnésium et d'aluminium. Le grenat rouge est le plus connu ; il a donné son nom à une couleur. Cependant il existe des grenats orange, bruns et violets. De nombreuses variétés portent différents noms techniques : Pyrope (Grenat rouge ressemblant au rubis), Almandine (brune et plus opaque), Grossulaire, Uvavorite, Mélanite (pour les pierres brunes, presque noires), etc.

Gisements : Sri Lanka, Inde, Brésil, Suède, Norvège, Alaska, Afghanistan, Afrique du Sud, Arizona, Australie.

Dureté : 7 à 7,5. **Densité** : 4,5.

Étymologie et Généralités

Du sankrit *gar*, « transporter » ou du grec *gêron*, « vieux » avec contamination de *granum*, mot latin signifiant « semence » ou « qui a plusieurs graines » ce qui a donné le nom du fruit, puis de la pierre, par ressemblance avec la couleur du fruit.

Le grenat représente le feu primordial, celui de la Création du monde dans le chaos, celui de la purification, celui de l'amour, mais aussi de la haine, de la jalousie... C'est la pierre des sentiments forts, de l'ardeur.

Le pyrope doit sa couleur à sa forte concentration de magnésium et d'aluminium. L'almandine est ferreuse et aluminique avec des traces de manganèse et/ou de magnésium.

Pierre des guerriers, le grenat servait de talisman aux Croisés comme à leurs ennemis musulmans. Les Mérovingiens faisaient venir les grenats de la lointaine Ceylan par la route de la soie.

Ils l'accompagnaient, dans leurs magnifiques bijoux, de l'ambre venu de la Baltique : ces deux pierres, l'une chaude, l'autre froide, s'équilibraient et certains y voient la source de la civilisation franque, puisque l'ambre aurait tempéré la fougue guerrière des Germains pour leur donner le goût équilibré d'une puissante civilisation.

Applications thérapeutiques

Blessures infectées, acné, dépression, acédie, troubles du rythme cardiaque (sauf l'hypertension artérielle que le grenat peut même aggraver), anaphrodisie (manque de désir sexuel sans impuissance ni frigidité).

Les autres troubles sexuels sont aussi soulagés par l'application de grenat sur les parties génitales : la princesse Palatine surprit son mari, frère du roi Louis XIV au moment où il appliquait ainsi des grenats sur son corps. Il lui demanda de n'en rien dire. Elle le raconta à toute la Cour et l'écrivit dans ses célèbres et inconvenantes *Lettres*.

Le grenat soulage les douleurs rhumatismales et arthritiques, certaines maladies psychiques. Il aide aussi les veuves à... retrouver un mari ! Il convient de corriger cette assertion : par son effet apaisant sur la tristesse, la douleur morale, il permet à ceux qui ont subi un grand désespoir de se « remettre sur pieds ».

Ainsi, certaines veuves trop ou trop longtemps éplorées ont-elles parfois pu retrouver de l'entrain, redevenir séduisantes et se laisser amadouer par un galant tout aussi délicat qu'entreprenant. Il en est sans doute de même pour les veufs. En attendant, il s'agit d'une excellente pierre en cas de chagrin d'amour...

Correspondances zodiacales

Le Lion, fougueux, passionné, mais aussi généreux, pourra en faire bon usage.

C'est une pierre de conquérant, pour le meilleur et pour le pire... La légende veut qu'un grenat ornât la bague de Don Juan.

Le Bélier y trouvera l'accompagnement de son ardeur... Attention, toutefois, aux débordements fâcheux !

Le Scorpion usera du grenat pour sortir de ses moments de déprime. Il ne portera pas cette pierre en permanence.

Héliotrope

Héliotrope : silicate double d'aluminium et de magnésium. Il s'agit d'une variété de jaspe. Ce quartz contient du fer qui lui donne sa teinte vert foncé mouchetée de rouge. On le nomme aussi jaspe sanguin.

Gisements : France, Égypte, USA, Russie. **Dureté** : 7. **Densité** : 2,5 à 2,8.

Étymologie et généralités

Héliotrope vient du grec *hélios*, le soleil et de *trepein*, « attirer ». C'est aussi le nom botanique de la fleur oléagineuse appelée tournesol. On la nomma aussi « pierre du Christ », voire « pierre sanguine » ce qui est aussi l'un des noms de l'hématite. Ces appellations viennent des taches rouges qui contrastent avec la belle couleur verte de cette pierre. L'héliotrope fortifie le corps. Elle le « surexcite » parfois après une période de convalescence. L'alliance du vert et du rouge oriente le rayonnement guérisseur vers les émonctoires et les pores de la peau, afin d'éliminer au mieux tout ce qui intoxique ou pollue l'organisme. C'est une pierre solaire et son surnom de « pierre du Christ » vient qu'on assimila Jésus, dans certaines tribus d'Amérique, au Dieu Soleil, ce qui fut renforcé par les taches rouges assimilées au sang coulant des sept plaies. L'héliotrope plongée dans l'eau froide arrête les saignements de nez : on massera les ailes du nez durant cinq à six minutes en ayant soin de replonger la pierre dans l'eau. Elle doit demeurer mouillée.

Indications thérapeutiques

L'héliotrope purifie le sang, le fortifie. Elle en régule la numération globulaire tout en stabilisant sa vitesse de sédimentation : c'est donc un hémostatique puissant à utiliser durant les changements de saisons et spécialement à la fin de l'hiver. Elle évitera maintes anémies. L'héliotrope en poudre entrait jadis dans la composition de différents contrepoisons. Elle soulage les piqûres de moustique. L'intestin, le foie seront soulagés par l'application, sur le ventre, d'une héliotrope. L'eau d'héliotrope soulage les varices et les hémorroïdes. Elle redonne confiance en soit et calme les complexes d'infériorité les plus handicapants.

Correspondances zodiacales

Le Bélier calmera son tempérament sanguin grâce à l'héliotrope. Quant à l'agressivité du Scorpion, elle s'en trouvera adoucie.

Hématite

Hématite : sesquioxyde de fer. L'hématite ressemble à du fer et peut montrer une couleur noire, grise, voire un rouge brunâtre. Son éclat métallique rend ce minéral fascinant. On l'appela aussi sanguine, et « fer spéculaire » ou oligiste. L'hématite est toujours opaque.

Gisements : Alpes, Allemagne, Italie, Oural, Suède, Australie, Grande-Bretagne, Suisse, Brésil.

Dureté : 5,5 à 6,3. **Densité** : 5,2 à 5,3.

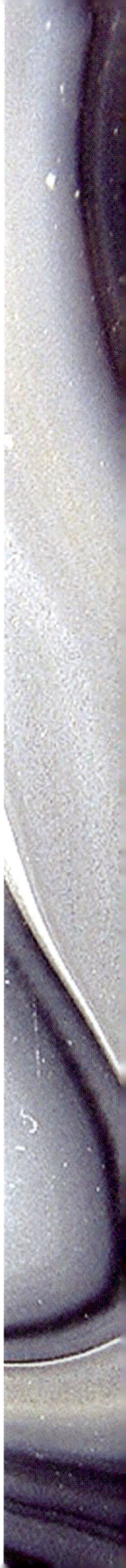

Étymologie et Généralités

L'hématite doit son nom au grec *hématos*, qui signifie « sang ». Cette pierre a la propriété, lorsqu'on la taille, de colorer l'eau utilisée en rouge.

Son aspect métallique lui permit, dans l'Antiquité, de servir à la fabrication de miroirs. C'est l'origine de l'appellation « fer spéculaire », du latin *speculum*, signifiant : « miroir ».

L'hématite servait aussi de miroir « prophétique » : les devins d'autrefois pouvaient y voir les événements futurs. La tradition orientale la prétend favorable aux rêves prémonitoires.

C'est une pierre dynamisante, qui rend joyeux. Elle convient aux esprits enjoués. Elle éloigne les pensées moroses.

En même temps, elle convient à ceux qui, par goût ou par profession, sont à l'écoute des autres : elle tempère leur jugement et incite à la bienveillance. Elle renforce la détermination, la volonté, la sagacité.

Bien qu'on la classe parmi les pierres rouges, elle ne possède pas les aspects inquiétants ou dangereux de la plupart d'entre elles.

Indications thérapeutiques

L'hématite combat l'anémie et les problèmes de composition du sang et de la lymphe. On l'appliquera sur le cœur ou au niveau des poumons. Posée sur une plaie, elle arrête l'hémorragie.

On la dit efficace en cas de thrombose (caillots sanguins), mais cet effet demeure léger. En revanche son effet est plus probant sur les ulcères cutanés. En cas de raideur de la nuque, de crampe à la plante des pieds, l'hématite soulagera en attendant qu'on ai pris le magnésium, ou les vitamines nécessaires pour éliminer durablement cet excès d'acide lactique.

L'eau sanguine, obtenue à partir d'hématite qu'on frotte dans de l'eau déminéralisée, est un excellent reconstituant. C'était l'un des constituants de la liqueur de fer insolite composée de petits clous de tapissier en acier bleu rouillés dans de l'eau de limaille d'hématite et de mercure, le tout macéré dans l'alcool.

La présence du mercure rend ce « remède » plus nocif que la mélancolie qu'il prétendait soigner.

L'hématite est souveraine pour l'arythmie cardiaque. Elle régule le flux de la bile. Enfin, placée sous l'oreiller, elle favorise un sommeil réparateur et sans cauchemars.

Correspondances zodiacales

L'hématite sied au Scorpion lors de ses « passages à vide ».

Le Bélier, grâce à cette pierre, pourra peut-être envisager le monde autrement que comme un champ de bataille.

Iolite

Iolite : cette pierre favorise les grandes aspirations spirituelles. Elle les oriente avec une certaine douceur. Elle est bleue, mauve ou violette.

Gisements : Madagascar, Sri Lanka, Brésil, Inde, Thaïlande, Birmanie.

Dureté : 7 à 7,5.

Densité : 3,3.

Étymologie et Généralités

La iolite tient son nom de celui de violette, fleur dont le nom est *ios* en grec. Son autre nom, cordiérite, rend hommage au minéralogiste français P.-L. Cordier. C'est une pierre qui évoque la Scandinavie des Vikings : des lamelles d'iolite, utilisées comme filtre solaire leur permettaient de s'orienter, ce qui facilita leurs lointaines explorations. La iolite change de couleur selon le côté qu'on présente à la vue. Une des faces paraîtra transparente, une autre couleur de miel, une troisième bleu violacé. Cette particularité se nomme dichroïsme. D'où le nom de dichroïte autrefois appliqué à cette pierre.

Indications thérapeutiques

La iolite oriente et canalise les énergies. Elle rassemble et réorganise les faisceaux épars et permet de retrouver un équilibre du rayonnement magnétique individuel.

De ce fait, elle est indiquée pour les situations de désorientation, les troubles de la volonté, la désorganisation tenace, la distraction.

Elle régularise le transit intestinal et favorise la pousse des cheveux et des ongles. On peut utiliser la iolite pour les maux de gorge.

Correspondances zodiacales

Les Poissons seront séduits par les couleurs « vivantes » de la iolite. Elle les rassérénera et calmera leur caractère parfois trop hésitant. Le Bélier l'utilisera pour amoindrir les aspects parfois trop terre à terre de sa personnalité.

Jade

Jade : silicate double d'aluminium et de sodium. Cette pierre peut présenter un grand nombre de couleurs et de nuances subtiles : vert, jaune, violet, gris noir, mauve, etc. La variété rouge est nommée héliotrope. C'est l'emblème de la perfection.

Gisements : Birmanie, Chine, Japon, Tibet, Mexique, Pérou. On en trouve quelques gisements en Grèce et en Italie.

Dureté : 6 à 7, ce qui permit de tailler le jade, dès la Préhistoire, afin d'en fabriquer des armes blanches redoutables, des instruments de torture et de chirurgie.

Densité : 3,2 à 3,4.

Étymologie et Généralités

Le jade est la « pierre du côté », du flanc, des reins. En ce sens elle se confond avec la néphrite (voir ce mot qui lui ressemble à tel point que le même mot a désigné les deux pierres en chinois ancien.) C'est ainsi que les Espagnols la dénommèrent tandis qu'ils conquerraient le Nouveau Monde : P*iedra de ijada*. Le dernier mot lui donnant son nom tel qu'il apparaît, déformé, dans notre langue.

L'histoire américaine ne fit que confirmer l'histoire asiatique du jade. Les cruels conquistadors, massacreurs de villages entiers s'en servaient pour méditer et prier. Les Incas, les Aztèques, friands d'hallucinants sacrifices humains, en usaient de même, tout en confectionnant des couteaux de jade ou d'obsidienne pour arracher le cœur des victimes rituelles de leurs sacrifices.

Le Jade, sous le nom « d'eau précieuse » symbolisait le sang des sacrifices humains offerts pour permettre la renaissance du Soleil et du dieu des pluies.

Le jade symbolise aussi l'Asie, c'est la pierre aimée de la Chine, de la Corée (« Pays du matin calme »), des grands royaumes millénaires et de la sagesse bouddhiste. Comme l'Asie elle-même, calme et bouillonnante, cruelle et pleine de compassion, sage et tempérante, mais ivre de guerre et d'opium en même temps, cette pierre présente d'absolus contrastes qui s'équilibrent parfois au prix de crises impressionnantes. De ce fait, le jade aide à supporter l'adversité, les grands conflits politiques qui entraînent les gens simples dans la tourmente, comme il permet aux chefs et aux puissants de supporter de nombreux revers. Le Bouddah de jade est un symbole de force tranquille. Il représente la sérénité au milieu des tempêtes...

En dehors de ses vertus thérapeutiques, le jade est une pierre amicale. Il est bon, il est doux d'en posséder un fragment dans sa poche, un pendentif, qu'on caressera de temps en temps pour le plaisir, et pour se recharger en ondes positives. Certes, le jade représente la justice et l'honnêteté. Ce qui n'empêche pas beaucoup d'hommes d'affaires chinois, et encore plus de dignitaires de triades ou de groupes yakusa japonais d'en conserver toujours un morceau dans leurs poches. Jadis, les chefs de guerre les plus cruels, comme les plus exaltés des religieux s'en remettaient au jade pour s'apaiser ou affronter leur destin. En ce sens le jade est symbolique au sens propre, représentant une chose et son contraire, son complément. C'est à la fois la pierre du saint et celle du bandit, du moine et de l'assassin. Ainsi, le jade s'accorde des grands conflits guerriers, comme de nos conflits intérieurs, nos problèmes intimes. C'est une pierre bienveillante, faite de compassion, de pardon, de compréhension.

Indications thérapeutiques

En règle générale, c'est la pierre du calme au milieu des tempêtes. Son action équilibre les nerfs, le rythme cardiaque. Elle est apaisante, équilibrante, se manifeste pour le meilleur comme pour le pire : c'est aussi la pierre des kamikazes, du « vent divin », de ceux qui se sacrifiaient sereinement pour leur patrie tout en désirant tuer le maximum d'ennemis.

Le jade guérit les maladies de rein et de vessie. Il aide aux accouchements difficiles et permet aux autres de s'effectuer sereinement : il convient de placer un fragment de jade dans la main de la parturiente ou mieux, une petite sculpture de jade représentant des organes sexuels féminins.

Le jade soigne la migraine, selon Hildegarde de Bingen qui, au Xe siècle subit des migraines épouvantables lui occasionnant des visions. Parmi ses visions, elle « vit » toutes les vertus des pierres dont elle composa un traité halluciné. Il convient de poser le jade sur le front et de respirer profondément.

Le jade soigne excellemment le sentiment de culpabilité, la « culpabilisation » illusoire. Ainsi peut-on l'utiliser chez les adolescentes en proie à l'anorexie, signe de conflit avec leur mère ou un autre parent, et chez les mères qui craignent de « ne pas savoir s'y prendre » avec leurs enfants.

En règle générale, le jade contribue à atténuer les symptômes physiques de troubles moraux ou mentaux : zonas, herpès, certains eczémas, démangeaisons ardentes sans problèmes cutanés, insomnies matinales, mémoire sélective, mycoses génitales, candidose.

Elle sera très bénéfique dans les cas extrêmes : défaitisme ou « normalité pathologique », c'est-à-dire désir excessif de s'adapter à un groupe, fût-il sectaire, conformisme exagéré, militarisme, suivisme (besoin irrépressible de suivre la mode), envie compulsive d'acquiescer à l'opinion générale, de s'intégrer coûte que coûte à n'importe quel groupe, absence d'esprit critique, etc.

La grippe lui résiste rarement.

Correspondances zodiacales

Le jade est la pierre affinitaire des signes « concernés », lucides ou conscients. Elle se montre propice aux signes « équilibrés mais inquiets » dont la lucidité fait parfois peur, et qui s'en découragent parfois : Balance, Poissons, Cancer. C'est la pierre de Cassandre, de ceux qui voient, avant les autres, venir les catastrophes.

Jais

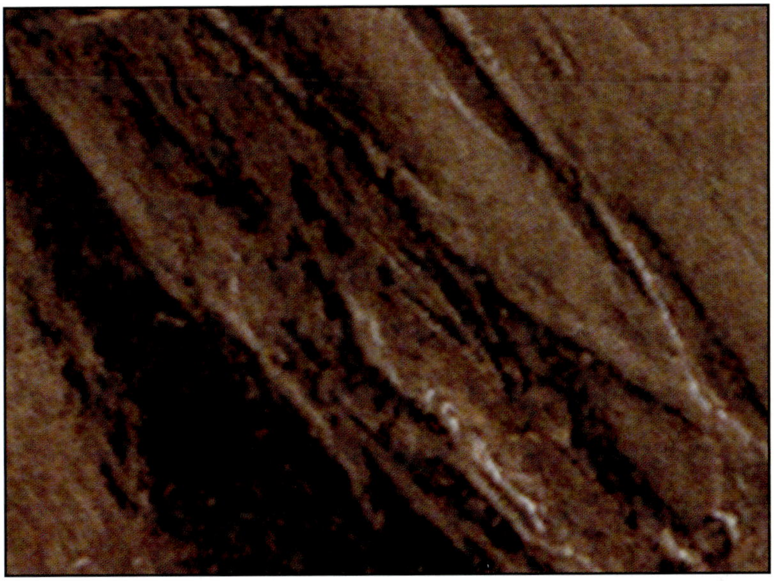

Jais : lignite fossile d'un beau noir brillant. C'est une pierre fine qu'on taille à facettes pour fabriquer des ornements divers, bijoux, crosses d'évêque et autres objets liturgiques, parures de deuil. On l'appelle aussi « ambre noir », à cause de ses propriétés électriques. **Gisements** : Baltique, Yorkshire, France, Asturies, Aragon, Souable, Pologne, Vietnam. **Dureté** : 2,5 à 4. **Densité** : 1,30 à 1,35.

Étymologie et Généralités

« Pierre de Gagès », du nom d'un fleuve et d'une ville de Lycie. L'ancien français donne gayet, ou jayet, forme qu'on trouve encore en Suisse romande. Le jais protège du mauvais œil comme en attestent de nombreuses amulettes égyptiennes, hindoues, romaines. Pour les Celtes, le jais écartait les démons, servait d'antidote et conjurait les sorts. En Irlande, les femmes brûlaient du jais (c'est un charbon très inflammable) afin d'assurer la sécurité et la fidélité de leurs maris en voyage, marins ou guerriers. Il suffit, écrivit Marbode, évêque de Rouen au XIe siècle, de toucher les sécrétions d'une jeune fille avec un fragment de jais pour s'assurer de sa virginité : le jais s'y dissout dans le cas contraire.

Indications thérapeutiques

Ce serait le meilleur charbon pharmaceutique contre le météorisme, l'aérophagie et autres problèmes de digestion : on mélange la poudre de jais à de la gomme. La même poudre, toujours selon Marbode, « rend aux femmes leurs règles ». Il est vrai que l'application d'une pierre de jais sur le ventre d'une femme régularise le flux menstruel et peut activer sa fécondité. En le frottant sur un chiffon de laine, on s'en servira comme de l'ambre ou en association avec lui. Cette association est très puissante et guérit maintes douleurs telles les rhumatismes et le lumbago. Le jais, puisqu'il combat les affections stomacales, servait d'antidote à certains poisons tels que l'arsenic, et, plus généralement les poisons de couleur blanche. C'est une pierre de « bonne santé », protectrice. Sa grande beauté permit qu'on en confectionne de superbes bijoux au XIXe siècle, bijoux censés porter bonheur.

Correspondances zodiacales

La Vierge, évidemment, et les signes de la féminité, comme le Cancer. Mais aussi ceux de la dualité (Gémeaux, Poissons) à condition d'y adjoindre l'ambre : ces deux pierres sont « sœurs ».

Jaspe

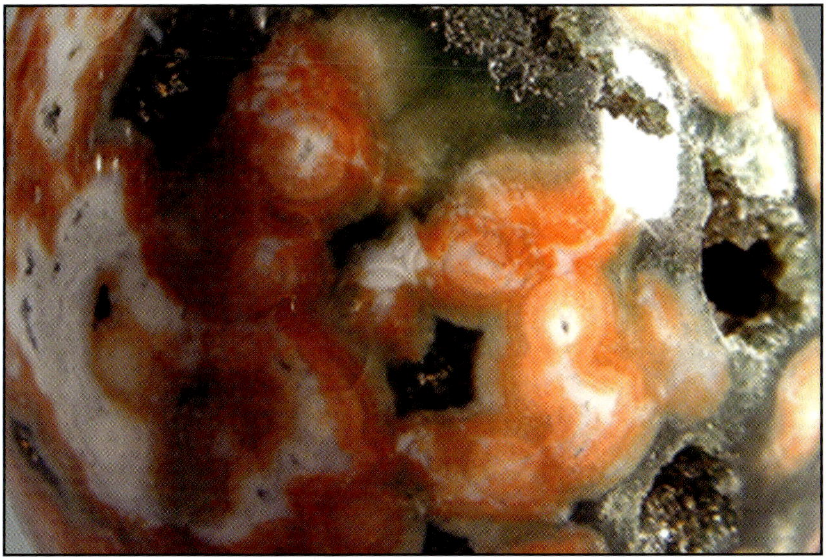

Jaspe : dioxyde de silicium. Il s'agit d'une sorte de quartz à grosse granulation. Le jaspe peut présenter toutes les couleurs. Ses teintes évoquent souvent le sol, les forces telluriques et sont presque toujours tachetées, mouchetées, rayées, irisées d'où l'adjectif « jaspés ». Cette pierre fort commune n'en est pas moins puissante et énergique. Il fut, dans maintes civilisations antiques, considéré comme surchargé de propriétés mystérieuses et parfois contradictoires. On le portait pour se prémunir contre les maladies oculaires et pour demeurer lucide. Le jaspe rouge stimule sans excès. Le jaspe jaune favorise le « bon sens » mais aussi le conformisme. Dans certains cas il rend sentencieux et « pontifiant ». Le jaspe vert uni harmonise « en douceur » : il peut faire changer d'avis le plus opiniâtre, le plus têtu des contradicteurs systématiques.

Le jaspe vert tacheté de rouge présente des qualités particulières (voir héliotrope).

Le jaspe multicolore présente les particularités de sa couleur dominante, sans négliger celles des sous-dominantes.

Gisements : France, Inde, Égypte, Amériques, Russie, Continent africain. **Dureté** : 6,5 à 7. **Densité** : 2,5 à 2,8.

Étymologie et Généralités

Du grec *iaspis*, « agate ». Le jaspe fut considéré comme « la mère des pierres ». Il présente une aura particulière, quelque chose de primordial difficilement explicable mais qu'on ressent facilement en tenant la pierre en main. Son irradiation dans tout le corps est une sensation fort agréable pour qui sait s'y montrer attentif. L'apaisement produit rend généreux, désintéressé, voire humble. On se sent plein de compassion et de patience. C'est aussi le symbole de l'accouchement.

Dans l'Apocalypse, Saint Jean voit apparaître l'Éternel sur un trône de jaspe ou de cornaline : le jaspe représente l'éternelle jeunesse, le renouvellement, la révélation. Certains devins établissent une correspondance entre les jaspures de la pierre et la divination par les méandres des empreintes digitales. Le jaspe était, dans les traditions antiques et médiévales, la pierre des « tempestaires », magiciens maîtres du vent et de la pluie. On les appelait en secret pour qu'ils sauvent les récoltes en période de sécheresse, ou qu'ils préservent les navires des tempêtes. Hélas, leurs services se payaient très cher, parfois par la damnation.

Tout dans le jaspe se présente de façon potentielle : la lumière ne s'y manifeste pas encore, tandis que cette pierre renforce notre clarté intérieure. Ce « caillou » ordinaire n'a pas livré tous ses secrets... Pourtant, sous son aspect commun, il fascine, intrigue et... guérit.

Indications thérapeutiques

Favorise les grossesses heureuses. Calme l'épilepsie et soigne la goutte. En cas de problèmes sanguins (anémie) on promènera un morceau de jaspe sur le trajet des veines apparentes. Ne jamais utiliser de garrot. Les calculs biliaires seront réduits en quelques jours. Les problèmes digestifs seront calmés par l'eau de jaspe (laisser tremper une nuit dans de l'eau déminéralisée). Fortifie l'estomac, favorise le transit intestinal. Calme les nausées et les vomissements. Tarit les saignements de nez et réduit les hémorroïdes. Le jaspe préserve des envoûtements. C'est aussi un puissant aphrodisiaque et un régénérateur du sperme. Surtout lorsqu'on l'associe au grenat, à la topaze. On trouve, dans de nombreuses civilisations anciennes, des amulettes de jaspe en forme de pénis.

Correspondances zodiacales

Le Bélier et le Scorpion tireront bénéfice du jaspe, quel qu'il soit. Mais leur jaspe de prédilection demeure l'héliotrope dont les spécificités se montrent un peu moins ambiguës. Les applications gynécologiques du jaspe le relient symboliquement au signe de la Vierge, ce qui vaut aussi pour les hommes natifs de ce signe. Le Cancer y aura recours en cas de sentiment d'agressivité inexpliqué. Le Capricorne y trouvera un élément efficace pour ne plus céder à ses caprices, à ses lubies soudaines.

Kunzite

Kunzite : pierre d'une belle transparence vitreuse, la kunzite se nomme aussi pyroxène. Sa couleur va du rose pâle au violet clair et varie sur la même pierre selon l'angle d'observation.

Gisements : Afghanistan, Brésil, Madagascar, Amérique du Nord. **Dureté** : 6 à 7. **Densité** : 3,2 à 3,5.

Étymologie et Généralités

La Kunzite doit son nom au minéralogiste G.F. Kunz qui la découvrit au début du XXe siècle. C'est une pierre associant le violet de l'élévation d'esprit lucide, d'une spiritualité sans égarement, de la même façon que l'améthyste, et le rose clair tendre de l'amour.

Cette pierre nous incite à aller droit vers l'essentiel, l'absolu. À tel point qu'elle peut provoquer une perte du sens du quotidien, de la banalité de la vie de tous les jours. Aussi l'associe-t-on souvent avec des pierres plus terrestres : jais, jaspe, hématite. Ceci pour la même raison que les moines les plus « exaltés » sont généralement astreints aux tâches les plus banales, les plus terre à terre afin d'équilibrer leur élan vers l'azur, tout en éprouvant la solidité de leur conviction.

La lucidité spirituelle, jointe à un amour trop désincarné peut dériver vers des attitudes mentales très dures. Aussi devons-nous approcher cette pierre avec précision et détermination : que voulons-nous ?

Adopter une telle pierre comme compagne, comme pendentif ou bague portés à demeure demande de la comprendre. Ses stries, droites, parallèles, montrent une rigidité qui peut se révéler « structurante », mais aussi nous « déshumaniser » par la trop grande volonté de rigueur et de pureté qu'elles peuvent nous inspirer. Il conviendra donc de tempérer une tendance trop « rectiligne » de notre mentalité pour jouir des bienfaits qu'une telle pierre apporte. À ces conditions, la kunzite nous mènera vers une élévation spirituelle et affective parfaite, ou peu s'en faut, pour peu que s'y mêlent tendresse et compassion.

Applications thérapeutiques

La kunzite a longtemps été négligée. On pensait, généralement qu'elle faisait double emploi avec d'autres pierres. Ce n'est que récemment qu'on a découvert son pouvoir si particulier, à la fois puissant et subtil. La « personnalité » de cette pierre n'a pas encore pu être bien explorée. La recherche est en cours. Aussi ne connaissons-nous pas encore tous les effets de la kunzite.

Cependant, il a pu d'ores et déjà être établi qu'elle peut aider les personnes dont l'amour déçu, dont la pureté bafouée ont rendu victimes de problèmes cardio-vasculaires. La kunzite dynamise « en douceur » le travail mécanique du cœur. Elle permet de retrouver progressivement un rythme offrant au souffle la possibilité de s'harmoniser. Dès lors, l'irrigation du corps permettra à l'âme, à l'esprit, de s'équilibrer. C'est une pierre de relais, de médiation entre l'organique et le spirituel.

Correspondances zodiacales

Les problèmes de circulation sanguine sont fréquents chez les Balance, tandis que l'effet légèrement tranquillisant de la kunzite les aidera à ne plus souffrir de leur besoin d'éprouver un sentiment de sécurité si menacé par le monde moderne.

Les Poissons manquent parfois du sens des réalités. A priori, on pourrait croire que la kunzite ne leur serait pas favorable. Et pourtant, si : paradoxalement, cette pierre qui nous fait voguer vers les hautes sphères leur remettra les pieds sur terre. Leur tendance profonde et les effets de la pierre s'annulant chez les natifs de ce signe, pour produire un puissant effet équilibrant.

LABRADORITE

Labradorite : aluminosilicate de sodium et de calcium. Gris foncé à noir jaune, bleu, ou parfois avec dominantes rougeâtres. Irisations. C'est un feldspath montrant un jeu de brillance et de couleurs particulières qu'on nomme « labradorisation ».

Gisements : Labrador (Canada), Terre-Neuve, Mexique, Oural, Amérique du Nord et Centrale.

Dureté : 6 à 6,5. **Densité** : 2,6.

Étymologie et Généralités

Cette pierre fut découverte au Labrador en 1770. En 1940 une pierre particulièrement colorée fut découverte à Ylijärvi, en Carélie (Finlande). On la nomma spectrolite, puisqu'elle reflétait toutes les couleurs du spectre. Il s'agit cependant d'une variété superbe de labradorite.

La labradorite, parfois, ne « paie pas de mine »: on ne découvrira sa beauté qu'en l'examinant de près. Mais alors, quels chatoiements, quelle fascination !

Chaque pierre possède sa personnalité : un peu d'intuition permettra de choisir celle qui convient à tel ou tel caractère. En général, cette pierre nous « fait signe » et l'on trouve, dans un lot proposé, celle qui nous convient, voire même qui nous ressemble.

C'est une pierre de voyance : elle développe la lucidité, la perception des auras.

Indications thérapeutiques

La labradorite nous « correspond », nous « représente », nous « accompagne ». Elle peut donc soigner notre dépression en tant que « honte d'être soi », c'est-à-dire comme « auto-intoxication de soi-même », les côtés négatifs de notre personnalité nous submergeant et nous saturant comme une mauvaise ivresse ou un état similaire à celui d'un drogué. D'ailleurs, cette pierre aide à se désintoxiquer du tabac, de l'alcool et dans une moindre mesure des « drogues dures ».

La labradorite développe l'habileté et la sensibilité des mains. Elle est utile au kinésithérapeute, au guérisseur.

Correspondances zodiacales

Les Poissons apprécieront particulièrement cette pierre. Rouge, elle leur donnera une énergie spectaculaire. Jaune elle leur fournira une chaleur vitale qui attirera la sympathie des personnes attristées : attention de ne pas se laisser submerger, par bienveillance et compassion. Verte, elle libérera de l'oppression les natifs de ce signe souffrant de problèmes cardio-vasculaires ou respiratoires. Elle leur donnera la paix intérieure ou y contribuera.

Le Cancer savourera la grande complicité de cette pierre. Particulièrement la mauve, qui lui « réchauffera » le sommet du crâne : il « sentira » l'énergie électromagnétique de sa méditation, de sa pensée. Il pourra « soupeser » ses idées comme si elles étaient matérielles, concrètes. Et ce sera pour mieux réussir à réaliser ses rêves. Car pour le Cancer, la labradorite est le minéral qui projette les idées vagues, en les précisant, en plein cœur du réel, après avoir brisé le « miroir déformant » de l'illusion.

La labradorite rouge n'ira pas par quatre chemins : elle sommera le Cancer d'agir enfin. Résultats surprenants et frissons garantis ! La jaune, plus calme en apparence, favorisera la concentration. Attention, l'action qui suivra en étonnera plus d'un. La labradorite verte, enfin, aura un effet plus calme et de longue durée. Le Cancer a tout intérêt à se munir de plusieurs pierres de différentes couleurs...

Lapis-Lazuli

Lapis-Lazuli : silicate soufré d'aluminium et de sodium. C'est une pierre bleu ciel comme son nom l'indique. Sa structure granuleuse lui donne un aspect parfois velouté. Cette couleur bleue ne paraît pas froide, mais tendre, douce, presque sensuelle.

Les variétés foncées, avec leurs inclusions de pyrites, ressemblent à des « fragments de nuit », à des morceaux de ciel nocturne étoilé. C'était la « pierre de ciel » des anciens Égyptiens qui la sculptaient souvent en forme de scarabée porte-bonheur, lequel, en « roulant sa boule », représentait la course du soleil.

Le lapis-lazuli, à l'état naturel ne paie pas de mine. C'est après la taille ou le polissage qu'il révèle toute sa beauté.

Gisements : Chine, environs du lac Baïkal, Afghanistan, Birmanie, Thaïlande, Égypte, Amérique du Sud.

Dureté : 5 à 6. **Densité** : 2,4 à 2,9.

Étymologie et Généralités

Du latin *lapis* et de l'espagnol venant de l'arabe *azul*, qui a donné le mot français azur. Symbole de la nuit étoilée en Perse antique et en Amérique précolombienne, le lapis-lazuli est dans l'Orient islamique la pierre de prédilection pour ceux qui veulent se protéger du mauvais œil.

Le lapis-lazuli broyé donne une couleur intense, superbe, qu'utilisait Michel-Ange. Couleur fort coûteuse, elle agaçait les mécènes de ce peintre génial qui y voyait aussi un talisman.

Indications thérapeutiques

Favorise la circulation, améliore le rythme cardiaque. Le lapis-lazuli régule les sécrétions des glandes endocrines. Il est souverain contre les problèmes de peau. Il soulage les crampes, les raideurs, les lumbagos. En le chauffant au soleil, il réduit les ecchymoses et les piqûres d'insectes. On l'utilisait jadis contre l'ictère du nouveau-né et la jaunisse de l'adulte. Les compères-loriots et autres affections oculaires suintantes ou septiques seront soulagés par le frottement de la zone atteinte avec un fragment de lapis-lazuli réchauffé dans l'eau chaude. L'eau, une fois refroidie, doit ensuite être utilisée en bains oculaires. Comme beaucoup de pierres et de remèdes propices à la vue, aux yeux. Le lapis-lazuli soigne aussi les problèmes de tension artérielle.

Représentant la régularité du cours des planètes, la succession des jours, cette pierre est fort efficace pour les femmes souffrant d'irrégularités menstruelles ou d'aménorrhée.

Correspondances zodiacales

Le lapis-lazuli convient au Sagittaire. En effet, ce dernier symbolise ce qui bouge, vole, se transforme, le Moi en expansion. L'aura de calme, de régularité, la composante cyclique du lapis-lazuli contribuera grandement à équilibrer une tendance à l'agitation fréquente dans ce signe.

La Vierge, qui se situe au temps des récoltes, des moissons, des vendanges, symbolise la fécondité. Les anciens Égyptiens l'assimilaient à Isis, celle qui ressuscite Osiris, qui « remet les pendules à l'heure » et restaure les cycles immuables.

À la fois opposés et complémentaires, le lapis-lazuli et la Vierge représentent le temps. Aussi, l'aspect céleste du lapis-lazuli compensera la temporalité parfois trop matérielle du signe zodiacal.

Magnésite

Magnésite : carbonate de magnésium. On la nomme aussi sépiolite.

Cette pierre incolore ou de couleur ivoirine n'est pas très attirante. En la colorant, certains commerçants peu scrupuleux la « transforment » en turquoise. Cette falsification est encore fréquente.

Gisements : Turquie, Proche-Orient, Chine, Arizona.

Dureté : 4.

Densité : 2,6.

Étymologie et Généralités

Cette pierre doit son nom au magnésium dont elle est faite. Du grec *magnès*, aimant.

Indications thérapeutiques

Ce serait la « turquoise du pauvre », puisqu'elle possède, en fort atténué, les pouvoirs de cette pierre. La Magnésite n'a en fait qu'une seule application : elle lutte d'une façon spectaculaire contre l'obésité.

Elle favorise l'élimination urinaire et voit son pouvoir amaigrissant stimulé par l'association avec un zircon.

Le pouvoir amaigrissant bien réel de cette pierre ne peut se manifester si l'on ne fait pas un petit effort de régime : aucun goinfre ne maigrira jamais de cette façon. De même, les adolescents grignoteurs perdront un peu de poids. Mais sans plus, s'ils conservent leurs mauvaises habitudes.

En revanche, s'ils réduisent, ne serait-ce que d'un quart leur consommation de barres chocolatées et de boissons gazeuses sucrées, l'effet sera probant. Ensuite, ils perdront petit à petit leur désir compulsif de s'empiffrer.

En cas de boulimie réelle, on associera l'ambre et la calcédoine à la magnésite. Évidemment, le magnésium dont elle est constituée pourrait être ingéré en vue de retrouver une bonne forme. Ce serait à trop hautes doses et dangereux : mieux vaut préférer les préparations du commerce ou les eaux minérales spécifiques.

Correspondances zodiacales

En gros, celles de la turquoise mais en très atténué.

Magnétite

Magnétite : oxyde de fer de couleur sombre avec, parfois, des reflets dorés. C'est la Petra Boréalis, la « pierre du Nord » qui servit longtemps de boussole sommaire aux hardis navigateurs des premiers siècles de notre ère. La magnétite ressemble parfaitement à l'hématite, à ceci près qu'elle est aimantée. Elle est souvent moins brillante.

Gisements : Alpes, Allemagne, Italie, Oural, Suède, Australie, Grande-Bretagne, Brésil.

Dureté : 5,5 à 7. **Densité** : 5,2 à 5,5.

Étymologie et Généralités

Du grec magnès, « aimant ». Thalès, au VIe siècle avant notre ère découvrit, de façon géniale, l'électricité statique (voir ambre) et le magnétisme.

La pierre d'aimant, la magnétite représenta pour lui, l'attraction cosmique comme l'ambre symbolisait le lien spirituel.

Pour les Égyptiens, ce magnétisme, lié au dieu Horus participait à la régulation des mouvements cosmiques.

Indications thérapeutiques

La magnétite, en réorientant les flux corporels, les ondes organiques, combat la douleur ; c'est sa principale indication. Le mieux est de la coller sur l'endroit douloureux avec du miel légèrement concentré par cuisson.

On pourra soit appliquer ce miel sur la pierre, soit sur un tissu de coton, un mouchoir enduit faisant office de sparadrap. Ce dernier produit serait tout aussi efficace s'il n'était pas composé de tissu synthétique.

Comme le cristal de roche dont elle est l'exact opposé par sa couleur, son opacité, la magnétite renforce les pouvoirs des autres pierres.

Attention : parfois, au début du traitement, la magnétique accentue certaines douleurs. On l'utilisera d'abord parcimonieusement, environ une demi-heure à trois quarts d'heure par jour. Au bout de deux jours, la pierre retrouvera son effet antalgique après cette « décharge » magnétique intense et nécessaire.

Pierre de régularité, la magnétique rétablira le cycle menstruel tout en en soignant les éventuelles douleurs.

Ne jamais utiliser la magnétite en cas de port d'un pacemaker ou de tout autre modèle de stimulateur cardiaque : il pourrait se créer des interférences dangereuses. De même, le port d'une magnétite dans un hôpital peut parfois fausser le résultat de certaines analyses.

C'est aussi une pierre de résolution : elle aidera ceux qui cherchent la lumière, ceux qui se trouvent en quête spirituelle.

Correspondances zodiacales

La magnétite sied au Scorpion dont elle « réorientera » la sensibilité souvent trop vive : elle canalisera son énergie dans un sens positif.

Pour le Bélier, la magnétite aidera à atténuer l'aspect dominateur de son caractère. Parfois même, elle lui fera prendre conscience de ses sentiments inavoués. Sa trop fréquente jalousie pourrait se trouver fortement atténuée.

Malachite

Malachite : carbonate de cuivre de couleur vert clair à vert olive. Cette pierre mate est poreuse, réceptive. Les belles Égyptiennes s'en servaient comme fard à paupières comme on le voit dans les fresques des pyramides. La malachite cristallisée peut briller comme l'aigue-marine.

Gisements : continent africain : (Zaïre, Rhodésie), Arizona, Oural, Australie, Chili, Pérou.

Dureté : 3,5 à 4. **Densité** : 3,9.

Étymologie et Généralités

Du grec *malachê*, « mauve », en référence à la couleur verte de la plante médicinale ainsi nommée ou *malva officinalis*. La malachite fut utilisée par les Égyptiens en association avec le lapis-lazuli et la turquoise. La beauté de ce mélange de teintes se rehaussait de celle du cuivre.

Mais à ce souci esthétique correspondait une profonde connaissance du pouvoir des pierres et ces associations complémentaires s'équilibraient soit par les proportions de chaque pierre, soit par le pouvoir mystique des objets ou des personnages représentés.

En Suisse et dans quelques villages de Savoie, on façonne une croix de malachite censée porter bonheur aux parturientes. Les mères de familles nombreuses sont souvent fières de montrer leur « collection » de croix de malachite. Des collections en montrent de très anciennes : certaines datent du XVe siècle. D'autres, finement ouvragées, appartinrent à des femmes de haute noblesse.

C'est l'une des pierres vouées à Saint François d'Assise. À tel point qu'une légende tenace veut que la malachite, tenue en main ou portée en bijou, permette de comprendre les différents langages des animaux.

On pourrait même leur parler si l'on décidait de boire habituellement dans une coupe taillée dans un bloc de malachite.

Indications thérapeutiques

La malachite est souveraine pour les problèmes féminins : elle régularise le rythme menstruel et facilite le travail.

Les sueurs froides, la malaria, les tremblements, le parkinsonisme sont soulagés, sinon guéris par la malachite. L'asthme s'en trouve bien, mais pas autant qu'avec l'aigue-marine. Les problèmes intestinaux sont rapidement soulagés par la malachite: durant la guerre de Crimée, les soldats souffrirent du choléra. Des sorciers locaux leur vendirent à prix d'or de la poudre de malachite diluée dans de l'eau, ce qui, paraît-il, diminua l'expansion de l'épidémie.

Le cuivre traite les douleurs rhumatismales. Sous forme de carbonate basique, c'est-à-dire de malachite, il se montre encore plus efficace. Favorisant l'élimination, cette pierre diurétique peut aider à guérir les lithiases. Elle combat l'arthrose, spécialement cervicale, renforce la mémoire et la rend claire, ordonnée, facile à réactiver. Elle aidera ceux qui, souffrant d'oublis à court terme, oublient les noms de personnes juste après leur avoir été présentés. Elle permettra aux grands-parents confus de ne pas se tromper de prénom en s'adressant à leurs petits-enfants, voire à ne pas confondre les générations…

Correspondances zodiacales

Pierre de fécondité, la malachite développera le potentiel créatif comme l'énergie génésique de tous les signes, à divers degrés. Le Taureau, amour et sagesse, mais aussi impétuosité, renforcera sa tendre complicité avec les énergies de la Nature en portant une bague ornée de malachite. La nature animale du Scorpion, faite de tristesses insondables suivies de joies trop exaltées sera vite canalisée par la malachite. Chez le Cancer qui, sous le pouvoir de l'amour spirituel « doit » enfanter l'amour cosmique, l'effet de la malachite sera spectaculaire, spécialement chez un artiste, peintre ou musicien.

Mica

Mica : potassium et aluminium. Nom générique des phyllosilicates, groupe comprenant le lépidolite et la muscovite. Dans le langage courant, le mot mica désigne la muscovite, qui est translucide, de couleur vitreuse ou perlée, de nuances diverses. Ce minéral se présente en feuillets.

Gisements : Brésil, Madagascar, Mozambique, Californie, Russie.

Dureté : 2 à 2,5. **Densité** : 2,7 à 3.

Étymologie et Généralités

La muscovite tient son nom de la ville de Moscou, près de laquelle se trouve un gisement. Dans la Russie d'autrefois, ce mica servit à garnir les fenêtres. L'usage est fort répandu.

Le mica est flexible, mais non élastique. Cassant, il a servi d'isolant électrique et de voyant pour les poêles à bois et a charbon du fait de sa résistance à la chaleur.

Le mica est un puissant porte-bonheur. Il attire le succès et lui permet de durer.

Indications thérapeutiques

Le mica fait briller les phanères (ongles et cheveux) ternis par l'abus d'alcool, de tabac et le stress de la vie moderne.

C'est aussi un minéral légèrement tranquillisant, voire euphorisant qui rend parfois volubile, disert, verveux. De ce fait, il atténue les inhibitions et constitue sous la forme d'eau de mica, un bon remède contre la timidité, le trac, la pusillanimité.

Correspondances zodiacales

Le chatoiement familier du mica plaira aux Poissons. Il leur procurera un calme certain.

La brillance correspondra à celle du Cancer, lorsqu'il veut bien la montrer. Le mica pousse les natifs de ce signe à moins se renfermer en eux-mêmes.

Moldavite

Moldavite : dioxyde de silicium et oxyde d'aluminium. Pierre d'une couleur vert bouteille ou verre d'eau.

Dureté : 5,5.

Densité : 3,9 à 4.

Gisements : Moldavie. Des pierres similaires ont été trouvées en Australie et en Géorgie (USA).

Étymologie et Généralités

La moldavite doit son nom à un cours d'eau, la Moldau, immortalisée par le compositeur Smetana et qui a donné son nom à la moldavite. Il n'existe qu'un gisement au monde de moldavite : l'australite et la géorgiaite lui ressemblent mais n'égalent pas sa brillance. Certaines de ces roches furent trouvées fondues sous l'impact de météores.

La moldavite est propice au développement personnel. Elle favoriserait les dons télépathiques et l'intuition.

Indications thérapeutiques

Pierre de jouvence, la moldavite s'oppose au vieillissement en stimulant l'épanouissement du Moi.

Comme beaucoup de pierres vertes, la moldavite est excellente pour les yeux. Boire de l'eau de moldavite calme les flatulences comme les faiblesses cardiaques. La moldavite stimule la mémoire, s'opposant ainsi à la dégénérescence mentale. C'est un excellent adjuvant dans le traitement de la goutte.

Correspondances zodiacales

Le Taureau qui fonce « tête baissée » a besoin qu'on diminue l'aspect vindicatif de son caractère. Pierre verte, la moldavite combattra son aveuglement et l'aidera symboliquement à « y voir clair ».

Le Cancer, deviendra plus « fonceur » en portant une moldavite. Le Capricorne, tour à tour capricieux et fonceur aura tout intérêt à méditer sur la moldavite : elle lui donnera la paix intérieure.

Néphrite

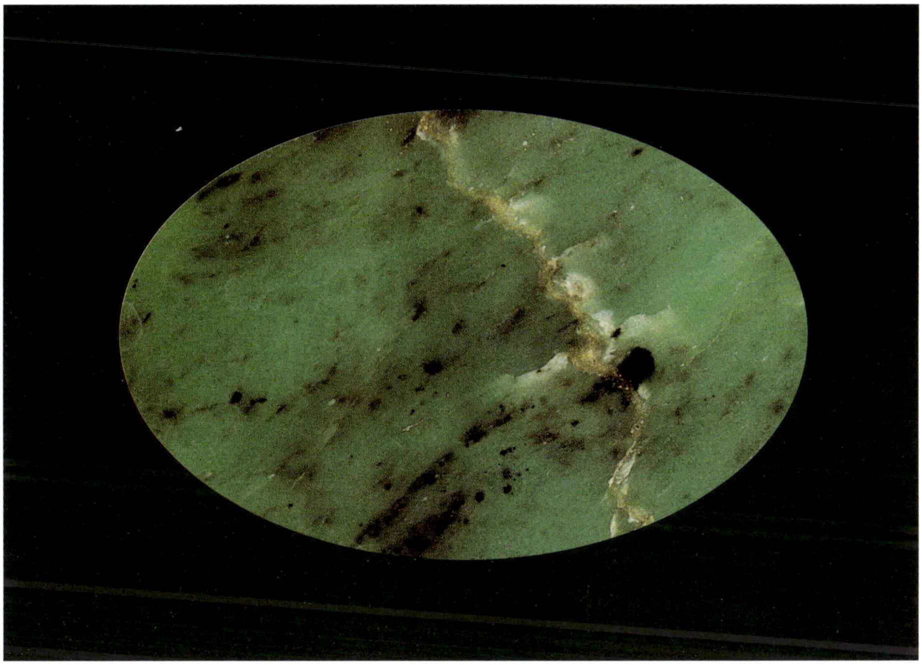

Néphrite : silicate basique de magnésium, calcium, fer. Cette pierre ressemble au jade. On taille de très beaux objets en néphrite, mais on la connaît surtout pour ses vertus thérapeutiques. Elle est verte, d'un vert tirant vers le gris avec des marbrures blanches.

Gisements : Chine, Japon, Tibet, Mexique, Pérou

Dureté : 6 à 6,5.

Densité : 3,2.

Étymologie et Généralités

Homonyme d'une douloureuse maladie des reins (*nephros*, « rein » en grec), la néphrite doit son nom à ses vertus curatives de cette affection.

Indications thérapeutiques

Néphrite, autrefois appelée « gravelle », énurésie. Si l'énurésie persiste et vient d'un problème psychologique ou familial, on lui associera la tourmaline. L'eau de néphrite dynamise la fonction rénale.

C'est aussi une pierre excellente pour les animaux vieillissants : l'incontinence des vieux chiens et chats s'en trouve améliorée. On utilise la néphrite pour les grands félins malades et âgés dans les ménageries et zoos.

Il faut faire porter à l'animal une néphrite accrochée à son collier.

Correspondances zodiacales

La néphrite, pierre principalement thérapeutique n'est pas liée à un signe particulier. Elle soigne les maladies de reins de tous.

Elle serait cependant plus rapidement active chez les Poissons et les Cancer.

OBSIDIENNE

Obsidienne : pierre volcanique siliceuse, « verre de lave ». Elle peut être noire, brune, noir et argent, noir et or.

Gisements : Islande, Grèce, Sicile, Mexique. Plus généralement, les terres volcaniques et les grandes failles de la couche terrestre, les limites des plaques tectoniques.

Dureté : 5 à 5,5.

Densité : 2,5 à 2,7.

Étymologie et Généralités

Du gréco-latin *obsidios* qui serait, selon les H*istoires* N*aturelles* de Pline, le nom du Romain hellénisé (Obsius) qui aurait découvert cette pierre.

Les Indiens d'Amérique utilisèrent beaucoup l'obsidienne pour fabriquer des objets cultuels, des pointes de flèches ou de javelots. Mais aussi des poignards pour les sacrifices humains.

Le rayonnement de l'obsidienne en fait une pierre sacrée, magique. La grande beauté, la fascination qu'exerce l'obsidienne taillée ne doit pas nous faire oublier qu'il s'agit d'un silex (pierre composée de silice), d'une pierre à feu susceptible de produire des étincelles quand on la choque, voire d'allumer un foyer.

Au Mexique, l'obsidienne est le fils du couple primordial initiateur de toute création. Chez les anciens Mexicains, les « années d'obsidienne » correspondent aux « vaches maigres » et sont dominées par l'aridité, la sécheresse, l'infertilité.

L'obsidienne, froide, vient de la plus extrême chaleur, du cœur des volcans, du magma. Elle équilibre les contraires. Elle nous rend plus familiers avec les mystères de notre vie cachée et nous conduira à « ôter le masque », à découvrir qui nous sommes vraiment au-delà du personnage que nous avons inconsciemment construit. Ce qui apporte bien des surprises, certains se révélant l'exact contraire de ce qu'ils croient être !

Indications thérapeutiques

Les Aztèques confectionnaient un baume cicatrisant contenant de la poudre d'obsidienne. En effet, leur croyance était que la matière qui ouvre les plaies, qui sert à fabriquer des armes est aussi susceptible de les guérir. Cette pratique, sans qu'il y ait eu contact, se retrouve dans le Nord de la France, en Belgique : la poudre de silex ou obsidienne, est mêlée de graisse de lapin et de camomille, selon diverses recettes secrètes que les sorcières et guérisseurs locaux conservent jalousement.

La contemplation d'une obsidienne noire durant une demi-heure par jour durant sept jours nous permet d'apprendre à nous mieux connaître.

Un « effet de miroir » mental finit par nous mettre en présence de notre Moi profond et, souvent, ignoré.

Elle active la volonté, spécialement en cas de dépression. Mais elle ne soigne pas la dépression elle-même. On peut y adjoindre un cristal de roche à cet effet.

Correspondances zodiacales

Scorpion, Capricorne, et, plus généralement les signes doubles, en général, puisque cette pierre révèle « les autres qui sont en nous » et résout, par exemple un conflit, un « duel » entre deux aspects de notre personnalité en montrant qu'ils ne sont pas principaux.

C'est une pierre antischizophrénique qui aurait pu soigner le docteur Jekyll...

Œil-de-Tigre

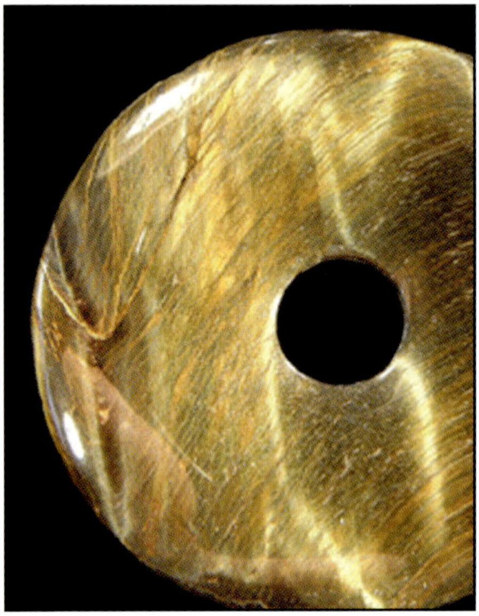

Œil-de-Tigre, Œil-de-Faucon, Œil-de-Taureau, Œil-de-Chat : quartz en lamelles reliées par des couches d'amiante de hornblende. L'œil-de-Faucon est bleu-noir, l'œil-de-Tigre, contenant plus d'oxyde de fer, de limonite est brun-doré.

Gisements : Ouest du continent australien, Birmanie, Afrique du Sud, Inde, Amériques.

Dureté : 6,5 à 7. **Densité** : 2,5 à 2,7.

Étymologie et Généralités

Ces pierres doivent leur nom à la ressemblance. Il existe ainsi des œils-de-chat, des œils-de-taureau qui ont sensiblement tous les mêmes vertus, modifiés par le rayonnement de leurs couleurs. L'œil-de-tigre favorise la confiance en soi, voire la hardiesse et parfois, l'orgueil.

L'œil-de-faucon protège des cauchemars. Il n'est pas rare qu'on les confonde et qu'on nomme œil-de-tigre un œil-de-chat, etc. Toutes ces pierres portent chance. Elles conjurent le mauvais sort et renvoient les ondes délétères, les rayonnements défavorables. Ce sont des pierres fort utilisées dans les rituels vaudous.

Ces pierres, ces « yeux qui nous regardent » aident notre vision interne : notre cœur, notre esprit deviennent un « observatoire des causes extérieures ». Dès lors, nous « voyons en dedans », nous simulons telle ou telle situation. Nous l'observons sous tous ses aspects. Et c'est une des meilleures aides pour résoudre une crise, pour se préparer à l'action positive.

Ces pierres nous permettent de mesurer les conséquences de nos actes et à prendre les bonnes décisions.

Indications thérapeutiques

Combattent les cauchemars, guérissent les angines, renforcent le cœur. Très favorables aux muscles : à porter avant une compétition sportive. Accélèrent la guérison des maladies infantiles (spécialement l'œil-de-chat).

Combattent l'asthme.

Correspondances zodiacales

L'aspect pratique, intellectuel, réfléchi des Gémeaux n'a d'égal que leurs problèmes de concentration, leur refus de ce qui n'est pas immédiatement concret, leur matérialisme souvent exagéré.

Le « regard » de l'œil-de-tigre en les décontractant, leur permettra de pallier ces travers. L'hypervolontarisme du Lion, sa tendance au snobisme, son orgueil seront combattus par cet œil témoin qui ne laisse rien passer.

La légendaire pondération de la Vierge lui fait manquer maintes occasions. Ces pierres l'aideront à, enfin, exprimer ses sentiments, pour le meilleur et pour le pire !

Le Verseau, assoiffé de nouveauté, n'a pas toujours le recul nécessaire pour juger de leur nécessité ou de leur caractère bienfaisant. Une bonne acuité lui sera donnée par ces pierres qui lui éviteront souvent de se montrer ridicule et d'endurer des moqueries blessantes. En accentuant son sens de la réalité tangible, l'œil-de-faucon le rendra plus assuré, plus pondéré.

Olivine

Olivine : silicate de magnésium et fer. Il s'agit d'une chrysolite de couleur vert olive. Voir Chrysolite.

Gisements : Mer Rouge, Birmanie, Afrique du Sud, Australie, États-Unis, Brésil, Zaïre.

Dureté : 6,5. **Densité** : 3,30.

Étymologie et Généralités

Le nom vient de la couleur. Cette pierre stimule l'ouverture intérieure, la communion avec le monde, la volonté d'être « au cœur du monde » et de se donner, de s'offrir à une cause, à l'amour, à la vie. C'est la pierre de ceux qui font un vœu ou qui sont prêts à affronter une passion profonde.

Indications thérapeutiques

Combat la froideur émotive, stimule l'enthousiasme. Renforce le myocarde. C'est la pierre de l'inspiration poétique, de l'éloquence.

Elle protège les tempéraments sanguins contre l'apoplexie. Une olivine se porte toujours seule.

Correspondances zodiacales

Le signe des Poissons se trouvera protégé contre les influences néfastes, les tromperies, calomnies et tentatives d'escroquerie. L'olivine est une très bonne pierre pour les maladies cardio-vasculaires des natifs de ce signe.

Le Lion y puisera l'éloquence, l'inspiration qui contrebalanceront son autorité parfois ressentie comme pesante. Favorable au cœur et au système veineux.

ONYX

Onyx : dioxyde de silicium. C'est une agate noire parfois rubanée de blanc.

L'onyx veiné de noir et de brun est appelé sardonyx.

Ce sont des pierres liées au corps, à l'appartenance, à l'enracinement.

Gisements : ceux de l'agate : Amérique du Sud, Inde, Allemagne.

Dureté : 6 à 6,5.

Densité : 2 à 2,5.

Étymologie et Généralités

Du grec *onux*, « ongle ». La légende veut que Cupidon fût un jour en train de couper les ongles de Vénus endormie. Les rognures tombèrent sur le sol.

Les Parques les transformèrent aussitôt en pierre car rien de ce qui provient du corps d'une déesse ne doit périr. Cette pierre de l'appartenance au terroir ou au clan, porte le défaut même de cette situation. C'est parfois une pierre de discorde, de zizanie familiale. Elle était réputée pour séparer les amoureux.

En Chine, seuls les esclaves pouvaient l'extraire : on n'aurait pas exposé un homme libre au danger de ce porte-malheur. Elle fut réputée comme fatale aux femmes enceintes et, croyait-on, provoquait des cauchemars.

Cependant, cette triste aura fut corrigée par les Perses de l'antiquité qui pensaient que l'onyx, au contraire, favorise les accouchements et préserve du mauvais œil. Que croire ?

Pierre double, pierre de la familiarité comme de la discorde familiale, l'onyx est griffe et ongle : il attaquera le mal et le bien avec la même violence. De plus, il incite aux brusques changements d'humeur, voire à la dépression. Ce qui n'empêche pas l'onyx d'être fort répandu sur des bagues et chevalières.

L'agressivité produite par cette pierre est favorable aux hommes d'affaires, aux conquérants. La sardonyx corrige l'aspect agressif de la pierre en incitant à l'amitié ou plutôt à la complicité, à l'alliance souvent provisoire contre un ennemi commun ou une « tête de turc ».

C'est la pierre des complots et des machinations.

Indications thérapeutiques

Protège contre les accidents. Favorise la concentration. Souverain contre les bourdonnements d'oreille et la surdité.

Il convient cependant de ne pas porter cette pierre à demeure. On la tiendra dans la main durant plusieurs fois dix minutes dans la journée, ce qui est une excellente pratique avant une négociation, une demande d'augmentation ou de promotion. Attention aux effets secondaires : agressivité, morosité, déprime.

Correspondances zodiacales

L'onyx est la pierre privilégiée du Scorpion. Il pourra canaliser utilement sa tendance aux idées trop arrêtées. Il rendra sa colère efficace en l'empêchant « d'aller trop loin ».

Le Capricorne, parfois trop individualiste, retrouvera l'esprit d'équipe grâce à l'onyx.

Opale

Opale : quartz avec incrustations aqueuses minuscules. L'opale est de blanchâtre incolore, avec des irisations chatoyantes dues à l'eau qu'elle contient en minuscules incrustations. On parle d'opalescence. Il existe des opales jaunes, bleues, orange rubescent, dites « opales de feu », des noires et des vertes.

Gisements : Australie, Tchéquie, Brésil, Mexique. **Dureté** : 5 à 6,5. **Densité** : 2 à 2,3.

Étymologie et Généralités

Du latin *opalus*, même sens. Peut-être à cause de la déesse Ops, puissance terrienne, épouse de Saturne plus tard assimilée à Cybèle.

C'est la pierre de la lumière blanche, de cette lucidité sans pitié des paysages du Nord. Les sept couleurs de l'arc-en-ciel jouent à cache-cache : les opalescences semblent parfois disparaître dès qu'on essaie de les fixer.

Quelque chose de fugace émane de cette pierre qui revêt, parfois, des aspects inquiétants... On la suspectait de porter malheur.

En même temps on la considérait comme un talisman permettant de reconnaître ses ennemis, dont la présence la ferait pâlir, tandis qu'elle rougirait de plaisir devant les amis. L'impératrice Eugénie en avait peur à cause d'un accident de carrosse : cette voiture se nommait L'opale.

C'est pourtant une pierre bénéfique, quoique lunaire, voire saturnienne, gyrovague et changeante. Elle demande qu'on s'y attache, qu'on la « comprenne ». Dès lors, elle servira fidèlement. Une légende antique croyait que l'opale pouvait, dans certaines conditions, rendre invisible.

À Rome, on la surnommait *patronus furum* « patron des voleurs » qui, une fois invisible s'introduisait facilement dans les riches demeures.

Indications thérapeutiques

Son effet tranquillisant, voire même sédatif, n'empêche pas qu'elle tonifie en même temps le myocarde.

Les opales foncées ou noires éloignent les « élucubrations », les délires nocturnes subliminaux plutôt que les véritables cauchemars. Cette pierre aide à cesser de « gamberger » pour mieux diriger sa pensée.

L'opale de feu soigne tous les problèmes digestifs. Toutes les opales incitent au calme et atténuent la dépression. Pierre de lucidité, l'opale fortifie la mémoire et renforce les facultés visuelles.

Correspondances zodiacales

L'hypersensibilité du Cancer vivra une forte « affinité élective » avec l'opale. Sous l'apparence d'une nonchalance, ce couple déploiera une énergie secrète propre à concrétiser des projets hasardeux. L'opale renforcera dans le bon sens la propension du Cancer à bien réfléchir avant d'agir. De même, les Poissons y trouveront une aide à la décision solide, assurée plutôt que spectaculaire. Attention, cependant, à ce que la pierre ne décuple pas, dans le mauvais sens, leur penchant au mysticisme.

La brutalité du Bélier y trouvera une contrepartie efficace. Les natifs de ce signe découvriront que la force tranquille, l'effort régulier, sont souvent plus efficaces que la brutalité, la violence, l'impétuosité.

Orpiment

Orpiment : elle est composée d'arsenic et de soufre. Cette pierre d'un jaune d'or ou citron montre toujours une belle intensité. Elle peut être transparente ou translucide. C'est l'une des principales sources d'arsenic pharmaceutique.

Gisements : Russie, Turquie, Asie Mineure, Hongrie, France. **Dureté** : 1,5 à 2. **Densité** : 3,4 à 3,5.

Étymologie et Généralités

Du latin *aurum pigmentum*, « peinture d'or », car on croyait que cette pierre contenait de l'or. C'est une pierre tendre, et qu'on relie au sacré, au délicat problème des images. Les iconoclastes détruisaient les représentations du Christ ou des saints. Aussi, les peintres d'icônes travaillaient en secret. Ne voulant pas se faire repérer par l'acquisition d'or, nécessaire aux peintures sacrées gréco-byzantines, ils recueillaient l'orpiment, le broyaient et s'en servaient comme succédané. C'est du moins la légende, puisque l'orpiment ne donne pas une réelle couleur dorée, mais un jaune éclatant dont on se servit pour toute sorte de tableaux.

Indications thérapeutiques

L'orpiment présente une belle puissance auxiliatrice. Son jaune puissant en fait une sorte de « pile électrique » ou de « booster » renforçant l'action des pierres complémentaires, de couleur violette, mauve, bleue ou rouge. Il sera souverain pour la tristesse, la morosité, la dépression. C'est une pierre de joie de vivre, de confiance en soi. Elle possède un effet aphrodisiaque non négligeable et restaure l'appétit tout en prévenant les problèmes digestifs. Les insomnies ne lui résistent pas à condition de ne jamais l'utiliser le soir ou après seize heures, on obtiendrait l'effet inverse.

Correspondances zodiacales

Cette réserve d'énergie aura un effet tonique sur tous les signes. Elle stimulera tout particulièrement la Vierge en lui donnant l'audace qui lui manque souvent. Le Lion trouvera dans l'orpiment quelque chose de royal, une sorte de dignité parfois hautaine qui chassera ses accès de tristesse de monarque dont il n'ose parler à personne. Le Taureau se baignera dans cette lumière solaire. Attention, ce qui brille, ce qui lui est peut-être le sable des arènes ou le costume du matador : l'orpiment peut donner à ce signe un enthousiasme irraisonné qui le fera foncer tête baissée vers un piège.

Péridot

Péridot : variété de Chrysolite.

Gisements : Mer Rouge, Australie, Afrique du Sud, Brésil, Hawaï, Zaïre, Norvège, Arizona.

Dureté : 6,5 à 7. **Densité** : 3,2 à 3,3.

Étymologie et Généralités

Étrange pierre au nom incertain ! De l'arabe *faridat*, « pierre précieuse » ? Peut-être d'un latin *paederus*, venant du grec *paedos* « enfant » et ayant désigné les « amours grecques » d'hommes mûrs pour les jeunes garçons.

L'union en question existait aussi en Égypte et n'était pas seulement une pratique sexuelle : il devait s'agir d'une union complète, charnelle et spirituelle à la fois. Elle devait représenter le Destin dans son accomplissement terrestre. Cette union était considérée comme sacrée.

On la disait « désintéressée » car n'ayant d'autre but que l'amour, puisque l'attachement aux femmes était « intéressé » puisqu'il avait pour but la perpétuation de la lignée. Cette pierre favorise la clairvoyance.

Elle renforce le « bon sens » à tel point qu'elle peut nous rendre un peu trop timoré.

Le Péridot fut rapporté d'Orient en Europe par les croisés. Les artisans italiens et flamands en fabriquèrent des objets de culte. On a trouvé des péridots d'origine « extraterrestre » dans une météorite tombée en 1749 en Silésie Orientale.

L'or est le métal qui valorise le péridot d'une façon optimale, à la fois esthétique, équilibrante et thérapeutique.

C'est la pierre de la complétude émotive : elle transforme l'instinct en sentiment, le désir en tendresse, l'attirance en amour calme, la passion en tendresse de longue durée.

Indications thérapeutiques

Purifie le corps. Combat la constipation chronique. Diminue fortement l'anxiété, l'impatience, le trac.

Chasse les « idées noires » et incite au pardon.

Très bon régulateur hépatique et rénal.

Correspondances zodiacales

Le Scorpion découvrira dans le péridot l'image de la bravoure et de la complétude. S'il sait la contempler longuement, cette image se confondra avec lui.

Le Lion se souviendra de la longue patience des Croisés, voyageant sous un soleil de plomb vêtus de leurs lourdes armures, et devant faire face aux vaillants guerriers ennemis connaissant parfaitement le terrain.

Le péridot révèle l'inconnu, oriente, rend lucide et positif. C'est la pierre des combats douteux, fussent-ils intérieurs et qu'on ne saurait fuir.

Le Bélier pourra transformer ses pulsions en désir ou en amour, selon le cas, s'il sait contempler le péridot, s'il peut se laisser aller, se noyer le regard dans sa brillance chatoyante.

Perle

Perle : carbonate de calcium. Les perles sont constituées de couches concentriques de nacre (aragonite) se déposant autour d'un noyau pouvant être un minuscule grain de sable. Leur éclat soyeux, leur toucher sensuel, leur « vivance » en fait des compagnes idéales, à la présence bienfaisante.

Gisements : Golfe Persique, Océan indien, Japon, Australie, Isthme de Panama. **Dureté** : 2,5 à 4. **Densité** : 2,6 à 2,9.

Étymologie et Généralités

Du latin *perla*, même sens. Les perles constituent le résultat d'un mécanisme organique d'autodéfense de l'huître. Les sécrétions du mollusque englobent tout corps étranger de façon à le rendre inoffensif pour son organisme.

Cette défense ne détruit pas l'ennemi potentiel. Au contraire, elle l'enveloppe, elle l'englobe. La perle est appelée « Mère divine » en Inde : elle semble recommencer une gestation symbolique à partir de l'élément qu'elle recouvre. Elle protège ce qui aurait pu être dangereux.

Cette symbolique doit nous montrer comment les aléas de la vie nous font « rebondir » autant que renaître. Chaque expérience nous perfectionne, nous remet en question, nous remet en question au monde, nous remet au monde.

La « carapace » que semble constituer la nacre ne nous isole pas : au contraire, elle vibre à l'unisson du monde et nous le fait mieux percevoir, ou, du moins, plus profondément. Il s'agit aussi d'une leçon de tolérance : au lieu de chasser l'intrus, l'huître lui offre une « structure d'accueil », l'intègre, en fait l'expérience créative, génératrice d'essence, de renaissance, de commencement.

Cette aura de Renaissance explique peut-être pourquoi, dans la Grèce traditionnelle, la perle était considérée comme combattant le vieillissement. On raconte que Cléopâtre en absorbait, dissoutes dans le vinaigre, pour demeurer jeune et belle.

Le folklore occidental, les romans légers et les vaudevilles se moquent de femmes plutôt mûres, portant quatre ou cinq rangs de perles et tâchant d'aguicher des jeunes gens : c'est le pendant féminin du « vieux beau » ou du barbon courtisant les jouvencelles. Ces personnages grotesques représentent peut-être la trace de l'ancienne croyance en l'effet rajeunissant des perles.

La perle nous propose une symbolique féminine qui s'applique tout aussi bien, et complémentairement aux hommes. Il s'agit de savoir s'engendrer soi-même en continuation avec ceux qui nous ont donné le jour.

La perle servait à guérir la folie à Rome. Elle guérissait les embarras gastriques en Chine. Les marins, les pirates et corsaires anglais du XVIIIe s. plongeaient une perle dans un jus de citron ou d'orange chaud. Ils y ajoutaient souvent du rhum ou du schiedam (alcool de genièvre ou gin). Ce breuvage était considéré comme fortifiant et antiscorbutique (à cause de la vitamine C contenue dans le citron ou l'orange).

Lorsqu'une perle ternit, on dit qu'elle « meurt ». Attention, c'est souvent le signe d'une épreuve, d'une maladie chez celui qui la porte ou à qui elle appartient. Plus rarement ce signe inquiétant peut concerner celui qui a offert cette perle.

La perle de culture a les mêmes effets que la perle naturelle.

Indications thérapeutiques

La perle est composée de calcium. Il s'active au contact de la peau et renforce l'effet du calcium médicinal qu'on absorbera par ailleurs, ou de celui que contient l'eau minérale qu'on ingère. En cas de décalcification, il est bénéfique de faire rouler une perle le long des os atteints.

Une perle « morte » peut-être dissoute dans le vinaigre. On conservera le vinaigre perlé pour s'en frotter légèrement les tempes en cas d'idées noires, de dépression, de tendances suicidaires, d'obsession de la mort.

Plus qu'un remède spécifique de telle ou telle affection, la pierre doit être considérée comme un catalyseur renforçant les effets des autres gemmes.

De plus, elle stabilise et aide à faire percevoir en nous, notre rayonnement intérieur qu'elle exalte et enrichit.

Correspondances zodiacales

Les signes d'eau se sentiront en harmonie avec la perle. Cette harmonie rejaillira sur leur entourage.

Le Cancer et les Poissons, particulièrement, y puiseront la révélation de leur richesse intérieure.

Les perles noires, hélas trop rares, donneront à la Vierge une énergie faite d'audace qui lui manque parfois.

Le Capricorne verra s'atténuer les effets souvent dévastateurs de son individualisme.

Pierre de lune

Pierre de lune : orthose, c'est-à-dire feldspath, silicate d'aluminium et de potassium. Pierre incolore ou d'une blancheur laiteuse, montrant parfois des reflets jaune orangé ou bleutés. La taille lui donne une brillance légèrement métallique. C'est la pierre de l'amour et de l'érotisme.

Gisements : Inde, Sri Lanka, Madagascar, Brésil, Australie, Amériques, Péninsule Arabique.

Dureté : 6,5. **Densité** : 2,6.

Étymologie et Généralités

La pierre de lune évoque la lune, sa blancheur laiteuse, sa bienveillance. D'où son nom qui se retrouve dans beaucoup de langues.

Elle fut, en Inde, la pierre des dieux et déesses, de l'espoir et de la pureté « à l'indienne » par abolissement du Moi. Elle combat le matérialisme de nos sociétés tout en activant nos désirs charnels. Elle les transcende parfois en amour mystique.

C'est une pierre féminine voire « femelle », car sa minéralité rayonnante se mue. Dès qu'on la chauffe dans la main, d'une sensualité animale insoupçonnée au départ, elle fera comprendre aux hommes leur part de féminité autrement qu'en tant que « féminité idéale », au-delà des clichés. Les femmes s'y reconnaîtront et verront certains de leurs blocages s'évanouir en beauté.

Attention cependant : le calme apparent de la pierre de lune peut dégénérer vers de tumultueuses tempêtes intérieures, qui finiront toujours par « exploser » en rejaillissant sur les autres. C'est la pierre des passions contenues qui deviennent soudainement torrides.

C'est la pierre de « l'amour-voyant ». Elle aide à connaître le destin de l'être aimé, à le mettre en garde contre les dangers qui le guettent. Elle protège les voyageurs.

Indications thérapeutiques

Pierre de fécondité, elle est utilisée en Arabie, au Yémen, dans le Maghreb et en Sicile par les femmes désireuses d'enfanter : on coud la pierre de lune dans l'ourlet d'un vêtement qu'on porte.

L'effet aphrodisiaque de cette pierre peut devenir gênant : éviter de la tenir trop longtemps en cas d'impuissance, de frigidité, d'anaphrodisie. C'est un effet retard : on doit la caresser durant plusieurs jours avant qu'il apparaisse.

C'est la pierre des soldats qui agissent ainsi durant les jours précédant leurs permissions, avant de rejoindre leurs belles. C'est la pierre de la communion charnelle.

Mais aussi spirituelle : elle renforce la foi des religieux, l'affermit à long terme et correspond aux ermites et aux moines, aux religieux contemplatifs vivant hors du monde.

La pierre de lune assure le drainage du réseau lymphatique. Elle régularise le cycle féminin. Posée entre les seins, elle augmente sensiblement la lactation.

Elle favorise les rêves bénéfiques et déchiffrables sans peine.

C'est une pierre de croissance pour les enfants et les adolescents, tandis qu'elle s'oppose à la dégénérescence des vieillards.

Correspondances zodiacales

L'ego particulièrement envahissant du Cancer se « calmera » grâce au port de cette pierre. En même temps, la tendance de ce signe à l'érotisme risque de s'en trouver renforcée : sous la couette, l'imagination sera au pouvoir !

Le Capricorne trouvera le moyen d'exprimer ses émotions, ses sentiments. Ce sera pour lui une vraie délivrance.

Les Poissons se pacifieront et trouveront une aide à la concentration en regardant cette pierre durant une minute, trois fois par jour.

Pierre de soleil

Pierre de soleil : aluminosilicate de sodium et de calcium. Pierre orangée, voire brune ou rouge. La pierre de soleil scintille et fascine par cette brillance en mouvement. On la nomme aussi oligoclase. Elle contient des particules d'hématite ou de gœthite.

Dureté : 6 à 6,5. **Densité** : 2,6.

Gisements : Canada, États-Unis, Norvège, Inde, Oural.

Étymologie et Généralités

Ainsi nommé par rapport à la pierre de lune à laquelle elle s'oppose sur certains points, ce feldspath est aussi lié à la cornaline dont il partage beaucoup des applications médicinales. Elle y ajoute cependant une certaine force vitale à ne pas négliger.

Elle aide à la méditation active, joyeuse, à l'action de grâce. C'est une pierre de foi s'adressant aux religieux actifs, vivant dans le monde. Les anciens missionnaires s'en munissaient avant de partir au loin. Attention : elle est très fragile.

Indications thérapeutiques

Crampes, fièvre, infections diverses. Colonne vertébrale : arthrose, arthrite. Troubles de la vision. Néphrites et lithiases. Antidépresseur agissant progressivement à moyen terme. Chasse les cauchemars.

Effet aphrodisiaque progressif : à utiliser en cas d'impuissance ou de frigidité passagères en cures d'une semaine : masser les organes concernés avec cette pierre.

Correspondances zodiacales

La pierre de soleil exacerbera la sensualité parfois dormante de la Vierge, sans toutefois la transformer en vierge folle. Elle lui révélera sa chaleur vitale trop souvent étouffée. Peut-être même développera t-elle son esprit d'entreprise qu'elle garde soigneusement au fond d'elle-même.

Le Bélier équilibrera sa sexualité grâce à cette pierre positive. Sa vitalité n'empêchera pas sa possessivité d'exister. Mais cette pierre tempérera le tout.

Pyrite

Pyrite : sesquioxyde de fer. Dite aussi « or des fous » et, en Allemagne, « or des chats ».

Gisements : la pyrite est répandue un peu partout dans le monde. Amazonie, île d'Elbe. **Dureté** : 6 à 6,5. **Densité** : 5.

Étymologie et Généralités

Du grec *pyros*, « feu ». La pyrite choquée contre un métal, une pierre, une surface dure émet des étincelles.

Les Incas en faisaient des miroirs. Son chatoiement, sa brillance évoquent l'or. Aussi des propriétaires de mines indélicats « salaient » leurs galeries avec de la pyrite afin de les vendre en faisant croire qu'elles demeuraient aurifères.

Des chercheurs d'or naïfs confondaient parfois la pyrite et l'or, ce qui explique son nom d'« or des fous ». C'est la pierre talisman des métiers du feu : boulangers, forgerons, pompiers. Elle préserve aussi les gens du bâtiment.

Indications thérapeutiques

En pendentif, la pyrite favorise l'action des voies respiratoires. Ne pas prendre garde aux petites traces qu'elle peut laisser sur la peau : il suffit de les laver. Il s'agit de soufre. L'effet de la pyrite est souvent rapide. Les cas d'aporie, d'hébétude intellectuelle consécutifs à un surmenage, les fatigues du système nerveux ne résistent pas à la pyrite. Elle « restructure » les facultés cognitives et renforce le sens de l'organisation. Enfin, elle stimule la mémoire.

Correspondances zodiacales

Les natifs des Gémeaux trouveront dans la pyrite une alliée fidèle. Cette pierre correspond à leurs dispositions intellectuelles qu'elle épanouit. Elle « resserrera » leurs centres d'intérêt souvent trop nombreux et qui les incitent à la dispersion. Le Lion y trouvera lui aussi son compte : certes, la pyrite satisfera son goût de ce qui brille (et qui n'est pas or !), son snobisme latent, son goût des emblèmes. Il portera un bijou travaillé. La pyrite lui donnera un peu de créativité tout en le rendant un peu moins exigeant, moins hautain, même envers ses relations. Sa concentration sera accrue.

Quartz enfumé

Quartz enfumé : dioxyde de silicium. On l'appelle aussi « topaze enfumée » par erreur ou « morion » (de l'ancien français *moreau*, ou *morel*, « noir ») pour les variétés les plus foncées. C'est une variété de cristal de roche. Il en possède les qualités, mais d'une façon moins radicale.

Gisements : Autriche, Ouganda, Madagascar, Brésil, Oural, Amérique du Nord. **Dureté** : 7. **Densité** : 2,6.

Étymologie et Généralités

Il s'agirait de l'évolution d'un terme minier d'ancien germanique, *quadertz* désignant le mauvais minerai ou la gangue. Les quartz symbolisent la résurrection, la renaissance. Ils personnifient les forces obscures, la vie sous-jacente, le feu caché. Le quartz possède cette puissance revivifiante. Il représente la ténacité de la vie, l'instinct de survie, la lutte contre l'anéantissement. On peut aussi le lier à la germination, à la lente naissance de la graine enfouie dans la terre ou à la maturation identique d'insectes tels que le hanneton qui commence sa croissance dans le sol avant de s'envoler.

Indications thérapeutiques

Le quartz enfumé protège les voies pulmonaires, régénère les bronches. C'est une pierre excellente pour vaincre le tabagisme. On en suce un morceau avant chaque cigarette, ou même pendant. Petit à petit l'envie de fumer s'estompe et disparaît. De plus, le quartz (qu'il soit enfumé ou rose) stimule la volonté. Redonnant le goût de vivre, le quartz enfumé est un aphrodisiaque favorisant les unions à la fois charnelles et mystiques. Il porte en lui la sensualité parfois brutale des entrailles de la terre.

Correspondances zodiacales

La force quelque peu renfrognée, silencieuse, opiniâtre du quartz enfumé peut dévier la tendance d'autocritique exagérée du Capricorne. Cependant le quartz enfumé demeure une pierre « généraliste » dont la profondeur venue des entrailles de la terre nous concerne tous.

Quartz rose

Quartz rose : dioxyde de silicium. Dit aussi quartz hyalin (du grec *hyalos*, « verre »).

Gisements : Autriche, Ouganda, Madagascar, Brésil, Oural, Amérique du Nord.

Dureté : 7. **Densité** : 2,6.

Étymologie et Généralités

Voir à quartz enfumé pour l'étymologie. Les sorciers australiens en composent une eau sacrée et puissante qu'ils présentent comme du quartz liquéfié et qui fait office de panacée. La couleur rose tendre de cette pierre propulse de douces vibrations contrastant avec la rudesse des mines et des hommes qui y travaillent. Une puissante aura de magie émane du quartz, spécialement du quartz rose aux reflets parfois charnels. C'est une pierre d'amour, de tendresse et de sensualité.

Indications thérapeutiques

Détoxiquant efficace, le quartz rose fut longtemps considéré comme un contrepoison universel (pensons à la pomme du conte). Il soigne plutôt les problèmes physiques liés à des blessures émotionnelles ou affectives. Un collier de quartz rose soulagera les problèmes cardiaques dus aux malheurs, aux trahisons, aux peines d'amour perdues. Le quartz rose réduit les ecchymoses : on les frotte légèrement avec une pierre polie. On peut atténuer l'aspect malencontreux des cicatrices inesthétiques. Aphrodisiaque puissant, le quartz rose stimule l'imagination sensuelle.

Correspondances zodiacales

Les quartz sont des pierres miroir, des roches universelles concernant tous les signes. Elles représentent la destinée humaine en général. Cependant, le quartz rose donnera au Taureau une belle ferveur amoureuse. Peut-être même l'aidera t-il à se réconcilier avec sa propre enfance. C'est la meilleure façon de devenir enfin adulte. Le quartz rose renforcera la détermination des Balance.

Rhodochrosite

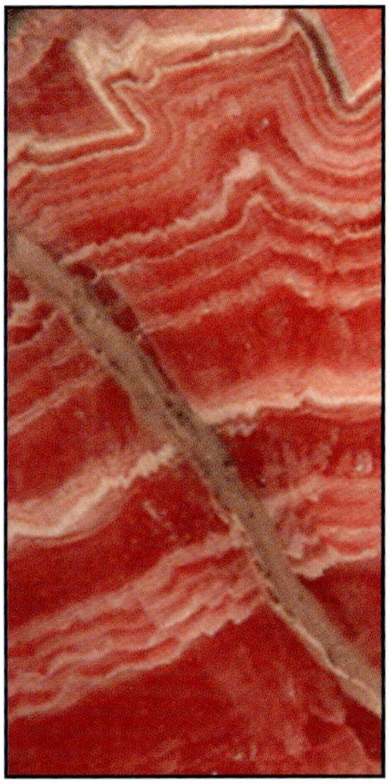

Rhodochrosite : carbonate de manganèse de couleur blanche ou rouge rose en stries claires et foncées alternées. Transparente ou opaque. Contient parfois du calcium ou du fer ferreux au lieu du manganèse.

Gisements : Argentine, Colorado, Amérique Centrale et du Sud. **Dureté** : 4. **Densité** : 3,3 à 3,7.

Étymologie et Généralités

Pierre rose (du grec *rhodon*, « rose ») entièrement constituée de manganèse la rhodochrosite incite à la méditation.

C'est en aidant à la création d'« images intérieures » qu'elle permettra son porteur de trouver des solutions efficaces à la plupart de ses problèmes. La rhodochrosite peut nous réconcilier avec notre enfance. C'est-à-dire qu'elle peut nous rendre adulte. Car, en se réconciliant avec ce qu'on fût, on comprend mieux ses parents et, le cas échéant, on parvient à leur pardonner. Dès lors, nous devenons invincibles, ou presque ; pétri d'une maturité efficiente. Cette pierre aide aussi dans les contacts avec les enfants. Elle est utile aux puériculteurs, pédiatres, instituteurs, nourrices, etc.

Indications thérapeutiques

La rhodochrosite attaque directement les somatisations, c'est-à-dire les troubles physiologiques provenant de souffrances affectives ou mentales. Ainsi, les zonas, terriblement douloureux mais qui ne sont qu'une sorte de varicelle apparaissant lors de dépression ou de deuil, se calment facilement avec cette pierre. Il en est de même pour certains urticaires ou eczémas.

Effet parfois spectaculaire sur la maladie de Parkinson. Cependant, elle ne saurait la guérir : cette pierre n'est qu'une aide dans cette affection grave. Il en est de même pour certains cas de sclérose en plaques. L'impuissance sera parfaitement traitée par la rhodochrosite.

Correspondances zodiacales

Le rose sied au Cancer. Il l'aidera à mieux s'aimer lui-même ce qui lui permettra de mieux aimer les autres.

La vie affective du Taureau, qui la complique souvent à souhait, s'équilibrera par la rhodochrosite.

Rhodonite

Rhodonite : métasilicate de manganèse. Couleur vieux rose avec des inclusions noires. Peut être opaque ou transparente. La variété brun jaune se nomme fowlerite.

Gisements : Inde, Mexique, Madagascar, Suède, Oural.

Dureté : 5,5 à 6,5. **Densité** : 3,4 à 3,7.

Étymologie et Généralités

Pierre « sœur » de la rhodochrosite, la rhodonite montre une couleur plus intense. Ses effets sont à peu près les même mais d'une façon plus lente, plus durable, plus profonde. On peut commencer un traitement en attaquant un trouble par la rhodochrosite pour continuer le traitement de fond avec la rhodonite. La rhodonite protège contre l'envie, la jalousie en forgeant une « aura » engageante. C'est une pierre de calme et qui transforme le stress d'abord en ferveur, puis qui atténue cette agitation par un calme fécond. Elle atténue l'envie, la jalousie. Spécialement celles qui remontent à l'enfance. Elle peut atténuer ou calmer les jalousies enfantines entre frères ou sœurs qui « pourrissent » souvent leurs relations, une fois adultes. Un traitement à la rhodonite permet souvent d'éviter maintes disputes pour des riens durant un partage, un héritage...

Indications thérapeutiques

À condition de bien suivre un traitement médical, la maladie de Parkinson sera soulagée par la rhodonite. Voici comment procéder : utiliser l'eau de rhodochrosite durant deux semaines, puis l'eau de rhodonite durant trois semaines à raison d'un verre (12 cl) par jour. Ensuite, frotter les mains avec une rhodonite polie durant une semaine. Ce massage doit durer un bon quart d'heure. Ensuite, le malade verra ses tremblements s'atténuer. Elle peut aussi soulager les tremblements consécutifs à une forte intoxication alcoolique. Mais elle ne saurait en aucun cas soigner l'alcoolisme lui-même dont les causes psychologiques demandent un traitement par la parole autant qu'une médication. Les jalousies obsessionnelles, par exemple, et les formes légères de paranoïa (états paranoïdes).

Correspondances zodiacales

Celles de la rhodochrosite, avec, en plus, une action bénéfique sur les Lion trop agités ou trop sûrs d'eux. La rhodonite combat aussi leur tendance au snobisme.

Rubis

Rubis : oxyde d'aluminium, variété de corindon rouge. Il peut aussi être rose ou tirer sur le bleu. Certaines pierres ont un aspect vineux. « Reine des pierres et pierre des rois », le rubis présente quelque chose de majestueux. Elle orne souvent les sceptres, les couronnes et autres symboles du pouvoir. C'est une pierre dont il faut savoir se montrer digne.

Gisements : Sud-Est asiatique, Tanzanie, Norvège, Sri Lanka. **Dureté** : 9. **Densité** : 3,9 à 4.

Étymologie et Généralités

De *rubeus*, rouge en latin. Le rubis symbolise la force de l'amour, mais aussi la domination : l'équilibre n'est pas facile à trouver.

Il permet d'harmoniser toutes les formes d'amour, de la sensualité effrénée à l'amour mystique, chez la même personne et pour la même personne. Il complète et approfondit la relation d'un couple et l'encourage à la communion sans fusion, pour peu qu'on sache résister à la volonté de puissance et de domination qu'il irradie.

L'association avec une pierre de lune ou un cristal de roche y pourvoira. Sinon, gare à la jalousie, à la brutalité, à l'abus de pouvoir. Sucer un rubis donne de l'éloquence pour les déclarations d'amour.

Le rubis est un aphrodisiaque et prédispose aux plus ardentes étreintes : La tradition orientale veut que le Paradis de Mahomet offre au pur, au preux, soixante-dix sophas de rubis incrustés de nacre pour y batifoler avec les soixante-dix vierges promises dans l'au-delà...

Le rubis, c'est du feu concentré, de la braise ardente. C'est l'emblème du bonheur flamboyant. Mais attention : s'il change de couleur, il annonce des malheurs.

Pour Marbode, c'est l'œil unique et voyant des dragons menaçants, l'œil de feu des wyvernes (vouivres) et des tarasques qui pétrifient. Sous le nom d'escarboucle, le rubis devient alors menaçant, voire funeste.

C'est aussi la pierre de l'amour courtois qui trouble, provoque des vertiges érotiques, inspire la passion à distance... Cependant, si l'amour meurt, le rubis sera inflexible, voire cruel : c'est la pierre la plus dure après le diamant.

Le rubis ornait le pommeau de Balmung, l'épée merveilleuse de Siegfried : elle aide aussi celui qui doit combattre. Il vaut mieux se connaître assez bien soi-même pour porter un rubis. La prudence est nécessaire : cette pierre peut faire jaillir de votre âme tout ce qu'elle possède de noir, de trouble, par contraste avec la belle couleur limpide et rouge de la pierre.

Indications thérapeutiques

Le rubis corrige les effets de la dépression sans la soigner en profondeur. Il ne peut être utilisé à cette fin que comme adjuvant à un autre traitement. Pierre de sang, il renforce le myocarde et les coronaires et servit longtemps d'antihémorragique. Il corrige les douleurs menstruelles et régularise le flux féminin.

Il augmente les capacités de mémorisation et l'esprit de synthèse. C'est le remède idéal des problèmes sexuels, de la mésentente entre partenaires habituels.

Pour les autres, il protégerait des maladies vénériennes. Pour cette raison, c'était, au Moyen Âge, la pierre protectrice des prostituées des Halles de Paris.

Correspondances zodiacales

Cette pierre correspond au Lion au caractère non-sanguin. Sinon, le rouge risque d'exacerber son agressivité.

Elle pourra orienter la fougue du Bélier, avec les mêmes limitations : ne pas porter de pierre rouge constamment si l'on est prompt à s'emporter. Le Scorpion, avec les mêmes précautions pourra corriger son manque d'optimisme grâce à un bijou orné de rubis.

Saphir

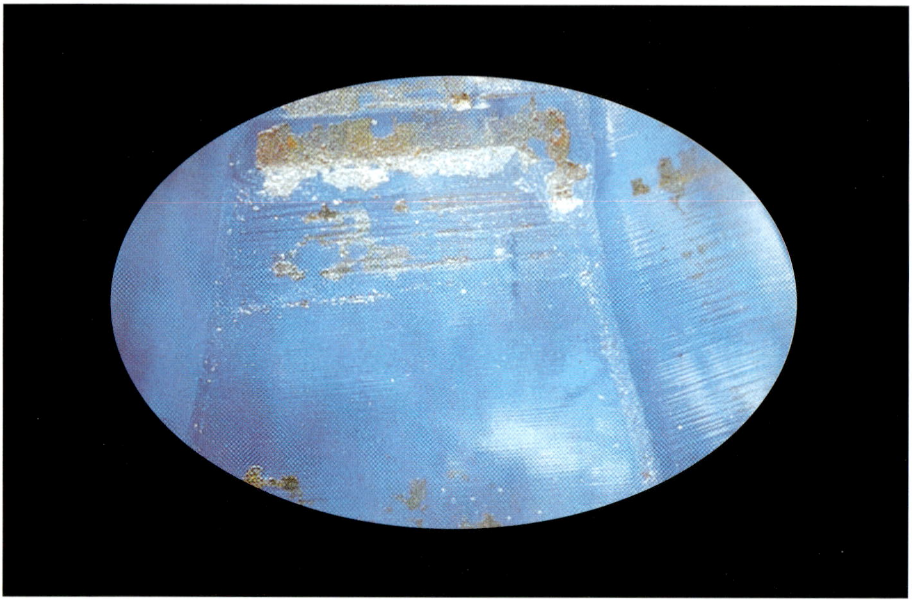

Saphir : oxyde d'aluminium, variété bleue des corindons. Le saphir peut être de toutes les nuances du bleu, mais parfois orange, vert, violet. Plus rarement noir. Comme le rubis, il est presque aussi dur que le diamant.

Gisements : Asie du Sud-est, Sri Lanka, Australie. **Dureté** : 9. **Densité** : 4.

Étymologie et Généralités

Du latin *sappirus*, venant du grec *Sappheiros*, lui-même issu d'une langue sémitique l'ayant pris au sanskrit

Sanipryâm. Le saphir apporte l'amour de la justice, la soif de vérité. Selon lapidaire de Louis XI « La méditation de cette pierre amène l'âme à la contemplation des cieux ». On sait que ce roi méditait longuement et montrait un grand sentiment religieux. Ce qui ne l'empêchait pas d'être cruel. De plus, il avait la réputation de se préserver de la colère des puissants. C'est la pierre de l'attachement. Il vaut mieux ôter une bague ornée d'un saphir au cours d'une séparation, d'un divorce. Le saphir prolongerait l'attachement unilatéral et pourrait devenir maléfique. Si la pierre a été offerte par celui ou celle dont on se sépare, il vaut mieux la lui rendre.

Indications thérapeutiques

Le saphir libère des « prisons intérieures », grandes souffrances psychiques nous « enfermant en nous-mêmes », névroses ou même psychose qu'il allège sans les guérir. Aussi faut-il l'utiliser en complément d'un autre traitement qu'il facilitera. C'est aussi un bon remède contre les troubles oculaires. L'eau de saphir en ablutions ou en boisson est un bon dépuratif à prendre aux changements de saisons. Porter un saphir sur la région du cœur soulagera les allergies et, plus particulièrement l'asthme. Le saphir calme l'insomnie. Une pierre posée sur le front diminue la fièvre et arrête les saignements de nez.

Correspondances zodiacales

Le saphir bleu révélera les dons cachés du Taureau. Le saphir jaune fera perdre à la Vierge sa timidité. Il la rendra plus gaie, plus spontanée. Pour la Balance, le Saphir aura un effet bénéfique en stimulant la combativité. Quant au Sagittaire, il découvrira, comme le Taureau, certaines puissances ignorées de son âme, de son esprit grâce au saphir bleu.

Sel gemme

Sel Gemme : chlorure de sodium. Transparent, translucide et d'un éclat vitreux. Ce minerai constitue une croûte cristalline.

Gisements : Wadi Natrum (Égypte), désert de Gobi, Sicile.

Dureté : 2.

Densité : 2,1.

Étymologie et Généralités

Du latin *sal*. Le sel gemme, ou sel de roche est souvent plus riche en certains oligo-éléments que le sel marin. Il présente une force tellurique qui en fit longtemps un élément sacré. De grande valeur, il est à l'origine du mot salaire, car il servait de moyen de paiement, voire de monnaie d'échange ou de compte. Le porte-parole du Christ, dans l'Évangile selon Saint Matthieu, est « le sel de la terre ». C'est une substance purificatrice. Le sel se partage comme le pain : c'est l'aliment de la fraternité, de l'amitié. Il représente la solidité, par sa cristallisation.

Ses propriétés antiseptiques en font un symbole d'incorruptibilité : il s'oppose à la pourriture et conserve les aliments. Aussi évoque t-il la longévité ou l'éternité. C'est aussi la stérilité, l'aridité. L'eau d'amertume, le calice amer, c'est le sel brûlant qu'il faudra boire au jour de la Révélation. Les grands déserts de sel, comme le Wadi Natrum, à l'atmosphère brûlante, impitoyable, furent depuis toujours choisis par les ermites, les anachorètes s'y retirant pour vivre seuls dans la célébration permanente du divin, dans la quête du sens et de Dieu.

Le cristal de sel est très décoratif. On en fait des lampes. Sa présence ionisante conduit à la relaxation réflexe. Il tempère la trop grande quantité d'ions positifs générés par les appareils électriques (ordinateurs, téléphones, fours à micro-ondes, etc.). Il restaure la joie de vivre et éloigne la mauvaise humeur.

Indications thérapeutiques

Le sel à l'état pur est toxique. L'organisme se défend en le noyant dans l'eau, en le répartissant par dilution afin de pouvoir l'absorber. La soif est le signal de départ de ce mécanisme de défense. Il favorise la rétention d'eau qui sature les tissus, favorise une surcharge pondérale fatigant le cœur et menant à des insuffisances cardiaques.

Le sel n'est donc pas une substance favorable à l'organisme et la consommation moyenne de la population est trop élevée. Le sel est responsable d'un taux de mortalité non négligeable. Diminuer sa consommation de sel, c'est prolonger son espérance de vie tout en maigrissant réellement si l'on a tendance à l'embonpoint ou à l'obésité.

C'est, de toute façon, le premier aliment que le médecin réduit ou supprime dans ce cas, et en présence de toute maladie cardiaque. Le sel a aussi un effet psychologique : il favorise l'asthénie, voire la dépression. En cas d'ingestion seulement ! Car le sel en cristaux, posé sur la peau possède des effets bénéfiques. Il peut orienter les courants organiques vers un point douloureux.

En cas de fièvre, on laisse quelques cristaux de sel fondre sur la peau, sous l'influence de la sueur, salée, elle aussi. La légère irritation qui en résulte éventuellement n'est rien à côté du soulagement immédiat. On pose ce sel sur la poitrine au niveau du cœur. Le sel aux commissures des lèvres favorise la salivation.

Correspondances zodiacales

Le sel est l'ami de Saturne, du Capricorne et du Verseau. Il leur fait comprendre le sens du temps. Il inscrit l'esprit dans la durée opposée à l'éternité dont le sel est l'un des symboles. Il leur donnera de l'esprit, dans tous les sens du terme, voire de la sagesse.

Sodalite

Sodalite : silicate d'aluminium, de sodium et feldspath. Pierre mate, bleue, opaque. Elle se révèle par la taille qui la rend brillante.

Gisements : Afrique, Brésil, Canada, Inde.

Dureté : 5 à 6. **Densité** : 2,2 à 2,4.

Étymologie et Généralités

Du latin *sodium*, soude. La sodalite corrige la trop grande agressivité, l'ironie abusive, la dérision facile.

Elle attire vers les pensées plus profondes et incite à la spiritualité. Elle renforce la concentration, favorise la méditation. Elle encourage à demeurer fidèle à soi-même, à se regarder en face. Elle est généralement remplacée par le lapis-lazuli dont les effets sont plus puissants. C'est une pierre de calme.

Indications thérapeutiques

La sodalite favorise la relaxation. Elle n'a pas, à proprement parler d'effets thérapeutiques au sens strict.

Elle contribue au bien-être général et s'associe fort bien à des pierres correspondant plus spécifiquement à tel ou tel cas. Elle combat le sentiment de culpabilité comme les peurs irraisonnées.

Correspondances zodiacales

La sodalite aidera à atténuer le conformisme un peu « coincé » des Vierge.

Elle incitera le Sagittaire à montrer davantage de tact et de délicatesse.

Soufre

Soufre : pierre jaune à l'éclat parfois adamantin. Pierre translucide jaune très fragile.

Dureté : 1,5. **Densité** : 2,05 à 2,08.

Gisements : substance fort répandue.

Étymologie et Généralités

Du latin *sulphur*, même sens. Ce minéral, lié au feu, brûle facilement. La Bible en fait un symbole de la stérilité.

C'est le principe actif des alchimistes, celui qui peut « tuer » le vif-argent (mercure) ou le « féconder ». Il est, pour le corps, dans le corps « ce que le soleil est dans l'univers ». En ce sens il peut fortifier, restaurer des facultés défaillantes. Cependant, le soufre évoque l'enfer promis à l'« égoïsme orgueilleux qui ne cherche la sagesse qu'en soi et qui devient sa propre divinité ». Une pluie de soufre fut le châtiment de Sodome. La clarté du soufre en train de brûler est considérée comme « anti-lumière », clarté fatale due à l'orgueil de Lucifer.

Le soufre est aussi, dans certaines traditions ésotériques, le souffle de feu qui donne la vie, le « sperme minéral ». Dans la plupart des cas, il s'agit d'une vie vouée au mal, soumise au démon. Mais le mal peut combattre le mal, le vaincre, l'annuler, l'anéantir. La pierre de soufre éloigne les mauvaises influences, protège contre le mauvais œil et désenvoûte.

Indications thérapeutiques

Le soufre, principe igné, combat la fièvre, les inflammations. Il guérit les rhumes à petites doses (une pincée dans un verre d'eau distillée). Sa puissance antiseptique fait qu'on l'utilise pour lutter contre les contaminations.

Correspondances zodiacales

Le soufre, placé sous le signe du Soleil et de Mercure favorise les signes précédant ou suivant ceux de ces planètes. Ainsi sera t-il favorable à la Vierge, qui suit le Lion, et aux Gémeaux, qui précèdent le Cancer. Il donnera à ces deux signes un peu des caractères des signes proches, ce qui les équilibrera ou les complétera.

Tanzanite

Tanzanite : variété de zoïsite. Silicate de calcium et d'aluminium. Couleur profonde violet-bleu.

Pierre fort séduisante ayant renouvelé l'esthétique de la bijouterie dans les années 1950.

Dureté : 6,5 à 7.

Densité : 3,3.

Gisement : Tanzanie (Afrique orientale).

Étymologie et Généralités

Pierre découverte en 1954 à Arusha en Tanzanie et mise à la mode par le joaillier Tiffany qui créa de magnifiques bijoux pour la mettre en valeur dans tous les sens du mot.

Indications thérapeutiques

Cette pierre récemment découverte n'a pas livré tous ses secrets. Comme d'ailleurs la zoïsite elle-même qui fait double emploi avec d'autres pierres. Cependant elle est excellente pour les problèmes de sudation excessive.

On la pose durant cinq minutes quotidiennes sur les zones à traiter. Elle est aussi spécifique des perturbations psychiques, du stress, de la tension nerveuse.

Posée sur le front, elle soulage la migraine et évacue en partie les états névrotiques. La tanzanite aide à soigner l'alcoolisme chronique.

Correspondances zodiacales

Les Poissons s'attacheront au chatoiement de la tanzanite qui les apaisera dans leurs moments de valse-hésitation avec les difficultés de l'existence.

Elle plaira au Bélier par sa force terrienne, certes, mais qui s'élance vers l'azur.

Topaze

Topaze : fluosilicate d'aluminium. Cette pierre est jaune, incolore, brune, bleu clair ou rose. La plus connue est la topaze dorée, pierre très énergétique. Sa couleur miel fascine.

Gisements : Brésil, Amérique du Nord, Sri Lanka, Afrique du Sud, Oural.

Dureté : 8.

Densité : 3,5 à 3,6.

Étymologie et Généralités

Du grec *topaziôn* désignant toute sorte de pierres précieuses. C'est aussi le nom d'une île de la Mer Rouge.

Pierre reliée au soleil (surtout la topaze dorée), la topaze irradie, réchauffe d'une manière diffuse. Sa chaleur est douce.

Elle nous remplit d'une énergie solide et durable. Son énergie bénéfique encourage. Elle dynamise le corps et efface la fatigue au même titre que les rayons du soleil.

La topaze bleue étend cette influence solaire à tout le ciel. La force, l'énergie deviennent inspiration, souffle, élan. Elle nous pousse à abandonner les routines affectives pesantes.

Indications thérapeutiques

Les topazes ont une action plus générale que spécifique. Néanmoins, la topaze dorée combat la dépression et évacue la tension nerveuse des Balance.

Elle aide les Gémeaux à calmer leur côté « je-sais-tout » si agaçant. La topaze jaune est liée cosmiquement avec le plexus solaire. En la posant dessus, on ressentira une intense sensation de bien-être. C'est une pierre idéale pour les convalescences postopératoires.

De plus, elle active la circulation sanguine et fait cesser le désagréable phénomène des « pieds froids ».

C'est aussi la « pierre des gourmets ». Elle avive la sensibilité gustative, stimule les papilles. Elle permet à ceux dont le goût s'estompe ou qui ont souffert d'une agueusie (absence du sens du goût) passagère de retrouver l'acuité gastronomique. Beaucoup de sommeliers s'en servent avant de participer à des concours de reconnaissance de crus « à l'aveugle ». Sucer une topaze avant un repas le fait mieux apprécier tout en facilitant sa digestion.

La topaze bleue concerne la tête, la boîte crânienne. Les migraines, les crispations des mâchoires, les douleurs occipitales, l'impression « d'étau » enserrant les tempes ne lui résistent pas.

Les topazes soignent aussi les saignements de nez, les éruptions cutanées. Elles sont assez efficaces pour les douleurs cardiaques. On les utilisera avec succès en cas de maladie infantile : oreillons, scarlatine, rougeole.

Enfin, les topazes atténuent les rynchopaties (ronflements).

Correspondances zodiacales

La topaze dorée est une pierre d'élection pour les Gémeaux. Elle équilibre leur sens pratique mêlé d'intellectualité. Elle les aide à mieux se concentrer et combat leur tendance « touche-à-tout ». Pierre d'équilibre, elle stabilisera la Balance dont les plateaux oscillent entre l'équilibre du corps et celui de l'esprit, entre celui du cœur et de l'intellect. La topaze fera bon poids, bonne mesure et les deux plateaux retrouveront leur équivalence bénéfique.

Les topazes seront bénéfiques aussi au Sagittaire et au Verseau (topaze bleue).

Tourmaline

Tourmaline : borosilicates de fer, d'aluminium, de magnésium. Selon la proportion de ses composants, cette pierre peut être incolore, rose, rouge, violette, jaune, verte, bleue, noire ou présenter plusieurs couleurs.

Gisements : Amérique du Nord, Brésil, Sud-ouest africain, Sri Lanka, Madagascar. On en trouve aussi sur l'île d'Elbe et cette variété se nomme elbaïte.

Dureté : 7 à 7,5. **Densité** : 3 à 3,2.

Étymologie et Généralités

La tourmaline représente l'énergie ascendante. Elle propose un rayonnement sagittal, un rayon dardé, comme un laser chirurgical. Cette énergie subtile « cible » son but avec précision. La collaboration de la tourmaline et des rayons solaires est spectaculaire. La tourmaline verte ou Verdelite guérit, régénère. Elle dynamise notre esprit et renforce le corps dans le même mouvement. Incolore, elle agit de la même façon, mais plus lentement. Les tourmalines roses et rouges ou Rubellites et Sibérites libèrent traditionnellement des angoisses. Elles favorisent la concentration, la réflexion. Une légende tenace veut que Napoléon, en exil à l'île d'Elbe, ait eu recours à l'Elbaïte, variété locale de tourmaline aussi appelée Ilvaïte.

Les tourmalines bicolores roses entourées de vert guérissent les chagrins d'amour et protègent les liaisons débutantes. La tourmaline bleue ou Indicolite (parfois Indigolite) nous prédispose à une pensée plus libre, osant s'éloigner des sentiers battus. La tourmaline brune, aussi appelée Dravite, dérive les énergies néfastes, elle les draine ailleurs, comme un paratonnerre. Elle refuse les aspects néfastes de certaines autres pierres noires.

Le mot Schorl, nom d'un minéralogiste, désigne les « flèches d'amour » incluses dans certains cristaux de roche.

Indications thérapeutiques

Les bâtonnets de tourmaline pointus permettent de « piquer » les endroits douloureux afin que l'onde bénéfique les atteigne précisément. On peut aussi s'en servir comme d'une loupe pour diriger un rayon du soleil sur la zone à traiter. On arrêtera juste avant que la sensation de chaleur devienne brûlure. On peut comparer cette action à celle des moxas. Le rayonnement remplaçant ici la chaleur vive. La tourmaline est spécifique du mal des voyages. Elle redonne du brillant aux phanères (ongles et cheveux). Elle soigne les névrites. Elle aide les enfants dans l'apprentissage de la marche. La tourmaline peut neutraliser les rayonnements nocifs des ordinateurs, des fours à micro-ondes : en fixer un fragment sur l'appareil à l'aide d'un ruban adhésif.

La tourmaline verte régularise la tension. En cas de troubles cardio-vasculaires on lui adjoindra la tourmaline rose. Cette alliance fait merveille. La tourmaline bleue soigne le mal de gorge. La tourmaline renforce l'odorat. En ce sens, elle favorise la perception des phéromones, ce qui produit un effet aphrodisiaque certain. Le gastronome peut en user en alliance avec la topaze. Attention : il ne faut jamais utiliser la tourmaline, surtout la rouge, en état de colère ou d'animosité temporaire. Il convient de se calmer avant. De même une personne acariâtre, ou malveillante n'en ressentira pas les bienfaits. Au contraire.

Correspondances zodiacales

Les Bélier utiliseront la tourmaline rouge pour calmer leur tendance à la jalousie : après tout, ce n'est qu'une forme particulière d'angoisse.

La Balance y puisera un sens des responsabilités qui lui fait souvent défaut. Elle préférera la tourmaline rose. Les tourmalines rouges et noires permettront au Scorpion de se montrer un peu moins exigeant avec lui-même, tout en soulageant son entourage de ses tendances autoritaires. Les tourmalines vertes et noires libéreront l'expressivité bloquée de beaucoup de Capricorne.

Turquoise

Turquoise : phosphate basique hydraté d'aluminium et de cuivre. Cette pierre bleue a donné son nom à une couleur très particulière. Cependant, on trouve aussi des turquoises d'un bleu vert plus soutenu, ou avec des inclusions brunes.

Gisements : Nord de l'Iran, Turquie, Chine, Australie, Arizona, Nevada, Sinaï. **Dureté** : 5 à 6. **Densité** : 2,6 à 2,8.

Étymologie et généralités

La turquoise doit son nom à la Turquie, l'une de ses plus anciennes provenances. Son aspect cireux la rend douce au toucher : c'est une pierre qu'on aime manipuler, caresser. Le bleu céleste se mêle en elle au vert de la nature luxuriante. Pourtant, cet équilibre ne va pas sans heurts. Les guerres incessantes entre la chrétienté et le monde ottoman permirent aux savants de découvrir combien la turquoise était précieuse dans le monde militaire turc.

Maints guerriers la portaient en talisman tandis qu'elle ornait les pommeaux des cimeterres. C'était une pierre censée protéger les combattants tout en favorisant leur bravoure.

Les civilisations précolombiennes allaient encore plus loin dans cette représentation puisqu'ils y voyaient la rencontre du feu terrestre et du feu solaire, du feu dévastateur des villes assiégées, du soleil identifié au Grand Guerrier Invincible.

Chez les Aztèques, le Dieu du feu se nomme Xiutecuhtli, ce qui signifie « le maître de la turquoise ». Huitzilopotchli, Dieu de la guerre, identifié au soleil, chasse la lune et les étoiles au matin, à l'aide de ses rayons surnommés « serpents de turquoise ».

La douceur de la turquoise ne doit donc pas nous tromper. C'est une pierre possessive qui peut dominer celui qui la porte. Elle est à la fois la pierre d'équilibre du ciel et de la terre. Mais elle l'est aussi dans l'aspect agressif de cette complémentarité. En effet, tout est guerre ici bas tandis que les sociétés animales n'ont rien à envier aux humains pour ce qui est de l'agressivité.

L'aspect « naturel » de la guerre se fait voir particulièrement chez les insectes. C'est peut-être la raison pour laquelle on trouve beaucoup de représentations de guêpes, de fourmis en turquoise servant d'amulettes dans diverses civilisations. Guerre et paix... La sagesse humaine semble bien défaillante face à cette alternative qui demeure une dualité. Aussi, le choix d'une turquoise comme talisman ou comme cadeau ne doit pas se faire à la légère. Dans le meilleur des cas, cette pierre assurera l'équilibre interne de l'individu, l'harmonie sans tiraillement entre ses différentes tendances, la résolution de son agressivité en ferveur créatrice. Dans le pire, il vivra une horrible guerre intérieure, faite de haine de soi, d'autodestruction et de mépris généralisé pour le genre humain qu'il croira fait à son image.

Une alliance avec l'ambre devrait pouvoir pallier ce danger. Par chance, la pierre prévient elle-même des périls qu'elle peut apporter : elle se ternit, change de couleur, enlaidit parfois. Elle reflète alors l'état intérieur de son porteur et permet un bon diagnostic de sa santé tant morale que mentale, tant spirituelle que physiologique.

Indications thérapeutiques

La turquoise, pierre de diagnostic peut être « lue » par des praticiens expérimentés qui diront, en examinant ses changements de couleur, ses modifications au toucher, le temps plus ou moins long de son réchauffement dans la main, de quelle affection souffre son propriétaire.

Ce n'est pas à la portée du profane qui, cependant, doit s'alarmer à la moindre modification : teinte « virant », ternissement...

Une belle turquoise bien brillante est favorable à l'appareil respiratoire et soigne les angines. Un collier de turquoise évite les trachéites et autres bronchites. En soignant le souffle, elle en soigne les conséquences et guérit certains troubles de la parole tels que le bégaiement. Elle est bénéfique pour le muscle cardiaque et les yeux.

Une pierre posée sur les yeux fermés permettait aux anciens archers et arbalétriers de renforcer leur acuité visuelle et de ne pas rater leurs cibles. De plus, la turquoise donne une certaine équanimité d'esprit. Elle éloigne les cauchemars. Cette force, cet équilibre, ce sentiment de certitude, de confiance en soi que propose la turquoise se résolvent en un sang-froid constant. Cette pierre permet de maîtriser la peur. En même temps, elle évacue la compassion. Bref, elle « déshumanise » parfois et c'est la raison pour laquelle les guerriers l'utilisent. Les vrais soldats ont besoin de tuer méthodiquement sans colère ni états d'âme et, du chevalier au janissaire en passant par le samouraï, ils doivent vivre le combat dans un état de calme intérieur leur assurant la victoire. La turquoise transforme notre propre négativité intérieure (violence, agressivité, colère, hargne) en violence positive... au point de vue militaire !

D'une façon moins dramatique et moins funeste, la turquoise peut, pour les mêmes raisons, se montrer fort bénéfique pour les sportifs en contrôlant leur émotivité lors des compétitions.

Correspondances zodiacales

La turquoise renforcera la volonté agissante des Verseau. En stabilisant leur agressivité, en leur permettant de s'exprimer, elle soignera leurs fréquentes maladies de foie ou du pancréas qui sont trop souvent dues à la rétention de leur violence interne qu'ils dissimulent activement. La turquoise neutralisera facilement l'hypersensibilité, la susceptibilité si caractéristique, mais souvent agaçante, des Poissons. Elle saura aussi pallier les inconvénients de leur fréquente modestie exagérée. La fragilité des Poissons peut être « sublimée » par la turquoise.

Zircon

Zircon : silicate de zirconium. Incolore à jaune brun.

Dureté : 6,5 à 7,5. **Densité** : 3,9 à 4,7.

Gisements : Cambodge, Sud-Est Asiatique, Sri Lanka, Australie, Brésil, France, Mozambique.

Étymologie et Généralités

De l'arabe *zarkoun*, « vermillon » ou du persan *zargoun*, « doré ». D'autres étymologies font dériver ce mot de l'ancien français *jargunce*, devenu jargon « petite pierre ».

Le fait est qu'on a longtemps appelé jargon le zircon taillé en gemmes. L'origine du mot semble obscure d'autant plus que cette pierre fut nommée au XIXe siècle par le minéralogiste A.G. Werner.

Le zircon bleu se nommait parfois Starlite, appellation interdite dans le commerce. Le zircon peut être légèrement radioactif.

Indications thérapeutiques

Problèmes urinaires : prostatite, polyakurie, etc. Le zircon aide à supporter les effets des médicaments diurétiques nécessaires pour certaines affections (insuffisance cardiaque, problèmes sanguins, etc.).

La légère radioactivité du zircon ne doit pas affoler. Au contraire : elle stimule l'intellect tandis qu'il faudrait posséder plusieurs tonnes de zircon pour en être incommodé.

Correspondances zodiacales

Le zircon atténue la dépression et évacue la tension nerveuse des Cancer ou des Verseau.

Il aide à guérir les problèmes digestifs chroniques des Sagittaire. Il suffit de la poser sur le ventre, à l'endroit concerné.

Actions thérapeutiques des pierres :

L'harmonisation des chakras ou centres énergétiques

L'UTILISATION DES CHAKRAS OU CENTRES ÉNERGÉTIQUES

Origines et effets des chakras

LE terme chakra vient d'un mot sanskrit aux significations à la fois multiples et complémentaires. Chaque sens répond symboliquement aux autres et les complète, ce qui permet différents niveaux d'étude et d'interprétation mystiques.

Nous n'en citerons que quelques-uns : l'étude exhaustive de tous ces sens et de leurs correspondances peut occuper une vie entière et ne saurait être pratiquée que par de grands mystiques initiés. Pourtant, notre aura peut être pénétrée par la Lumière blanche, celle qui résulte de la présence simultanée des sept couleurs. Elles correspondent à autant de cercles vitaux ou chakras.

Ces derniers absorbent l'énergie vitale de leurs vibrations, par le rayonnement leur correspondant, c'est-à-dire la couleur propre à chacun. Cette relation se fonde sur les lois physiques autant que sur les plans supérieurs (extra-ordinaires) de la conscience.

Nœuds d'énergie, les chakras ne sont pas seulement des centres, des « petits soleils ». Ils constituent aussi des canaux, des antennes permettant de faire circuler l'énergie éthérique et lumineuse, chacun selon sa nature. Leur action concerne alors directement le corps physique par le truchement des sens, de l'intellect, de la sphère affective, des sens et de l'intuition.

À la recherche de notre énergie perdue

Le chakra, c'est d'abord le disque, forme simple qui peut évoquer le soleil et sa puissance, son énergie. Ce disque représente aussi la roue, celle qui tourne, qui fait voyager une charrette, mais aussi celle du destin, des signes du zodiaque, des planètes.

De surcroît, elle correspond aussi à « l'arme magique de Vishnou », roue à huit rayons qui « détruit les ennemis comme l'éclair ». Ces ennemis représentent symboliquement l'adversité, les troubles physiologiques ou psychiques auxquels le microcosme du corps humain, de l'âme humaine sont confrontés durant la vie terrestre. Car, à notre modeste niveau, la connaissance élémentaire des chakras nous conduit à mieux vivre, à trouver une harmonie profonde malgré le stress de la vie moderne et les ennuis et agacements de toute sorte. Ces contrariétés, comme diverses maladies et affections, nous « pompent » notre énergie et nous y devenons de plus en plus sensibles, cumulant d'abord les « bobos », puis les affections plus graves tandis que notre caractère devient maussade, voire acariâtre ou colérique, en attendant des maux plus préoccupants : dépression, mélancolie, etc.

Le tout, sans oublier que les problèmes psychiques et psychologiques se répondent et s'aggravent les uns les autres : la dépression engendre l'alcoolisme, les maladies de foie ou cardio-vasculaires. Ces dernières inquiètent, attristent, perturbent ou désespèrent, ce qui les réactive et ainsi de suite. Que d'énergie perdue ! Que de malheur éprouvé !

Thérapie par les chakras et leurs correspondances avec les pierres et les couleurs

Et pourtant, la connaissance élémentaire des chakras, du traitement par les pierres ou lithothérapie leur correspondant pourrait, sans grand effort, éviter bien des malheurs. Tout en découvrant son propre équilibre, celui qui nous convient.

Pour ce faire, il convient de savoir que les chakras sont, avant tout, des distributeurs d'énergie, des roues étincelantes, des tourbillons d'énergie correspondant aux couleurs thérapeutiques des pierres, comme à leurs vertus particulières, tout en concernant notre corps dont ils font partie, qu'ils mettent en relation avec l'inépuisable vigueur des puissances cosmiques. Car l'harmonie n'est pas un phénomène isolé : il s'agit de retrouver une communion avec la Terre, les puissances primordiales... il s'agit « d'être au monde ».

La notion de chakra, comme nous l'avons vu, est vaste. Il nous suffira d'en considérer les aspects les plus à notre portée. Nous les définirons donc comme des centres psychiques (aussi appelés lotus, puisque, par certains aspects ils correspondent symboliquement à cette fleur) disséminés de bas en haut, le long du corps.

Leur éveil progressif par des exercices précis libère progressivement notre énergie intérieure représentée, dans la mythologie de l'Inde, par le serpent Kundalini dont la force latente se love au bas de notre colonne vertébrale. Kundalini est lumière, certes, mais aussi son, musique, arc-en-ciel et résonateur cosmique. Ce serpent représente le désir et la fécondité, c'est-à-dire les forces positives et créatrices, au sens premier comme au sens métaphorique. En s'élevant, de chakra en chakra, le serpent Kundalini s'abreuve et se nourrit d'énergie intense et musicale : à chaque chakra correspond un ton de l'échelle des sons. Il représente au départ l'énergie féminine, ou shakti. Mais, au cours de son ascension, il réalisera la synthèse des potentiels énergétiques mâles et femelles. Cette ascension s'accompagne chez le yogi d'une chaleur intense créée par l'association de la méditation et de la respiration. À notre mesure, nous ressentirons ces effets.

Apprendre les chakras

On peut, évidemment, étudier les chakras comme on prépare (mal) un examen, en apprenant par cœur leur localisation, leur effet, la pierre, la couleur et le signe du zodiaque auxquels chacun correspond. On pourra ainsi en réciter la liste comme un perroquet. Ce n'est pas la meilleure façon de se préparer à l'équilibre. Il faut du temps, de l'attention, du calme, voire une certaine tendresse avec soi-même. Il faut savoir s'écouter, ou plutôt, écouter les forces latentes et bénéfiques qui vivent en nous. Aussi pourra-t-on, tout d'abord, aller à la rencontre d'un seul ou de deux chakras, plutôt que de se buter en essayant de tous les connaître du premier coup.

LA MISE EN CONDITION

Étape N° 1 : La mise en condition physique

PREMIÈREMENT, on essaiera de se trouver dans une pièce calme, sans risque d'être dérangé. Il faudra ensuite trouver une position dans laquelle on se sent bien : couché, assis en tailleur, debout, comme on préfère à ce moment-là. Il existe bien entendu des positions de yoga ou d'autres venant du zen qui seraient plus propices. Mais, pour l'instant, ce n'est pas nécessaire et le principal est de se trouver détendu. On ne tâchera donc pas d'imiter une posture de manuel qui risquerait, au contraire, de nouer les muscles en empêchant la prise de conscience optimale, la « sensation », le « vécu corporel » ou la « vivance » de chaque chakra. Les postures sont efficaces, utiles, mais demandent un apprentissage. On ôtera ses chaussures. On tâchera de porter des vêtements amples ou de desserrer ceintures et attaches afin que le corps soit libre. Ils seront unis, blancs, noirs ou bleu foncé, par exemple. Le mieux serait de porter des vêtements de laine, de coton, de fibres naturelles car beaucoup de tissus synthétiques ont des propriétés électrostatiques pouvant s'opposer à la circulation des courants énergétiques corporels. De même, une moquette ou un tapis faits de ces fibres peuvent créer des interférences nuisibles...

Étape N° 2 :
Un environnement propice à la sérénité intérieure

Autant que possible, il faut du silence. Cependant, l'habitude de la vie moderne fait que beaucoup ne sont plus à même de le supporter.

En attendant, donc, de pouvoir assumer de nouveau, puis savourer son propre silence, avant de le vivre dans la plénitude, il sera nécessaire de trouver une musique douce et apaisante. En sachant que les appareils de reproduction sonore (chaînes hi-fi, radio, télévision, etc.) émettent des rayonnements qui peuvent interférer avec ceux de notre corps.

Si « ça ne marche pas » il conviendra d'éteindre ces appareils.

On peut brûler de l'encens ou laisser danser la flamme complice d'une bougie.

Étape N° 3 : Favoriser l'état de méditation

Si l'on ne sait pas pratiquer la respiration abdominale, on commencera par respirer lentement, calmement comme on en a l'habitude. Il faudra un jour, de toute façon, apprendre à respirer autrement.

Cette « mise en condition » est la même que pour l'autothérapie par imposition de pierres sur une zone du corps. Il s'agit d'être le plus détendu possible.

Aussi, pour harmoniser les chakras, il est indispensable de savoir ce qu'est la méditation. Beaucoup de gens s'imaginent que c'est une pratique très sérieuse, proche du recueillement religieux demandant concentration et efforts ardus. Il n'en est rien. En fait, la méditation est un état d'être tout simplement. Lorsque l'esprit est entraîné à se fixer sur un point extérieur ou intérieur assez longtemps pour arriver à éliminer toute distraction, et, lorsque l'on peut laisser couler sans interruption le flot de la pensée dans une direction unique, en concentrant celle-ci sur un thème précis, on obtient l'état de méditation.

Une méthode efficace est celle qui consiste à voir un « soleil d'or » au-dessus de la tête, soleil dont les rayons pénètrent en vous. Pour se trouver encore plus disponible, on fermera les yeux en essayant de se souvenir d'un moment doux, agréable, calme et heureux de notre existence passée. Si cette évocation fait naître un sourire spontané, c'est gagné.

Nous pouvons maintenant étudier les chakras sans hâte, afin de les connaître profondément par le cœur et par l'esprit, par le corps et par l'âme.

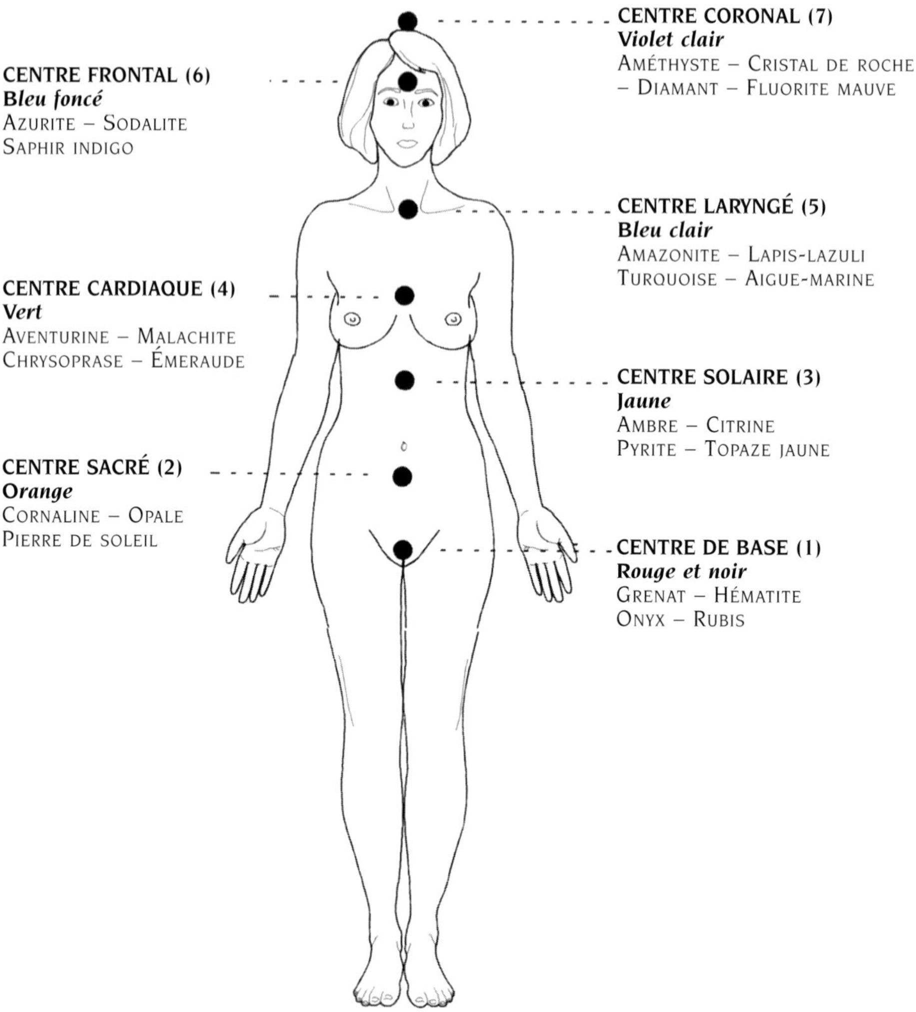

Les sept chakras majeurs et leurs correspondances avec les couleurs et les pierres

MÉTHODE D'APPRENTISSAGE DES CHAKRAS

Synergie et interaction

NOUS allons voir que chaque chakra correspond à certains organes, couleurs et pierres. Cependant, n'oublions jamais que le corps et l'esprit, la personne, forment un tout.

Il en est de même pour les chakras qui se correspondent les uns les autres et « communiquent ». Certains sont plus spécifiques que d'autres pour tel ou tel organe, mais tous jouent leur rôle en synergie, en interaction dans la totalité du corps et de l'esprit.

Le fait que nous devons les étudier un par un, d'une façon méthodique, ne doit pas nous faire oublier ce fait.

En attendant, il est important de connaître les sept chakras principaux pour les traitements par les pierres.

Les chakras d'en bas : Forces et qualités animales. Maîtrise et connaissance des instincts

Le premier chakra ou Muladhara (« la base »)

Le premier chakra se trouve au plexus sacral, autrement dit, sa correspondance physique est le périnée, au niveau des organes sexuels. Ce chakra constitue la base et c'est le premier que rencontrera le « serpent énergétique » lorsqu'il cessera de se lover tout en bas de notre colonne vertébrale pour commencer son ascension bénéfique.

Ce chakra est élémentaire : il nous rattache à la terre, à notre conscience primitive ou animale, à nos racines. Il correspond aussi à la sexualité, à la fécondité, mais les dépasse en ce sens qu'il nous permet un enracinement, un équilibre solide, une « complicité avec soi-même » qui va rayonner, irradier en nous comme une lumineuse compassion, une indulgence souriante.

Tout en fermant les yeux, il faut l'imaginer, le « voir » en esprit, par exemple sous la forme d'un disque se trouvant là, au bas du tronc, et irradiant sa lumière. Cette énergie concerne plus particulièrement les glandes surrénales (qui se trouvent sur les reins)... On essaiera de sentir l'énergie partant du périnée et s'exhalant comme un fluide ou un parfum jusqu'à la région des reins. Maintenant, même si l'on n'est pas tout à fait satisfait de cette sensation, si on la trouve trop floue, voire inexistante, il faut continuer...

Ce disque d'or, ou phosphorescent, cette force électrique correspond à deux couleurs principales, le noir, le rouge et aux pierres de ces couleurs : grenat, onyx, jais, hématite, rubis, obsidienne, jaspe rouge. On disposera donc mentalement ces pierres sur le disque afin de les associer. Plus tard, lorsqu'on aura appris les chakras, on déposera réellement une pierre sur celui qui correspondra au résultat voulu afin de guérir le trouble correspondant... L'exercice mental nous permettra de mieux pratiquer ces guérisons. Est-ce facile ? Visualisez-vous bien le disque et les pierres ? Il se peut que ça ne soit pas facile. Ce premier chakra est justement celui de la concentration. Il la permet tout en soignant ce qui l'empêche : le refus du réel, la colère, la jalousie, la méfiance, et toute sorte d'attitudes négatives. Ne craignez rien si vous ne « sentiez » pas grand-chose : c'est que nous avons frappé à la bonne porte. Continuez un peu, puis, de temps en temps, essayez de repenser à cet exercice où que vous soyez, fût-ce dans le métro ou au travail. Et, dès que vous en aurez le loisir, réessayez. Si ça ne « marche » encore pas, tant pis : on passera au chakra suivant. On reviendra plus tard au premier... Il ne faut jamais s'inquiéter : ça réussit toujours même s'il faut chambouler l'ordre logique de la progression.

Continuons de ressentir ce premier chakra : le voici, brillant, irradiant avec ses pierres, ses couleurs. Lions-le en esprit avec les troubles qu'il combat.

Méfiances, attitudes négatives ? Elles conduisent au dégoût de soi comme des autres, à l'autopunition. Ce chakra combat le manque d'appétit vital et sa forme commune, l'anorexie. Ce triste état vient aussi d'une impossibilité de communiquer, d'aller vers les autres, de « faire la moitié du chemin » vers ceux que nous rencontrons. Ce chakra concerne donc aussi les problèmes de jambes et de pieds...

Sa localisation, évidemment, désigne aussi les organes qu'il peut soigner : les infections urinaires ou génitales, les vaginites, les prostatites et les affections de l'utérus, comme les troubles sexuels. Ces derniers, cependant, concernent plus précisément le deuxième chakra. Nous saurons bientôt quelles pierres appliquer sur ces chakras pour les guérir. Pour l'instant, continuons de « visualiser » ce chakra jusqu'à bien le connaître.

Une fois que l'on aura « senti » ce chakra, peut-être peut-on se représenter le carré, la forme élémentaire de la matière, le carré, qui représente poétiquement la Terre en tant que demeure, qu'abri. On tâchera ensuite de méditer sur le nombre quatre, sa symbolique, telle que nous l'imaginons ou que nous la connaissons. Pour parfaire la méditation, on prononcera plusieurs fois le son « Lam » en essayant de le faire naître en bas du ventre, en imaginant qu'il est prononcé par le chakra lui-même. Cet exercice de « colonne d'air » correspond au travail préparatoire des chanteurs et nous aide à mieux percevoir notre propre corps. En cas d'ennui, de lassitude, arrêter l'exercice. Nous avons tout le temps, rien ne presse. De toute façon, nous avons déjà progressé.

Le corps éthérique

Nous venons de rencontrer notre « corps éthérique », celui de toute base, de la purification par élimination. C'est le contrepoint subtil de notre corps physique.

Ce que nous connaissons moins, même si ces représentations nous montrent le réseau des nerfs ou des vaisseaux lymphatiques, c'est la subtilité des parcours de l'énergie au travers de cette chair, mais aussi des masses électriques qui la constituent également. En contemplant une pile électrique, nous ne voyons pas le courant qu'elle peut produire.

Il en est de même pour notre organisme. Chaque chakra peut, en gros, être assimilé à une batterie. Cette batterie, reliée aux autres chakras, produit un flux énergétique relié à celui des autres chakras. Le tout constitue notre corps éthérique, la structure énergétique élémentaire de notre corps physique. Ces influx constituent notre force vitale et le vecteur de nos sensations.

Tableau récapitulatif

Le premier chakra ou Muladhara

Localisation : Périnée.
Organes correspondants : Glandes surrénales, utérus, rectum, prostate,
Couleurs principales : Rouge et noir.
Couleurs secondaires : Bleu-vert, blanc.
Pierres : Grenat, Hématite, Jais, Jaspe, Quartz enfumé, Onyx, Rubis, Bois silicifié sombre.
Aura énergétique : Relation à autrui, communication, solidité terrienne, enracinement.
Forme : Carré.
Nombre : 4.
Élément : Terre.
Son : Lam que l'on chantera sur le premier degré de notre gamme la plus facile, par exemple le do central, celui qui se trouve au milieu du clavier d'un piano. Cela dit, il n'est pas nécessaire d'être tout à fait juste absolument : la justesse relative suffira.

En Inde, on utilise d'autres gammes fort différentes. Le principal est de monter progressivement à chaque chakra, sans difficulté particulière : il ne s'agit pas de vocalises à la façon des grands ténors, mais d'une prise de conscience de sa propre musique interne.

Problèmes et troubles psychologiques liés à un déséquilibre de ce chakra : colère, jalousie. Distraction excessive et trouble de la concentration, de la mémoire. Tendance à la bouderie, au mépris. Bouffées agressives. Anorexie. Peur irraisonnée. Cauchemars, sentiment d'insécurité.

Problèmes et troubles physiologiques : crampes musculaires des pieds, des jambes (acidose lactique à répétition) et troubles veineux des membres inférieurs. Infection ou inflammation des organes génitaux internes et externes. Prostatite. Acidité gastrique. Incontinence, hémorroïdes, manque de contrôle des émonctoires (énurésie). Varices. Cystite. Fibrome. Maladies des intestins, colopathies infectieuses, rectites.

Le deuxième chakra ou Svadhisthana (« sacré »)

Il faut imaginer le déroulement, la lente ascension du serpent à l'intérieur de notre corps : Imaginez qu'il a franchi une étape et qu'il approche du deuxième chakra. Mais quel est ce corps, notre corps, celui que nous habitons, mais qui est aussi nous-mêmes ? Nous sentons tous qu'il n'est pas indépendant de l'esprit. Chacun en a l'intuition au cours de son existence. Toutefois, dans la plupart des cas, cette impression demeure vague, imprécise.

En évoquant en esprit le cheminement du serpent, nous allons prendre réellement conscience de notre totalité, même, si pour les commodités de l'exposé, de l'explication, nous sommes obligés de parler du corps, puis de l'esprit ou de l'esprit avant le corps : le langage nous y contraint. Mais ceci ne doit en aucun cas nous faire perdre de vue qu'il s'agit d'une totalité, d'une unicité.

Nous connaissons plus ou moins notre corps de chair, de muscles et d'os, d'organes et de nerfs. Nous pouvons même le voir à l'aide d'une radiographie, d'une échographie, etc., tandis que les planches anatomiques d'une encyclopédie nous renseignent efficacement sur sa structure. C'est aussi le véhicule du désir, de l'instinct sexuel, de l'énergie génésique. Ce qui nous amène au deuxième chakra, celui, dirons-nous schématiquement, du sexe, de la sexualité. Nous l'envisagerons d'abord au point de vue du corps éthérique en demeurant provisoirement dans le domaine de la sensation, ce qui est le plus pratique pour une première prise de conscience. Il va sans dire que ce n'est pas suffisant et qu'à partir des autres chakras, nous compléterons cette information en reliant ses influx, ce courant d'apparence uniquement matérielle, physique à d'autres résonances : le désir est un constituant de l'amour, l'une des facettes émotionnelles de la spiritualité tandis que la sexualité s'enracine, dès le premier chakra, au cœur même de l'être et de ses émotions primales.

Le deuxième chakra a pour correspondance physique les organes génitaux. C'est celui de la communion intime, de la chaleur humaine qui se manifeste par une « aura » électromagnétique à dominante orange.

C'est le chakra de la communion, qui peut se présenter sous la forme d'un rapport sexuel, mais pas seulement. Les énergies secondaires bleues de ceux qui vont ainsi communier se « mettent au diapason » l'une de l'autre tandis que les polarités s'harmonisent. Nous devenons sollicitude et compassion.

Il faut d'ores et déjà comprendre que, par les propriétés des couleurs secondaires, ce chakra est principalement lié à deux autres chakras : le cinquième, à la couleur bleu clair et le sixième, bleu foncé.

Ce qui signifie que pour affiner un traitement concernant, par exemple, des troubles sexuels, on adjoindra aux pierres orange concernant directement ces problèmes, des pierres complémentaires bleues qui compléteront l'action des premières. De toute façon, un problème d'ordre sexuel est, comme tout problème, le résultat ou la cause d'autres désagréments : il convient de le traiter en relation avec ces causes ou ces effets.

Visualisons notre sexe et sentons-le de l'intérieur. Son rôle érotique est évident. Cependant, il est plus complet que nous ne l'imaginons. Nous pouvons nous souvenir d'un acte sexuel et essayer de comprendre qu'il y a d'abord un transfert d'énergie, un « don » réciproque. Le plaisir, lui aussi « électrise ». Il équilibre et son rayonnement se propage dans tout le corps, rayonne vers les autres chakras.

La méditation du nombre 6, (2 fois trois) ne constitue pas seulement un redoublement du principe féminin représenté par le 3. En se nourrissant de ce chakra, le serpent kundalini commence la fusion, la réunion des principes. Le son correspondant est plus rude et demande à être « promené » du grave à l'aigu du premier chakra au suivant, en revenant parfois au son du chakra Muladhara.

Désir et plaisir proposent une irradiation générale qui ne se limite pas au plan sexuel. Nous sentons fort bien qu'un blocage dans ce domaine nous contrarie profondément et nuit à tout le reste. Un déséquilibre nous rend acariâtre, agité ou prostré, tandis que nous connaissons l'amertume, la rancœur, le dégoût de soi.

Nous verrons quelles pierres et quelles couleurs agiront sur ce chakra pur nous délivrer de ces troubles et des hantises néfastes qu'ils procurent.

Le corps astral

Nous voici en phase avec notre corps émotionnel, ou astral. Son énergie, superposée à celle de notre corps charnel, féconde nos sensations. Il construit notre personnalité, notre individualité. Comme son nom l'indique, il est en rapport direct avec les planètes, les étoiles, les signes du zodiaque qui nous déterminent.

C'est une sorte de pont entre le destin et la liberté qui peut s'y opposer.

Tableau récapitulatif

Le deuxième chakra ou Svadhisthana (chakra sacré)

Localisation : Un peu au-dessus des organes génitaux.

Organes correspondants : Ovaires, prostate, testicules, pénis, vagin, clitoris, glandes de Batholin, gonades, lymphe et sucs gastriques.

Couleurs principales : Orange, rouge orangé.

Couleurs secondaires : Bleu, bleu-vert.

Pierres : Cornaline, Pierre de soleil, Topazes orangées, toutes pierres de couleur orange.

Aura énergétique : Énergie sexuelle et génésique, harmonie des polarités masculines et féminines, équilibre yin/yang, relation intime s'ouvrant au monde.

Forme : Croissant de Lune.

Nombre : 6.

Élément : Eau.

Son : Vam, à prononcer sur le deuxième degré de notre gamme la plus facile, par exemple ré.

Problèmes et troubles psychologiques résultant du déséquilibre de ce chakra : rancœur, amertume, méfiance excessive, paranoïa et délires de persécution. Insensibilité à la souffrance d'autrui, voire envie de faire souffrir, de se venger (sadisme dans les cas les plus graves). Érotomanie. Difficultés de relation envers autrui. Cruauté, indifférence, absence de pitié, de compassion. Nymphomanie.

Problèmes et troubles physiologiques : lumbago, lombalgites, douleurs diverses du bas du dos. Impuissance, frigidité, vaginisme, anaphrodisie, douleurs menstruelles, affections rénales, brûlures d'estomac, crampes diverses, hypo ou hyperglycémie, troubles digestifs.

Le troisième chakra ou Manipura (centre, plexus, nombril)

Localisé au-dessus du nombril, il correspond au ki du zen. C'est le chakra de la volonté, de la puissance individuelle. Encore faut-il comprendre ce qu'est notre volonté. On peut se répéter « *je veux ceci ou cela* » en se contractant, en s'efforçant, en bandant ses muscles. Nous obtiendrons sans doute ce que nous voulons. Cependant, même pour la « méthode Coué », il convient de se sentir plus détendu. La volonté est initiale, initiatrice. Une fois manifestée, elle doit « lâcher prise ». L'image la plus commune pour faire comprendre ce paradoxe apparent est celle du tir à l'arc : l'archer doit vouloir, viser, appliquer toutes les règles de l'art déterminant la réussite, conduisant la flèche droit dans le mille. Mais, s'il peut s'identifier à cette flèche, il n'est pas cette flèche. Il doit la laisser parcourir son chemin. Elle ne lui appartient plus, il n'agit plus.

Ainsi va la volonté : elle consiste en la mise en place d'une énergie initiale incitant une trajectoire. Il faut donc acquérir une certaine sûreté de soi, exempte de l'orgueil qui gâcherait tout et nuirait au psychisme autant qu'au résultat. La volonté, dans toute sa pureté est une franchise envers soi-même. Elle demande une grande sensation de sécurité personnelle, une extinction des inquiétudes, une bonne communication avec autrui. Elle conduit à une meilleure « gestion des conflits ».

Ce chakra rayonne et s'embrase lorsque nous aimons, lorsque nous « tombons » amoureux. Notons combien cette expression est erronée : on ne tombe pas, on s'élève. Ce peut être le chakra du « coup de foudre » ! Il va falloir agir au septième chakra. (Niveau de ce chakra) pour vaincre les frayeurs, les angoisses, les timidités handicapantes (bouche sèche, « boule dans la gorge », émotion qui nous « tord l'estomac », peur irraisonnée, relâchement des sphincters, ce qu'on nomme vulgairement, mais expressivement la « trouille »).

Pour le ressentir, pour « visualiser » ce disque jaune clair, il est favorable de penser à la flèche de l'archer surgissant du disque solaire comme un rayon dardé. Cette « énergie sagittale » ne présente pas la même forme que, par exemple celle du premier chakra, qui se répand et serpente comme les racines d'un chêne ou que celle du deuxième chakra qui est plus immatérielle, électrique et irradie comme la chaleur d'un poêle... Nous comprenons que l'effet d'une pierre posée sur ce chakra, sera incisif, rapide, précis, parfois même immédiat.

Le corps mental

L'esprit et la matière : ce corps concerne la digestion, les muscles et organes nécessaires pour l'effectuer. Ce « mental » est celui de la rumination (physique et intellectuelle), de la réflexion parfois ressassée jusqu'à connaissance intime de soi qu'on a absorbée et voulu connaître. On s'est nourri d'une méditation, d'une vision, d'un savoir et, maintenant, l'énergie subséquente se répand en nous, nous habite, nous renforce.

Nous commençons à mieux connaître les chakras. Procédons aux mêmes méditations, sur le nombre 10, le triangle, le feu et prononçons sur tous les tons le son Ram qui peut être fort doux et s'enfler jusqu'à la brutalité.

Tableau récapitulatif

Le troisième chakra ou Manipura (chakra du centre)

Localisation : Un peu au-dessus du nombril.

Organes correspondants : Pancréas, foie.
Cavité abdominale en général, le système neurovégétatif, la vésicule biliaire.

Couleur principale : Jaune.

Couleur secondaire : Violet

Pierres : Citrine, Topaze, Pyrite, Labradorite jaune, Ambre, Fluorite jaune et autres pierres jaunes.

Aura énergétique : Volonté, solidarité, énergie méditative, digestion, détermination.

Forme : Triangle.

Nombre : 10.

Élément : Feu.

Son : Ram. À chanter sur le ton mi, ou troisième degré de la gamme.

Problèmes et troubles psychologiques résultant du déséquilibre de ce chakra : tristesse, acédie (« à quoi bon »...). Angoisses, obsessions, névroses, « idées noires », compulsions répétitives, impression de fatigue sans cause objective, manque d'appétit, manque de confiance en soi, tendance au « grignotage », lenteur.

Problèmes et troubles physiologiques : digestions pénibles sans excès de table, boulimie, vertiges, nausées, vomissements, diarrhées « à répétition », météorisme, sueurs abondantes, « sueurs froides », palpitations, acidité gastrique, calculs rénaux.

Les chakras intermédiaires : la personnalité, l'individu. Fonctions mentales et émotions

Le quatrième chakra ou Anahata (« le cœur »)

Le mot cœur possède dans la plupart des langues une double signification complémentaire. Comme la langue, qui est à la fois un organe et un système de communication, le cœur est un organe, la « pompe » vitale distribuant le sang, l'énergie nourricière aux organes, et le symbole de l'amour, du courage (Rodrigue as-tu du cœur ?), de l'entrain constructif (avoir du cœur à l'ouvrage).

Le malheur nous fend le cœur, on en est parfois écœuré, voire, on a le cœur lourd. Ce cœur vaillant rythme notre vie : arythmies, tachycardies, crises cardiaques, voire attaques...

Ce muscle aux contractions involontaires bat la cadence de nos émotions. C'est pour cela qu'il est le centre de l'équilibre.

Sa double nature émotionnelle et physique nous est évidente : lorsqu'on est amoureux, le cœur bat plus vite, ou plus fort, il peut « battre la chamade » tandis que le sang « ne fait qu'un tour »...

Le serpent kundalini, symbole de la distribution énergétique, commence à s'étirer, à devenir droit, à constituer une sorte d'axe du corps, doublant la colonne vertébrale. En fermant les yeux, nous pouvons voir en imagination la force et la couleur des chakras précédents et de celui-ci.

Nous pouvons comprendre que l'énergie verte du cœur répond au jaune qui précède et que le disque d'énergie situé dans notre poitrine « mène la danse ». Si la force du troisième chakra peut prendre la forme d'une flèche, le cœur est battement, rythme, cadence, cycle.

Il paraît animal, mais présente quelque chose de végétal, de végétatif : il vit caché, tandis que ses effets affleurent. Sa couleur verte peut nous faire rougir...

Quel est ce battement ? La vibration éternelle de l'amour, certes, mais de l'amour bien compris, de celui qui sait que le don de soi n'est pas une perte, ni un engagement à corps perdu : se donner, c'est construire.

L'altruisme féconde la relation à l'autre tout en restaurant notre propre énergie, il n'y a pas de déperdition entre dyastole et cystole, chaque force se « récupère » et se nourrit de l'autre qu'elle nourrit aussi. C'est une sorte de « mouvement perpétuel ».

Ce chakra provoque la guérison : la régularité du cœur « remet les pendules à l'heure » et instaure le bon rythme, le souffle exact. De ce fait, l'équilibre restauré, réactivé nous incite à jouir de la beauté.

Ce chakra est celui du sens esthétique, de la joie artistique contemplative ou créatrice. De même, ce « sens du beau », qui est aussi un sens du bien, nous conduira à mieux communier avec la nature.

Le quatrième chakra n'a pas de couleur complémentaire. Le rose et le vert expriment sa profonde énergie d'amour que l'or exalte. Il faut visualiser ces couleurs, les rythmer, dans la stabilité du battement et des vibrations consécutives.

L'énergie de ce chakra s'exprime en ondes, comme les harmoniques accompagnant le son principal d'une cloche, d'un gong, renaissant à chaque coup et se mêlant aux harmoniques toujours vibrantes des chocs précédents.

On peut aussi imaginer que l'on jette des cailloux dans un lac. On jette le deuxième au même endroit que le premier sans attendre que les ondes de celui-ci aient disparues : les cercles occuperont la surface, s'élargiront... Telle serait l'image la plus proche de la structure énergétique de ce chakra.

Une pierre posée sur lui irradiera ainsi, étendant sa force de guérison en expansion à tout le corps.

Le triangle, l'air, le nombre 12... Essayez de laisser vagabonder votre esprit à propos de ces représentations. Le son Yam est tendre, il évoque l'appétit, le désir gourmand... Laissez-vous aller au plaisir d'être ou de devenir vous-même.

Le quatrième chakra ne comprend pas de couleur complémentaire : sa situation médiane en fait un « répartiteur » des énergies et lui permet de les distribuer harmonieusement. Le serpent Kundalini marque une pause : le battement le régénère avant qu'il poursuive son ascension...

Ce chakra ne correspond pas à un « corps énergétique » particulier. Il est aussi « le passeur », le lien entre le bas et le haut. Le serpent va s'y reposer un moment.

Tableau récapitulatif
le quatrième chakra ou Anahata (chakra du cœur)

Localisation : Poitrine, région du cœur.
Partie inférieure des poumons. La peau.

Organe correspondant : Thymus.

Couleurs principales : Vert, rose, or.

Couleur secondaire : Néant.

Pierres : Olivine, Malachite, Aventurine, Tourmaline verte, Émeraude, Jade, Chrysoprase, Fluorite verte.

Aura énergétique : Détermination. Amour (humain, divin, sacré, profane...), estime de soi et des autres.

Forme : Étoile à six branches (deux triangles entrelacés).

Nombre : 12.

Élément : Air.

Son : Yam. À chanter sur le quatrième ton (exemple : fa) de la gamme. Essayer de ressentir son statut de sous-dominante, attirée fortement par la note supérieure et peu éloignée de celle qui la précède (1/2 ton).

Problèmes et troubles psychologiques résultant d'un déséquilibre de ce chakra : dureté de caractère, intransigeance, bouffées de haine, inquiétude, tempérament lunatique, instabilité d'humeur, « soupe au lait », amertume, aigreur, dénigrement de soi ou des autres, égoïsme.

Problèmes et troubles physiologiques : problèmes cardiaques et cardio-vasculaires. Démangeaisons, urticaire, eczéma, zona, etc. Affections pulmonaires, difficultés respiratoires. Aphonie. Asthme et autres allergies. Emphysème. Troubles de la tension artérielle, bourdonnement d'oreilles, torticolis.

TRANSITION ET TRANSMISSION : LIEUX DE RELATION ENTRE LE QUATRIÈME ET LE CINQUIÈME CHAKRA : « LA FRONTIÈRE »

Nous atteignons un moment particulier de l'ascension du serpent Kundalini. Serait-ce « l'heure de vérité »? Toujours est-il qu'il se passe quelque chose. Cette zone intermédiaire à la frontière entre les chakras intermédiaires et ceux du sommet demeure le lieu de l'hésitation, des blocages. On a déjà ressenti quelque chose de fort. Il se peut que le corps ou l'esprit refuse, consciemment ou non d'aller plus loin. On le ressent facilement : la respiration se dérègle, le souffle « ne veut pas » franchir le pas.

Il convient donc de faire une pause, de méditer sur la couleur intermédiaire, un bleu vert turquoise, couleur de sagesse. Cette couleur marine, permet de digérer les émotions précédentes. Il faut doucement ralentir sa respiration. Ne pas inspirer trop profondément : l'hyperventilation peut apporter une nausée, un sentiment d'exaltation indésirable. Le serpent Kundalini « marque le pas ». Il est déjà gorgé d'énergie, mais ça ne « passe pas ». Il lui faut le temps de « l'avaler » pour nous la redistribuer de chakra en chakra... On méditera sur le bleu vert durant quelques instants. Lorsque le calme sera revenu en nous, on pensera à la couleur complémentaire : le rouge, qui nous réveillera. Le second souffle suivra, permettant la belle ascension de Kundalini. Un sentiment de libération nous saisira agréablement.

Cette zone n'est pas un chakra. Cependant, au cours de l'ascension, elle se conduit un peu comme l'un de ces lotus énergétiques. Aussi, un déséquilibre à ce stade se détectera par une humeur trop variable, une irritabilité dominant petit à petit toute autre attitude. Les muscles seront contractés, tandis qu'une agitation, parfois compulsive, s'installera, semblant irrépressible. La nervosité apparaîtra par des mouvements incohérents et une instabilité du regard. Parallèlement, on se sentira écrasé par l'existence, en échec permanent. La respiration s'effectuera malaisément, avec quelques années. On « oubliera » parfois de respirer. Alors, on inhalera une grande quantité d'air ce qui amènera à une hyperventilation donnant vertige, occasionnant des bourdonnements d'oreilles et des battements sonores au niveau des tempes. À ces symptômes se superposera un sentiment d'angoisse fort pénible. Il convient d'arrêter l'ascension du serpent. C'est le moment d'utiliser la chrysocolle ou le chrysoprase. On peut sucer ces pierres pour un effet rapide.

Après avoir ralenti tranquillement la respiration, on chantera le son O, si possible sur le ton de Fa dièse, afin de ressentir l'attirance de cette note par la suivante, le Sol, la dominante, celle qui va résoudre.

Votre corps, votre esprit vous diront s'il faut continuer ou non... Pour pénible qu'elle puisse être, cette étape ne présente aucun danger.

LE CINQUIÈME CHAKRA OU VISHUDDHA « CENTRE DE COMMUNICATION »

Nous arrivons maintenant à un chakra concernant l'expression, la parole, la communication, la communion avec autrui. Le premier signe de son équilibre demeure la voix. N'entend-on pas, au téléphone, notre correspondant dire « tu as une bonne voix », quand nous sommes « en forme » ?

La voix est l'un des meilleurs indicateurs des problèmes relationnels d'origine familiale. Lorsque la communication ne se fait pas dans la famille, lorsque chacun essaie de parler plus fort que les autres, la voix s'érode et s'éraille et ceci d'autant plus que, dans certains foyers, la télévision fonctionne constamment. On ne « s'entend plus » dans tous les sens du terme et l'on évite au maximum toute communication. La parole sert alors à « prendre le pouvoir », et se « faire entendre », à montrer qu'on existe...

De même, l'abrutissement sonore et conduisant à la surdité des boîtes de nuit permet des contacts sans communion langagière. Les corps, les postures, les attitudes peuvent mentir à loisir et séduire dans ce manque de parole donnée, offerte...

Les voix perdent leur brillant, leur clarté pour s'assourdir. Souvent, des nodules se forment sur les cordes vocales, déterminant une voix de « rogomme » déplaisante et fort reconnaissable.

Ce phénomène devient fréquent et les médecins phoniatres voient leurs cabinets se remplir. Avant d'en arriver là, on peut sentir le cinquième chakra, méditer à son sujet, puis commencer une lithothérapie avec les pierres correspondantes.

Discuter, exposer, converser, convaincre consomme beaucoup d'énergie. Aussi doit-on s'occuper particulièrement de ce chakra en relation avec le premier chakra qui est aussi lié à la relation avec la terre, avec les autres.

Nous pourrons « promener » le son « Ham » de l'un à l'autre en prononçant énergiquement l'h « aspiré », puis expirant fortement durant l'émission. Le triangle pointe en bas représente la féminité, nous pouvons la mettre en relation avec les autres chakras l'évoquant. La progression du serpent trouvera l'équilibre.

Enfin, l'écoute de musique d'une façon active (essayer de connaître une nouvelle forme de musique, de la « comprendre », approfondir l'étude de celle que nous connaissons déjà), voire la jouer ou la chanter aide au rééquilibrage de ce chakra.

Avec l'âge, la voix se modifie. La voix d'un « vieux » déplaît souvent. La lithothérapie retardera ou même supprimera cet inconvénient et permettra, avec l'aide d'une bonne connaissance des autres chakras (on reliera ce cinquième au deuxième et au troisième pour équilibrer le sens de la communication), de conserver une voix tonique et agréable, même s'il ne s'agit plus de la voix de nos vingt ans.

Le corps causal

Le souffle, la voix, le khi, le prana… Autant de mots pour dire la vitalité, la voix, mais aussi le cri qui glace les impurs dans la sourate ainsi nommée du Coran.

Puissance du son émis par les cordes vocales, la voix est cause et effet de notre sensibilité. Le cri de douleur répond à l'hymne qui célèbre la lamentation, au youyou joyeux des femmes célébrant un mariage, un heureux événement.

La voix prononce la malédiction, mais chante l'Hosanna et l'Alléluia. Le corps causal intéresse aussi la limite, le moment où le souffle devient gémissement, la naissance de la voix, son râle, son murmure, son envol.

Et la voix devient aussi parole, celle qu'on donne. Le corps causal est fait de ces manifestations du souffle. En français, en latin, mais aussi dans d'autres langues, la cause, c'est le sujet, ce dont on parle, c'est ce que défend l'avocat, c'est pourquoi le héros meurt. Il s'agit évidemment de la « bonne cause », bref, ce dont on… cause.

Tableau récapitulatif
le cinquième chakra ou Vishuddha
(« gorge, cou, communication »)

Localisation : Gorge, larynx, partie supérieure des poumons, oreilles, nez.

Organe correspondant : Thyroïde.

Couleur principale : Bleu clair.

Couleur secondaire : Orange (mais pas trop soutenu).

Pierres : Amazonite, Chrysocolle, Aigue-marine, Turquoise, Fluorite bleue, Saphir, Lapis-lazuli.

Aura énergétique : Parole, expression, écriture, communication.

Forme : Triangle pointe en bas.

Nombre : 16.

Élément : Éther.

Son : Ham. À prononcer fortement, joyeusement sur le ton Sol, autrement dit la dominante, le son clair à cinq degrés du do initial, son de victoire qui peut devenir tonitruant avant la résolution de la cadence, ou son évitement.

Problèmes et troubles psychologiques résultant au déséquilibre de ce chakra : voix mal placée, éraillée, « de poissarde » ou « de rogomme », raucité, bégaiements. Toux, raclements de gorge, impression d'étouffer. Le fait de se croire toujours « victime » et de ne pouvoir crier son innocence est aussi un signe qu'il faut agir sur ce chakra. Voix éteinte, sourde, mate. Chevrotement précoce.

Problèmes et troubles physiologiques : rhumes chroniques. Problèmes thyroïdiens. « Nuque raide », infection de la gorge à répétition. Sinusite. Bégaiement.

Les chakras du Sommet

Le sixième chakra ou Ajna (« le commandement », « le troisième œil »)

Avec ce chakra, nous entrons dans la « vision intérieure ». Certes, en le méditant, nous ne jouirons pas instantanément de pouvoirs paranormaux, ni d'une lucidité visionnaire. N'empêche que nous découvrirons, d'abord d'une façon un peu floue, une meilleure connaissance de nous-même, des aspects de notre personnalité que nous ignorions.

Cette connaissance nous mènera à l'inexplicable intuition. Nous « sentirons » d'une façon aiguë ce qui nous correspond ou non. Certains prévoiront même des événements imprévus.

De nombreuses anecdotes circulent à propos de visions soudaines, irrépressibles qui nous adviennent subitement. Chacun de nous a pu expérimenter la fameuse impression de « déjà vu », alors que nous nous trouvons dans un lieu que nous ne connaissons pas, que nous n'avons jamais visité auparavant.

Ce chakra est concerné par ces phénomènes troublants. Cette force intuitive ne doit pas être gaspillée. La méditation sur ce chakra vous conduira à une impression de puissance, voire à une sorte d'ivresse dont il convient de se méfier.

Prenez le temps de bien « voir » les choses, de laisser le temps « dérouler » la vision, comme s'il s'agissait d'un film et non d'une vue fixe. Il faut contrôler la pensée, le souffle, la progression intuitive pour ne pas se bercer d'illusions. Autrement, la confusion mentale guette.

Si vous « sentez » particulièrement bien ce chakra, c'est le signe que vous pouvez vous mettre à apprendre quelque chose de nouveau, à commencer des études, même ardues : une certaine « grâce » complétera tout apprentissage augmentant la mémoire et la rétention des leçons.

Le fameux son Om (on écrit parfois Aum, car il arrive qu'on le décompose pour mieux s'en pénétrer) vous révélera son pouvoir.

On le prononcera d'abord intérieurement, de façon inaudible. Puis on le « poussera », toujours intérieurement jusqu'à ce qu'il affleure et sorte de notre gorge.

Rappelons qu'il existe, dans la tradition chrétienne un son équivalent, fait de la prononciation rapide en latin d'Ave Maria qui servait aussi de syllabe de méditation chez les moines du Moyen Âge au XVIIIe siècle.

Le fait que deux religiosités aussi éloignées aient usé d'un son proche à des fins d'élévation de l'âme ne doit pas nous surprendre, bien d'autres correspondances existent, car ce qui est humain se manifeste d'une façon humaine. Om ou Aum signifie en sanskrit « le commencement et la fin », de même que la syllabe chrétienne analogue renferme l'alpha et l'oméga.

Le serpent Kundalini en est à la dernière étape de son déroulement. Quelque chose doit avoir changé en vous. Et vous voici beaucoup plus réceptif(ive) à la lithothérapie.

En méditant sur ce chakra, vous ressentirez une impression de chaleur entre les sourcils. Les chakras de base, le premier et le deuxième, compléteront harmonieusement l'effet bénéfique d'Ajna. En effet, pour éviter de « planer », l'enracinement et la confiance en soi seront nécessaires !

Le corps spirituel

Ce corps, cette masse d'énergie concerne une vision profonde, allant au-delà des choses, une vision « au travers » du réel, comme les rayons x, une vision des reflets, des auras, comme dans la phosphorescence. C'est le corps des « images mentales » comme des hallucinations. Au plus haut point, tout se confond, et Moïse voit le Seigneur, le contemple. Cette vision, dit la Tradition, est devant lui mais aussi à l'intérieur. L'âme devient miroir, reflétant la vie, la dupliquant. Le corps spirituel est lumière et vision, acuité et éblouissement. C'est une approche de toute révélation, fût-elle celle du tout premier niveau, la prise de conscience de la force merveilleuse de nos chakras.

Tableau récapitulatif

Le sixième chakra ou Ajna « le troisième œil »

Localisation : Entre les sourcils. Derrière le crâne, à la même hauteur.
Organe correspondant : Hypophyse.
Couleur principale : Bleu foncé.
Couleurs secondaires : Orange profond, orange « fluo », strident couleur « tango ».
Pierres : Sodalite, Lapis-lazuli, Azurite.
Aura énergétique : Intuition, stimulation et développement des pouvoirs extrasensoriels.
Forme : Pas de forme particulière, sinon, à la rigueur, le cercle, le disque représentant le 3e œil.
Nombre : 2.
Élément : Aucun, ou tous.
Son : Om ou Aum. À prononcer sur un ton de la ou de si, voire de si bémol (on peut s'aider d'un instrument de

musique, piano, harmonica, jouet électronique, téléphone mobile etc.), selon la sensation du moment : les vibrations de la « de base », celui qui sert d'étalon pour l'accord, avec ses 440 vibrations sont attirées vers le haut par la note dite « sensible », septième degré qui peut varier ici entre le si naturel, un peu discordant, et le si bémol dont la dissonance nous fait désirer le do supérieur. Si vous ne chantez pas juste, essayez tout de même.

Nous pouvons maintenant récapituler les sons. Si vous parvenez à les chanter, même en vous aidant d'un instrument, pensez à chanter successivement les sons correspondants au chakra principal d'une affection, d'une pierre donnée et les notes et syllabes des deux chakras complémentaires. Ces vibrations de votre voix hâteront la guérison de toute maladie ou trouble.

Problèmes et troubles psychologiques résultant du déséquilibre de ce chakra : distraction constante, hyperesthésie (sensibilité maladive), agitation perpétuelle, défaut de concentration (« être dans la lune »), stupeur, abrutissement, impression de « planer » ou d'être « à côté de ses pompes ». Hallucinations, vertiges. Oublis fréquents des noms et des visages connus. Confusion dans le compte des sommes d'argent.

Problèmes et troubles physiologiques : bourdonnements d'oreilles, impression d'être « habité » par une musique inconnue ou d'entendre constamment la radio. Angoisses avec sudation soudaine et abondante. « Mal aux yeux » et autres problèmes oculaires. Trouble de l'équilibre (on trébuche souvent sans raison). Crampes aux mollets (avitaminoses), confusion mentale. Problèmes du système nerveux central. Migraine ophtalmique, névralgie faciale.

Le septième chakra ou Sahasrara, « le cosmique », le « lotus à mille pétales », « la couronne »

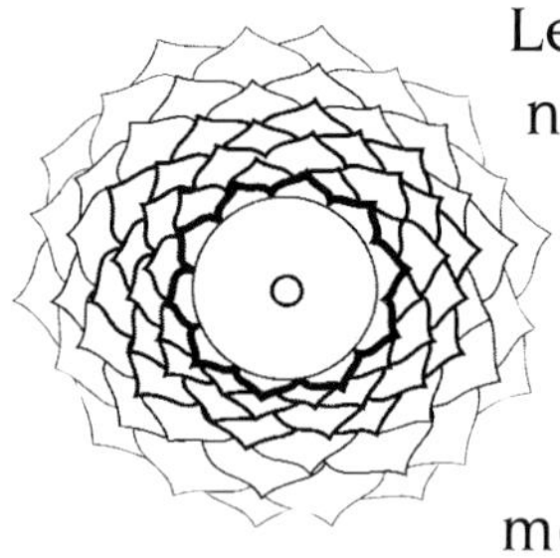

Le serpent Kundalini est gorgé d'énergie : il nous structure et nous apaise. Ces forces irradiantes nous mènent à la spiritualité. La conscience a mûri, elle fleurit : ce sont les mille pétales du lotus. Attention : le nombre cent est pris en tant que lui-même tout autant que signifiant « beaucoup » ou « un grand nombre ». Il équivaut, dans ce cas, au mille, nombre des pétales.

Nous touchons à la fusion de notre ego, à sa mutation, transcendante. La couleur mauve nous garantit d'une ivresse de mauvais aloi (voir améthyste), notre exaltation mystique ne comporte plus de risque. La méditation du mauve commence par la prise de conscience que c'est, dans de nombreuses religions, la couleur d'un vêtement sacré. Le mauve accélère en douceur la fusion entre la nature et le surnaturel. Il nous rend humain au plus haut point, avec ce que ça signifie de correspondances entre nous et l'au-delà.

La volonté, représentée par le troisième chakra, et son jaune complémentaire du mauve équilibrera la puissance de Sahasrara que nous pourrions mal vivre en le voulant « désincarné », justement trop « spirituel » : l'esprit s'enracine dans la matière et, d'ailleurs, ne perdons jamais de vue le premier chakra. Les « silences infinis » de l'espace et du temps vont nous devenir familiers. Nous devenons solidement reliés au cosmos. Nous le « percevons » désormais. La méditation de ce chakra, le rassasiement du serpent Kundalini qui a enfin assouvi sa faim nous laissent dans un « état de grâce ». Notre rayonnement influera bénéfiquement sur notre entourage.

Le corps spirituel

Le cœur est amour. Voici une autre force composite qui nous semble « évidente », mais complexe tout de même. L'amour de cœur rejoint la spiritualité. L'esprit le célèbre, il célèbre l'esprit. Et cet esprit s'incarne, au sens propre dans le corps. Cause ou effet ? Faute de répondre à cette question, certains parlent de « corps causal », c'est-à-dire qu'il reçoit ou détermine les causes. On préfère généralement employer l'expression de « corps spirituel ». C'est notre essence, notre être dans sa complétude. Le corps spirituel règne sur le corps éthérique et le corps astral. Pour le ressentir, il faut évidemment imaginer son énergie en ondes (« ondulatoire ») sans cesser de ressentir les autres manières d'être énergétiques.

Nous pouvons replacer le tout sur notre corps de chair, ressentir sa matérialité pour mieux comprendre la chaleur, l'aura, les irradiations et émanations des autres niveaux corporels qui le constituent tout autant que les muscles ou les os. Avec un peu de concentration, nous atteindrons la plénitude, la complétude...

Le corps cosmique

Nous voici reliés à l'essence pure, à l'être, en nous le plus profond. Le serpent a terminé son ascension.

Quelque chose est accompli. Une première et toute petite renaissance, pour les non-initiés, mais une renaissance tout de même qui conduit à la réceptivité des fluides naturels et, par là même, au pouvoir des pierres, des couleurs...

Ce chemin parcouru représente celui des grands initiés. Mais il peut tout aussi bien nous correspondre, à notre humble mesure et nous conduire à un mieux-être rayonnant.

Tableau récapitulatif

Le septième chakra ou Sahasrara « le cosmique »

Localisation : Sommet du crâne.
Organes correspondants : Glande pinéale, cortex, épiphyse.
Couleurs principales : Mauve, violet, blanc.
Couleurs secondaires : Jaune, noir.
Pierres : Améthyste, Fluorite mauve, Cristal de roche, Diamant.
Aura énergétique : Intuition de l'éternité. Développement de l'esprit. Connaissance immédiate de son existence propre par rapport au cosmos. Stimulation et développement des pouvoirs extrasensoriels de la force psychique.
Forme : pas de forme particulière.
Nombre : 100 et/ou 1000.
Élément : Aucun, ou tous.
Son : Le silence.

Problèmes et troubles psychologiques résultant du déséquilibre de ce chakra : distraction constante, hyperesthésie (sensibilité maladive), agitation perpétuelle, défaut de concentration (« être dans la lune »), abrutissement, impression de « planer » ou d'être « à côté de ses pompes ». Hallucinations, vertiges. Oublis fréquents des noms et des visages connus. Confusion dans le compte des sommes d'argent. Insomnie. Schizophrénie. Confusion mentale.

Problèmes et troubles physiologiques : bourdonnements d'oreilles, impression d'être « habité » par une musique inconnue ou d'entendre constamment la radio. Angoisses avec sudation soudaine et abondante. « Mal aux yeux » et autres problèmes oculaires. Trouble de l'équilibre (on trébuche souvent sans raison). Crampes aux mollets (avitaminoses).

Procédé d'application thérapeutique des pierres

PRÉPARATION À LA PRATIQUE DE LA THÉRAPIE PAR LES PIERRES

Propriétés des pierres

LES pierres sont des entités énergétiques. On ne saurait dire qu'elles « vivent » au sens végétal ou animal, cependant, elles naissent et meurent, même si elles paraissent éternelles : par usure, par effritement d'une part, ce qui est leur mort physique.

Par tarissement de leur pouvoir, ce qui se traduit souvent par la fin de leur brillance, l'apparition d'un ternissement significatif, ce qui correspond à une mort énergétique, fluidique, électromagnétique.

Car chaque pierre vibre, émet un rayonnement, différent de celui des autres pierres. Ce rayonnement, en interaction avec ceux de notre corps, crée des champs d'énergie qui demeurent encore mystérieux : la science en découvre chaque jour de nouveaux effets, sans parvenir à les connaître entièrement.

Méditation

La lithothérapie n'est pas seulement une médecine. En plus de ses applications curatives, la puissance des pierres peut aussi servir au renforcement général de l'énergie spirituelle et mentale. Ce qui rejaillira aussi sur l'énergie physique.

Porter telle ou telle pierre nous régénérera, nous remettra en forme à tous points de vue.

Cependant, il existe une façon plus active d'équilibrer ses forces intérieures. Il s'agit de la méditation, sous ses différentes formes. Cela peut commencer par une contemplation, voire une rêverie (ou « promenade ») mentale en regardant la pierre, en la touchant, en jouant avec. Plus profonde sera la réflexion, la pensée orientée, dirigée concernant la pierre, ses origines, ses qualités, sa beauté, ses propriétés, sa symbolique, etc. Ensuite, on pourra passer à une méditation plus profonde en faisant le vide en soi, en « laissant venir » la sensation de son propre être, en « lâchant prise ».

Enfin, de nombreuses techniques de méditation (zen, contemplation active chrétienne, psalmodie, techniques tirées du yoga, etc.) peuvent nous relier à la force tellurique, originelle, fondatrice de chaque minéral.

Vibrations et champs énergétiques

Les découvertes de la géophysique, de la minéralogie moderne nous donnent, cependant, quelques éclaircissements. Pour résumer, nous dirons que des vibrations d'énergie spécifiques émanent de tous les organismes, de tous les objets existants.

Leurs interactions se manifestent sous formes d'activations, ce qu'explique la loi de la résonance vibratoire. D'une certaine façon, l'un des aspects de la vie, elle-même, consiste en un arrangement particulier de vibrations en interaction créant un champ d'énergie d'une très forte puissance, se nourrissant de la matérialité corporelle pour créer la conscience. C'est-à-dire, entre autre, la réceptivité aux stimuli extérieurs, et, pour ce qui nous intéresse, la possibilité de se soigner à l'aide des pierres en « harmonisant » notre champ magnétique psychophysiologique au rayonnement de tel ou tel minéral.

Lithothérapie et Médecine moderne

Ce rayonnement qui évoque l'électrothérapie ou la radiothérapie n'en comporte pas les dangers. On ne risque pas grand-chose avec les pierres. Tout au plus une légère fièvre, un peu de vertige si l'on a trop laissé en contact un chakra avec une pierre trop vive. La lithothérapie demeure une médecine douce.

Elle ne peut pas tout, cependant, certaines maladies, lésions ou affections graves demandent un traitement plus énergique et dont on ne saura éviter les effets secondaires. Les interventions de la médecine moderne, pour traumatisantes qu'elles soient, sauvent des vies humaines.

Elles le font avec une nécessaire violence que l'on doit réserver aux cas graves. Ensuite, ce sont encore les médecines douces qui pallieront leurs inconvénients. La lithothérapie, par exemple, fera des merveilles en cas de choc post-opératoire. Sans pouvoir soigner les psychoses, ce que la médecine moderne ne peut pas non plus, la lithothérapie aide à en atténuer les effets pernicieux tout en soulageant la souffrance intérieure des malheureux qui en souffrent.

Les problèmes de gorge à répétition ne nécessitent pas toujours la brutalité des antibiotiques : un joli pendentif d'ambre, de tourmaline, de topaze ou de calcédoine porté comme ornement sera, dans bien des cas, tout aussi efficace et ne produira aucune accoutumance.

La cortisone, utilisée pour les maladies de la peau, peut présenter des effets secondaires effrayants. L'aventurine, le saphir, le cristal de roche, éviteront ces allergies souvent handicapantes. De plus, un organisme conscient de lui-même, habitué à se soigner naturellement avec les pierres, sera plus apte qu'un autre à supporter certaines interventions.

Pierres et pharmacopée

Les pierres possèdent parfois des qualités pharmaceutiques : c'est le cas du calcium et du magnésium. C'est le principe efficace des eaux minérales et de nombreuses préparations officinales. Le lithium est fort utilisé pour certains troubles mentaux extrêmement graves. Jadis, on soignait diverses affections par l'absorption de poudres de pierres. Le remède pouvait se révéler plus nocif que le mal. L'orpiment, par exemple, fut longtemps considéré comme une panacée. S'il pouvait momentanément calmer certaines douleurs, ce n'en est pas moins une source d'arsenic, dont les effets, à moyen terme, peuvent devenir mortels. De ce fait, nous traiterons peu de cet aspect des pierres. On ne guérira rien en absorbant de la calcite ou du calcaire : le dosage, le broyage, la dissolution, sont autant de facteurs que seuls les professionnels peuvent maîtriser. La silice, d'autre part, entre autres minéraux, fait partie des substances de base des médicaments homéopathiques. L'efficacité de cette médecine douce est désormais reconnue.

Utilisation des pierres

La beauté des pierres fit que, depuis des millénaires, elles servirent à des fins de parure, de beauté, de séduction. Elles furent même emblèmes de la royauté, du pouvoir. Cependant, cette utilisation dépassa très vite la simple jubilation esthétique. Intuitivement, on pensait que telle ou telle pierre « porte bonheur » ou prémunit contre le mauvais sort. On créa donc des amulettes, des grigris et autres talismans.

Leurs fonctions furent innombrables : certains protégeaient le souverain contre les assassinats, d'autres servaient à tester les aliments, afin d'y déceler un éventuel poison, d'autres encore attiraient la bienveillance de tel ou tel dieu... À cette intuition se superposa le raisonnement, l'observation. Les savants, les magiciens, les alchimistes, les médecins, étudièrent longuement les pierres, avec une patience inépuisable. Certains y passèrent leur vie, tandis que leur recherche fut poursuivie par un successeur tout aussi patient. Parfois, il aura fallu un ou deux siècles pour établir avec certitude les effets de tel ou tel minéral. Cette lente transmission, ce cheminement millénaire est à l'origine de la lithothérapie moderne, aux bases scientifiques respectueuses de la tradition. Au fil du temps, donc, on découvrit que l'aspect « porte-bonheur » d'une gemme pouvait s'expliquer précisément. Par exemple, tel souverain sujet à des crises d'épilepsie, à de brusques accès de colère dangereuse pour l'état, à des troubles digestifs le rendant acariâtre, voire cruel, devenait soudain sage, pondéré, habile politicien dès qu'il portait une certaine tiare ou tel pectoral orné de diamants. Les savants notèrent le fait, l'examinèrent, l'expérimentèrent et se servirent de la propriété intrinsèque du diamant pour soigner ce genre de troubles.

Médecine royale, médecine populaire

Parallèlement, car tout le monde n'est pas roi, on chercha, en utilisant la vertu des couleurs, de trouver des pierres aux effets analogues, mais moins coûteuses, afin de pouvoir aussi soigner les plus démunis. Pour les pauvres, il exista, dans certaines civilisations (Chine ancienne par exemple ou Égypte) la possibilité de louer ces pierres ou de les recevoir en prêt. Ainsi se rendit-on compte que le cristal de roche pouvait, dans certains cas, remplacer le diamant. Ainsi, la paysanne souffrant de troubles menstruels fut-elle soignée avec du corail, de la malachite ou de la chrysocolle tandis que la reine, dans le même cas, utilisait le rubis.

Certes, la pureté de la pierre entre en jeu : le rubis est plus énergique que la chrysocolle, la malachite, etc. Pour ce genre de troubles. La reine était guérie sans doute plus rapidement. Néanmoins, la paysanne n'en voyait pas moins ses douleurs et son irrégularité disparaître.

Aujourd'hui, nous utilisons parfois plusieurs pierres afin d'obtenir, selon le cas, un effet rapide ou plus durable, voire une lente modification du terrain. Il n'en reste pas moins vrai que la lithothérapie n'est pas réservée aux personnes jouissant d'une fortune confortable. Certaines pierres, qui ne sont pas forcément les moins efficaces, sont peu coûteuses, voire se trouvent facilement dans la nature, puisque, dans certains cas, on peut utiliser les pierres brutes, c'est-à-dire non polies, ni taillées.

Magie et superstition : amulettes, grigris et talismans

Nous devons d'abord examiner les pratiques anciennes dont certaines sont encore en vigueur. Il convient de distinguer l'énergie intrinsèque de chaque minéral, faite de radiations, de courants, de magnétisme, des pouvoirs rajoutés symboliquement, prêtés à telle ou telle forme extérieure, artificielle ou naturelle d'une pierre.

Pierres brutes, taillées, polies

Par analogie, on pense parfois que les pierres brutes ont un effet plus « brutal » du fait qu'elles sont plus proches de leur état naturel. Ce n'est pas toujours vrai. Cela dépend des pierres elles-mêmes. La calcite « fonctionne » parfaitement à l'état brut, comme la calcédoine. En revanche, le jade et le jaspe gagnent un surcroît d'énergie après polissage. On peut évidemment porter un rubis, un diamant, un cristal de roche à l'état brut, voire poli en cabochon, comme les anciens bijoux médiévaux d'avant l'invention de la taille à facettes. Néanmoins, la taille moderne permet de mieux orienter les vibrations, les ondes, les courants comme la lumière et permet aux pierres précieuses de distribuer harmonieusement leur énergie pure et curative.

Pierres sculptées

Les pierres sculptées furent longtemps utilisées comme talismans ou amulettes. On leur donnait parfois la forme de l'organe à traiter. Ainsi peut-on voir des chrysolites, des turquoises en forme d'œil servant à traiter les problèmes oculaires. De même, on voit dans les musées, des agates taillées en forme de cœur et datant du haut Moyen Âge, sans oublier les amulettes d'améthyste, de zircon, en forme d'organes sexuels masculins qui prémunissaient les légionnaires romains des maladies vénériennes contractées auprès d'accortes filles de garnison à l'hygiène approximative.

Toujours à Rome, mais aussi en Extrême-Orient, il existait des malachites taillées en forme de vulves et servant à guérir les maladies spécifiquement féminines. De très jolies figurines de jaspe ou d'agate représentant une femme enceinte permettaient aussi de mener à bien une grossesse heureuse. On ne saurait décider si la force de la pierre en est augmentée. Nous sommes dans le domaine de la superstition.

Camées

La beauté des camées, l'ahurissante finesse du travail des graveurs, ne doivent pas nous faire oublier que le sujet représenté porte une signification. Ce peut être le visage, le profil de l'être aimé, gravé sur une pierre bénéfique lui assurant chance et protection. Quant aux deux mains entrecroisées que l'on trouve sur les camées des bagues de fiançailles, ils signifient l'engagement amoureux, la foi, la fidélité. La colombe, on l'aura deviné, est symbole de paix, etc. Le but est d'ajouter à la puissance de la pierre une symbolique complémentaire. Certains pensent que l'action bénéfique des pierres est renforcée par ces motifs.

INTAILLES

Les intailles, caractères gravés dans une pierre ou les inclusions de métal précieux formant lettres ou dessins, avaient le même objectif. Il pouvait s'agir de prières, d'incantations, comme ces jades verts des terres d'Islam portant l'inscription *Allah Akbar*, (Dieu est grand).

D'autres pierres portent le nom de Jupiter ou de Vénus. D'autres encore sont gravées des premiers mots de l'Ave Maria ou des caractères hébraïques commençant telle ou telle prière. Nous entrons donc dans le domaine du religieux, de la croyance. Aux qualités intrinsèques du minéral est associée la puissance de la foi.

Juger de l'efficacité de ces pierres est une question personnelle, concernant le rapport que chacun entretient avec le sacré. Nous ne saurions en dire plus.

Pierres et bijoux modernes

Comme nous l'avons vu, la façon la plus simple, la plus esthétique de recourir à la lithothérapie est de porter un bijou comprenant la pierre correspondante à l'affection dont on veut se défaire. Le bijou peut aussi bien être une pierre brute montée en pendant d'oreille ou en sautoir, qu'un fin travail de joaillier, orné de pierres précieuses taillées dans les règles de l'art. La vibration particulière de chaque minéral agira en résonance avec celle de notre organisme, et, tout d'abord, de notre peau. Il ne s'agit pas forcément d'une thérapie au sens courant. Certes, l'esthétique compte et le port d'un beau bijou peut réjouir. L'influence minérale peut aussi renforcer l'état de pensée, activer la méditation, aider à l'émission d'ondes alpha ou, plus simplement et sans qu'on le sache, aider à la compréhension *profonde* des textes qu'on sera susceptible de lire, qu'il s'agisse d'articles de presse ou de poèmes. Il faut savoir que le port d'une pierre a toujours un effet. Le contraire serait d'ailleurs surprenant : comment pourrait-on imaginer qu'une matière aussi chargée de vibrations et de radiations pourrait demeurer inerte ?

Colliers et pendentifs

Le pendentif tombant sur la poitrine rayonnera « en étoile » sur le haut du corps.

Plus il sera proche de la gorge, plus il aura d'effet sur les voies supérieures.

Le collier ras-du-cou orné de pierres diverses et complémentaires, correspondant à l'état sanitaire du porteur, sera un élément efficace de prévention.

Boucles et anneaux d'oreilles

Les classiques boucles d'oreille, comme les nouveaux bijoux nés de la mode du « piercing » peuvent avoir un effet thérapeutique. On peut cumuler les effets de la lithothérapie à ceux de l'auriculothérapie : l'oreille présentant des zones correspondant à celles du corps humain en réduction. On se référera aux ouvrages d'auriculothérapie afin de trouver son « équation personnelle » entre pierre, zone auriculaire et jeu de vibration. Attention cependant aux lésions trop nombreuses du cartilage.

Autres piercings

Le nombril, les mamelons, la zone génitale, sont des parties signifiantes du corps humain. Les médecines tribales traditionnelles utilisaient les scarifications comme « porte-bonheur » ou thérapie préventive.

Les bijoux portés à ces endroits ne représentaient *jamais* un souci purement esthétique. D'une façon magique ou médicale, ils complétaient la simple ornementation. On peut y voir une correspondance avec l'acupuncture. La recherche, à propos du piercing demeure balbutiante. À condition qu'il soit pratiqué dans de bonnes conditions d'hygiène, le piercing peut certainement constituer un système thérapeutique préventif ou curatif. Il est encore trop tôt pour en établir précisément les modes d'administration et d'usage.

Bagues

Une bague portée à *l'auriculaire gauche* irradiera son potentiel énergétique le long du bras, pour ensuite « cibler » le système rhinopharyngé, nez, gorge, oreilles ainsi que tout ce qui concerne le souffle, les bronches, les poumons.

À *l'annulaire*, les effets se répartiront vers les ouvertures du corps, muscles circulaires dits aussi sphincters. L*e majeur* est le support idéal d'une pierre concernant le système cardio-vasculaire (rhodochrosite, quartz rose, topaze, émeraude, agate, etc.). Une bague portée à *l'index* agira directement sur les problèmes mentaux ou psychologiques, de la dépression à la névrose, de la colère à l'abattement. L*e pouce* est directement lié aux fonctions reproductrices et à la sexualité. Les effets seront à la fois différents et complémentaires sur la main droite. Ainsi, une pierre portée à *l'auriculaire droit* aidera à l'irrigation du cerveau, à la clarté de la pensée, en soignant par exemple, la confusion mentale, les pertes de mémoire. Une bague ornant *l'annulaire droit* fortifiera l'oreille interne, le sens de l'équilibre, mais aussi la réceptivité aux stimuli sensoriels extérieurs :

la vue, l'ouïe, le toucher, l'odorat, le goût. L*e majeur* droit concerne les maladies de peau, des ongles et des cheveux. L'*index* se rapporte au réseau lymphatique et les problèmes infectieux. Enfin, le pouce concerne la digestion dans son ensemble, l'enrichissement du sang par l'action des viscères.

Bracelets, chaînes de poignet ornés de pierres

On connaît les effets des bracelets de cuivre, de laiton, d'acier, d'or, d'argent. On peut les cumuler avec ceux des pierres. Le rayonnement de la pierre accompagnera celui du métal le long des voies énergétiques, méridiens...

Broches

Certaines pierres, comme l'ambre ou les perles, peuvent se ternir au contact de certaines peaux. D'autres se dissolvent sous l'action de la transpiration. Or, ce sont parfois des pierres fort efficaces pour telle ou telle affection. On les portera donc en broches ou en « pin's » tout en sachant que l'effet en sera moins probant. On corrigera ce manque en appliquant les pierres spécifiques durant vingt minutes sur les zones concernées ou sur les chakras correspondants. Ainsi n'auront-elles pas le temps de ternir ou de se déliter. Le reste du temps, on continuera à porter une broche ou tout autre ornement ne se trouvant pas en contact direct avec la peau.

Les boules de pierres

Les boules de pierres sont domestiques et ne devraient pas quitter l'habitation. Elles assainissent les locaux. Ce sont des protectrices tutélaires qui veillent sur le bien-être intérieur, sur la famille, sur ceux que l'on aime. Elles n'en sont pas moins puissantes. D'autres doivent être utilisées avec précaution. Il vaut mieux ne pas laisser un enfant jouer avec une boule de pierre. En cas d'attirance forte, on la lui montrera, on la touchera, on la caressera avec lui tout en expliquant en termes précis quels sont ses pouvoirs.

Boule de calcite orange

Les troubles mentaux, les défaillances de l'équilibre psychique ne lui résistent pas. On dirait qu'elle les dévore, les annihile. Cette boule accélère les guérisons, écourte les convalescences. Placée auprès du lit d'un malade, elle apporte une ambiance à la fois douce et joyeuse, énergique et sereine qui apaise autant qu'elle tonifie.

Boule de cristal

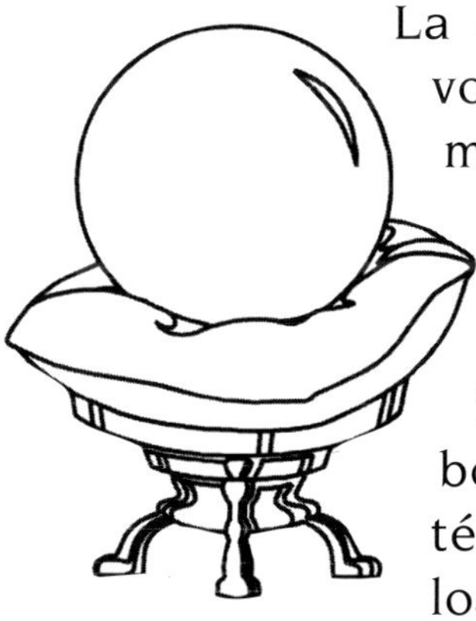

La classique « boule de cristal » de la voyante, de la sorcière, est généralement fabriquée en verre au plomb. Il est très rare qu'elle soit polie à partir d'un cristal de roche naturel. Son prix en serait inabordable. De toute façon, on ne « voit » pas dans une boule de cristal comme sur l'écran d'un téléviseur. Le cristal sert au fin psychologue qu'est toujours un voyant, à fixer sa méditation, sa réflexion, comme son analyse. La boule de cristal peut aussi nous servir de miroir intérieur. Elle agit comme un amplificateur de nos ondes psychiques. Méditer en la regardant, s'y perdre, nous permet de mieux nous connaître. La rotondité de l'objet représente le monde que nous sommes en nous-mêmes. Notre réflexion nous rééquilibrera et sera propice à toute guérison éventuelle.

Boule d'hématite

Beauté sombre et puissante d'une pierre de fer ! Quelle force ! La lourdeur de l'objet nous rassure et nous inquiète en même temps. Il y a quelque chose de fauve derrière cette minéralité apparemment toute métallique. Quelque chose d'âpre aussi. Cette pierre renforce la volonté jusqu'à l'acharnement. Elle nous aide à tenir bon malgré les coups, les contrariétés. Elle nous permet de résister au découragement. Elle nous aide à serrer les dents, à maintenir notre cap envers et contre tout. Certes, cette obstination peut aller jusqu'à l'entêtement stupide. On n'en abusera donc pas.

Miroir déformant, la boule d'hématite nous permet de nous voir en anamorphose. Selon la distance et notre orientation, nous découvrirons tel ou tel aspect amplifié, « déroulé » de notre visage. Il convient de s'y arrêter, d'essayer de comprendre l'interaction entre la forme de notre menton, de nos oreilles, etc., et cette déformation régulière. En l'analysant bien, on est susceptible de découvrir certains de nos talents cachés, certaines vérités intimes tapies depuis des lustres tout au fond de notre être. La boule d'hématite reflète, amplifie et nous redistribue notre énergie psychique.

Boule de jade

Elle paraît presque timide, trop gracieuse, trop délicate. Pourtant, la boule de jade vert possède une puissante personnalité. Elle agit calmement en neutralisant les influences mauvaises, les vibrations dangereuses.

Il faut aimer la toucher, la caresser : elle s'épanouit alors et exhale son aura comme un parfum précieux. On ressent dans son corps une sorte de plénitude bienheureuse. On a envie de répandre le bien. On se sent grandi, plein de compassion ou de sollicitude.

C'est le moment de prendre une décision qui nous tient à cœur. Malgré sa douceur apparente, la boule de jade est l'une des rares boules de pierre à pouvoir contrecarrer la puissance parfois dévastatrice de la boule d'obsidienne.

Si l'on se sent trop choqué par cette dernière, on touchera une boule de jade, après avoir rangé celle d'obsidienne. Il vaut mieux ne pas les mettre en présence l'une de l'autre : ça ferait des étincelles ! Et, lentement, l'influence du jade proposera son tendre apaisement.

Boule de jaspe

Les pieds sur terre... Le jaspe propose un « bon sens » à l'allure paysanne, parfois limité, mais toujours bienfaisant. Elle amenuise les tendances délirantes, évite de construire des châteaux en Espagne et de se laisser berner par tel ou tel beau parleur. C'eût été la pierre idéale pour le corbeau de la fable. Au lieu de se laisser charmer par la flatterie, il aurait éprouvé un solide sens des réalités qui aurait laissé le renard sur sa faim. Selon notre tendance à nous éloigner des réalités tangibles, on choisira le jaspe vert, qui annihile les illusions d'ores et déjà perdues. Le rouge sera plus énergique, mais risquera de nous faire chuter dans un matérialisme grossier. L'héliotrope peut représenter l'équilibre idéal lorsqu'on souffre en plus d'asthénie, de découragement chronique.

Boule de lapis-lazuli

La beauté parfaite, l'harmonie née de la rencontre entre la forme et la couleur produisent un effet d'équilibre, d'harmonie qu'on ne se lasse pas d'admirer. Les radiations de la boule de lapis-lazuli ressemblent, en plus puissant, à celles de la sodalite. Mais elles présentent une qualité inimitable, un je-ne-sais-quoi poétique, mais actif, engendrant un calme, une paix intérieure propice à l'action positive réfléchie, menée à bien, réussie. Cet équilibre est propice aux relations harmonieuses, à l'amitié, à l'amour. Elle nous aide à mériter l'affection de nos proches et à raffermir nos sentiments.

Boule d'obsidienne

Étrange pierre que l'obsidienne. Il faut la manier avec précaution. Sa beauté peut devenir vénéneuse. Elle peut agir comme une drogue, un psychotrope contre-indiqué.

Elle nous met face à face avec les vérités intérieures les plus obscures, nos démons les plus refoulés. Elle chamboule tout. Et nous voici plongés dans la nuit de nos angoisses les plus anciennes, de nos hantises datant parfois même d'avant la naissance. C'est un choc.

On le ressent, on en reste abasourdi. La boule nous a secoués, ce qui peut être bénéfique, mais qui peut aussi nous choquer violemment, profondément, nous conduire à un état de dégoût de soi-même, au désespoir, à la mélancolie. Attention, donc. C'est le grand nettoyage.

À condition de tenir le choc, d'accepter la remise en question d'une existence entière, on peut utiliser la boule d'obsidienne. On ne l'exposera pas. On la rangera dans un placard, recouverte d'un linge fait de fibres naturelles.

On la consultera de temps à autre pour recevoir un « traitement de choc » éprouvant, mais salutaire, si nous sommes aptes à le supporter.

De toute façon, il ne faudra pas rencontrer la boule d'obsidienne plus d'une fois par trimestre. L'équilibre psychique est en jeu.

À condition qu'on le supporte, ce face-à-face est extrêmement bénéfique. S'il peut conduire les esprits mal assurés à certains troubles mentaux, il élèvera les gens jouissant d'une mentalité positive et généreuse vers les grandes réalisations, voire vers l'ascèse, la spiritualité ardente, et, pourquoi pas ? La sainteté.

Attention, il peut arriver qu'on laisse tout derrière soi, qu'on parte pour une quête mystique en abandonnant ses proches ou qu'on se lance dans une passion amoureuse profonde mais brûlante.

Boule de quartz

Le quartz vert en forme de boule, symbolise l'espérance raisonnée. Elle n'est pas l'objet propitiatoire des projets à mener à bien. Elle agit plutôt à des fins de « postproduction ». En effet, elle aide à mettre en valeur le travail accompli. C'est une « publicitaire », une « attachée de presse » fort efficace.

La boule de quartz rose est à la fois énergétique et intime. C'est un symbole de tendresse, d'amour sensuel. Elle excite la créativité avant l'action. Aussi favorise-t-elle la réflexion, la méditation, en évitant les fausses bonnes idées, les aventures hasardeuses. Comme toute boule de pierre, elle représente celui qui la contemple, qui l'apprécie, qui l'aime. Elle l'aidera à renforcer son estime de lui-même et son ouverture aux idées d'autrui.

Boule de sodalite

La boule de sodalite corrige l'agressivité envers autrui comme envers soi-même. Elle peut amoindrir de profondes tendances au sadisme ou au masochisme. Sa puissante vibration évitera que s'exprime une trop grande tendance à l'autojustification.

Une aura de paix émane de cette boule. Elle permet d'ouvrir le troisième œil. On peut rouler une boule sur l'Ajna chakra, celui du front. Immédiatement, nous nous sentons plus léger, plus libre, plus souriant. Cette boule de pierre nous incite à des pensées profondes, et invite à la spiritualité. Elle renforce la concentration, favorise la méditation.

Il existe, bien entendu, beaucoup d'autres boules de pierres tandis qu'on peut en créer de nouvelles. La familiarité avec les minéraux nous permettra, jointe à l'étude rationnelle d'en déterminer les propriétés.

Pierres en forme de poire

La poire, en Chine, est associée à la mort, car la fleur du poirier est blanche, couleur de deuil dans cette civilisation. Le poirier est, en Occident, l'un des arbres qui représente la nature et l'humain : c'est un bois suffisamment dur pour avoir été utilisé en gravure depuis des siècles. Ces blessures du poirier, comme sa fonction de représenter la vie, rejaillissent sur la poire nourricière. Une pierre taillée en forme de poire possède les qualités d'une boule faite du même minéral, en atténué, mais avec, en plus, une sorte de propension à nous faire prendre conscience de notre fragilité, de la fugacité de l'existence et des aléas du destin.

Poire de jade

Espoir et destin. Cette poire nous invite à mettre de l'ordre dans notre vie. En méditant avec elle, on retrouve les raisons de vieilles animosités et le moyen de les faire cesser. Elle permet de renouer avec des familiers perdus de vue et de se comprendre autant qu'on les comprendra.

Poire de jais

Le noir profond du minéral ne doit pas nous tromper : le jais, associé à cette forme rend joyeux. Le noir prend en nous une vibration particulière faite d'allégresse parfois tumultueuse. En appliquant le petit bout de la poire sur la poitrine, on ressentira une forte envie de « faire la fête », même si l'on se sentait déprimé auparavant. Ce sera la porte ouverte à bien des excès.

Attention au foie et au cœur ! Il est probable qu'on subira ensuite quelques problèmes de digestion et des céphalées. Les pierres sont là pour atténuer les effets de cette intoxication alcoolique consécutive à l'amusement. Il ne faut tout de même pas abuser de cette particularité de la poire de jais.

Poire de sodalite

On appliquera le petit bout sur le front avant d'inspirer profondément. On retiendra son souffle durant une dizaine de secondes avant de le relâcher lentement. Un nouvel espace s'ouvrira en nous, tandis que nous verrons enfin nos possibilités, nos talents réels.

Œufs de pierre

L'œuf symbolise évidemment la naissance autant que la gestation. Il consiste en de la vie orientée : le gros bout représente l'origine, le petit symbolise la direction, le destin, le cheminement, l'orientation. Un procédé de tirage au sort consistait à poser un œuf couché sur une table, autour de laquelle s'asseyaient plusieurs personnes, à le faire tourner : le petit bout désignait celui qui allait mourir, le gros bout celui qui vivrait le plus longtemps.

On ne peut pas casser un œuf en appuyant sur ses extrémités : tant qu'elles sont alignées, l'œuf demeure solide...

L'œuf de pierre représente l'œuf muni des qualités minérales. Au calcaire, dont est faite la coquille d'œuf d'oiseau, répond la pierre symboliquement choisie pour en créer la représentation. Il s'agit d'un transfert d'énergie vitale en électromagnétisme.

L'énergie de l'œuf s'oriente vers une direction unique. On touchera, avec le petit bout, le point corporel atteint de maladie, ou la zone douloureuse. L'action sera rapide, précise, quasi immédiate.

Œuf de calcite orange

En plus des indications habituelles de la calcite, cet œuf pointera directement la mauvaise humeur, la rage impuissante du malade, sa dépression, ses hantises mortifères.

Œuf de cristal de roche

Il concentre les qualités de ce minéral. Reportez-vous à la pierre correspondante.

Œuf de quartz rose

Il adoucit les mœurs, tempère les caractères acariâtres, réduit les tendances maladives à la dérision, si fréquentes aujourd'hui. Il calme les « raisonneurs » aux arguments fallacieux.

Œuf d'hématite

Il modifie profondément les problèmes de caractère. Il calme le colérique et décourage le médisant, le calomniateur maladif comme celui qui se méprise lui-même.

APPLICATION DES PIERRES SUR LE CORPS

Contre-indications

IL convient aussi de prévenir contre la mauvaise utilisation des pierres. En effet, le seul souci esthétique peut nous conduire à choisir un minéral qui ne nous correspond pas, qui va à l'encontre de notre état de santé.

Une pierre tonique, portée par un hyperactif obsessionnel, pourra augmenter son agitation compulsive. Ou encore le calmer, selon le mode d'application. Il convient donc de ne pas agir à la légère. Certes, il est rare que des effets vraiment néfastes se manifestent.

Cependant, des états de tristesse, de haine, de dégoût de soi, peuvent provenir du port d'une pierre contre-indiquée.

Le cas le plus classique est celui de l'hypertendu. L'hypertension touche souvent des personnes à caractère généreux, expansif, énergique. Cette disposition affective les prédispose à apprécier les pierres rouges à l'éclat puissant, agrémentées de montures d'or.

Hélas, c'est exactement le type de pierres et de métal qui ne leur correspondent pas ! L'hypertension sera même aggravée par leur présence. Bien souvent, il suffit de cesser de les arborer pour que la tension baisse sensiblement.

Dans certains cas d'insuffisance cardiaque, cela suffit pour diviser par deux la dose de médicaments nécessaires. Alors, on conçoit aisément que le remplacement des bijoux rouge et or, rubis, grenat, etc. par des pierres bleu vert ou vertes ne puisse qu'aider au soulagement des troubles.

La rhodochrosite, la chrysocolle, la chrysoprase, l'hématite, l'agate, la belle topaze bleue, l'azurite, l'émeraude, le rare mais superbe grenat vert mettront l'hypertendu sur la voie de la guérison. Il conviendra de choisir des montures d'argent, de titane ou de platine plutôt que d'or, fût-il blanc.

Certaines personnes, d'autre part, sont comme systématiquement attirées par les pierres ne leur correspondant pas.

Dans ce cas, il faut absolument s'interroger à propos de son rapport avec la nature, avec le temps, l'histoire (son histoire personnelle par rapport aux événements subis), ses peurs et ses phobies. Ce peut être le signe d'un trouble de la personnalité, d'une névrose à tendance masochiste ou sadique légère, d'un état de choc ou de deuil, d'un traumatisme subi durant l'enfance et dont on ne se souvient pas consciemment. En général, l'origine de cette attirance n'est pas difficile à découvrir et l'on peut, de toute façon, se soigner par les pierres qu'on apprécie peu et qu'on finira par aimer. Surtout après avoir constaté leur efficacité.

Après tout, n'avons-nous pas ingurgité des médicaments amers, au goût épouvantable et qui furent bénéfiques pour telle ou telle affection ?

Les « teintures » et élixirs

L'ancienne médecine proposait de nombreuses préparations à base de minéraux. Le « vinaigre perlé » qu'utilisait, selon la légende, Cléopâtre, consistait en la dissolution de perles dans le vinaigre. Ce remède, peu engageant, possède certainement les vertus des perles et soigne, particulièrement les troubles du cycle féminin dont souffrait l'Impératrice d'Égypte. Cependant, c'est au prix de gastrites graves, de brûlures d'estomac, voire d'ulcère.

La célèbre « eau-de-vie de Dantzig », chère aux soldats du XVIIIe s. et qu'on trouve encore en Pologne, contient des paillettes d'or. Ce métal possède une efficacité sous forme de préparations pharmaceutiques, comme bien d'autres oligo-éléments. Cependant, il semble bien que les braves militaires de Frédéric II appréciaient bien plus l'alcool en question que ses qualités curatives. Et certes, la vision des paillettes d'or brillantes agitées dans le liquide constituait un spectacle réjouissant, propre à inspirer les rêveries imbibées. On a ainsi fabriqué des eaux-de-vie à la pyrite, à l'argent, etc. Hélas, les inconvénients de l'alcool annihilent les effets bénéfiques des minéraux.

En revanche, la simple « teinture » que tout un chacun peut fabriquer propose des effets plus convaincants. C'est l'une des meilleures façons de se soigner par la lithothérapie. Il suffit de laisser une pierre tremper durant une nuit dans un bol d'eau. La réceptivité de l'eau emmagasine les propriétés vibratoires et magnétiques de la pierre. En la buvant au matin, on se régénère, on se fortifie ou l'on se guérit, selon le cas. On obtient des effets à long terme en exposant l'eau contenant la pierre à la lumière lunaire, spécialement durant les nuits de pleine lune.

Les effets « coup de fouet », toniques, spectaculaires, mais moins durables s'obtiennent en exposant le bol ou le verre au soleil durant sept heures. L'alliance des deux procédés donne de très bons résultats.

On ne mélangera jamais ces deux eaux, ni deux teintures préparées avec des pierres différentes. Il va sans dire que les pierres seront parfaitement propres et bien entretenues (voir le chapitre « entretien des pierres »). Certaines pierres, les plus claires, transparentes et translucides, se prêtent particulièrement bien à cet usage.

On aura soin de ne pas se servir d'une eau minérale. Les dissolutions naturelles de pierres et métaux risqueraient de contrarier l'effet de la pierre qu'on y plonge. Ces eaux constituent un traitement à part entière et ne doivent être absorbées qu'en tant qu'elles-mêmes et pour leurs vertus thérapeutiques intrinsèques. Pour ce qui nous occupe, il vaut mieux adopter une eau distillée, déminéralisée pour laisser s'exprimer les vertus vibratoires de chaque pierre sans dénaturer ce qu'on peut appeler sa « personnalité ».

Dans le même ordre d'idées, il existe des coupes taillées dans diverses pierres, comme, par exemple, l'albâtre qui permettent un traitement facile à mettre en œuvre. Il faut cependant prendre garde : la pierre est souvent colorée artificiellement. Quant à la fameuse « coupe d'améthyste » des légendes, elle serait malheureusement fort coûteuse et demanderait une pierre d'une taille et d'un poids aussi considérables que rares.

Rappelons pour mémoire que la plupart des plantes utilisées pour les tisanes, infusions et décoctions contiennent des oligo-éléments, minéraux et métaux qui participent de leur efficacité. On aura donc soin de les préparer avec une eau neutre.

Application des pierres sur le corps

Le plus simple traitement consiste à masser un point douloureux ou malade à l'aide d'une pierre polie. Les lithothérapeutes suivent les méridiens et stimulent ainsi les points d'acupuncture. (voir page 376)

Le profane peut tout simplement se contenter de poser la pierre correspondant à son mal à l'endroit concerné : sur l'abdomen, par exemple pour les troubles hépatiques, etc.

Une variante est de « piquer » légèrement le point à traiter avec une pointe naturelle ou taillée de telle ou telle pierre. L'énergie ainsi dirigée attaquera directement le trouble que l'on veut soigner.

Dans certains cas, on se trouvera bien de garder la pierre fixée à la peau par un morceau de sparadrap. On tâchera de trouver un sparadrap tissé de fibres naturelles car certains tissus synthétiques se chargent d'électricité statique susceptible de contrecarrer le potentiel curatif des pierres. Cette méthode peut très bien concerner les chakras.

Application des pierres sur les chakras

On trouvera au chapitre concernant les chakras le mode d'utilisation des pierres en relation avec ces centres d'énergie disséminés le long du corps.

On mettra la pierre en contact avec le chakra concerné. On la gardera fixée avec un sparadrap ou on pratiquera un massage. On peut aussi cumuler les effets de la pierre, de sa couleur et de la lumière. Ainsi, une pierre transparente ou translucide sera utilisée comme une loupe pour diriger la lumière du soleil sur tel ou tel chakra. Attention cependant, aux risques de brûlure. On peut aussi, afin de bien concentrer le rayon lumineux, utiliser une lampe à lumière orientée, une torche, par exemple, ou un projecteur de moyenne puissance.

Effets paradoxaux

L'aspect dépuratif des pierres peut occasionner des « décharges » toxiques. Elles peuvent se manifester sous la forme de rougeurs cutanées, sans gravité, qui disparaîtront rapidement. Parfois, de légères nausées ou des sensations de vertige nous feront douter de l'efficacité de la lithothérapie. Il s'agit, au contraire, d'une manifestation de sa puissance. Cet effet est comparable à celui de quelques remèdes homéopathiques qui semblent tout d'abord accentuer les symptômes au lieu de les soigner. C'est le signe d'une saine réceptivité de l'organisme tout en constituant un garant de la réussite de la cure. Cette réaction est nécessaire dans beaucoup de cas et prépare le terrain à des réactions plus profondes, constructives et curatives. La guérison est un « dialogue » entre l'énergie minérale et l'organisme. Ils doivent, tout d'abord, apprendre à se connaître l'un l'autre pour équilibrer leurs vibrations, leurs champs électromagnétiques un peu comme s'accordent deux instruments de musique. Car il s'agit véritablement d'harmonie. La santé est un équilibre, c'est-à-dire une stabilité due aux poussées à la fois contradictoires et complémentaires de différentes forces. Une bicyclette immobile tombe. De même, une sorte de collaboration de divers mouvements constants, de vibrations de nos atomes, permet d'instaurer notre stabilité toujours fragile. L'esprit, comme la matière, ne peut être immobile qu'apparemment.

Entretien des pierres

Contre-indications et conseils pratiques de nettoyage

LES pierres sont des êtres chargés d'énergie. Il n'existe pas de matière inerte. Chaque chose existante vit son histoire, évolue. Pour que ce processus se déroule harmonieusement, il est nécessaire de respecter les lois naturelles et de se sentir en communion avec l'univers.

Les pierres demandent des soins, du respect, de la sollicitude, voire même de l'affection. Elles nous complètent et un dialogue énergétique s'instaure entre elles et nous. Cet attachement, ou cette familiarité complémentaire entre l'humain et le minéral est un échange.

L'évidence veut qu'on nettoie une pierre ternie ou souillée. L'esthétique veut aussi qu'on la fasse briller. Certains utilisent des produits plus ou moins détergents ou du savon pour laver les pierres. Ce n'est pas un bon procédé : ces substances pénètrent dans les pores minéraux et peuvent contrarier l'orientation des vibrations. De même, l'usage de cires, fussent-elles naturelles pour redonner de l'éclat à un minéral est fortement contre-indiqué.

Les procédés à base de sel, de vinaigre, de vin vieux ou de cidre constituent de véritables agressions. Il arrive que la pierre ne s'en remette pas et ternisse irrévocablement. Il en est de même quant à l'usage de produits à vitres ou destinés à l'entretien des lavabos ou au polissage des couverts en argent que certains préconisent. Cette hygiène prétendue n'est qu'un manque de respect ou, au mieux, une sollicitude mal à propos. Les pierres n'ont besoin que d'une certaine tendresse aidée de substances naturelles, élémentaires : l'eau et la patience de la caresse. Le mieux est d'utiliser de l'eau pure, puis un chiffon de coton ou de lin fin dont on frottera délicatement la surface ternie. La pierre brillera par elle-même de ses propres feux, elle s'épanouira en retrouvant sa beauté primordiale. S'il arrive qu'une pierre soit malencontreusement mise en contact avec une substance grasse (huile, sécrétions sébacées, produit de maquillage, etc.), on commencera par l'essuyer délicatement. Ensuite, on la saupoudrera de talc non parfumé ou de terre de Sommières. La sciure fine de hêtre, utilisée par les horlogers produit aussi de bons effets. Ces poudres absorbantes « aspireront » les matières grasses qui auront imprégné la pierre et lui redonneront à la fois son lustre et sa puissance vibratoire. On tentera le même procédé en cas de taches. Hélas, elles ne disparaissent pas toujours facilement sur les minéraux les plus poreux. Cependant, une poudre absorbante naturelle atténuera la salissure. Il est rare qu'une pierre tachée perde ses qualités.

Comment recharger une pierre

La pierre, après de nombreuses utilisations semble se fatiguer, devenir poussive. En même temps, elle devient terne et son toucher nous paraît moins agréable. Lorsqu'on tente de l'utiliser pour soigner une douleur, rien ne se passe. Pire : on ressent une lassitude pesante. Il est temps d'agir.

PROCÉDÉ DES AIGUILLES AIMANTÉES

Après avoir lavé la pierre à l'eau et l'avoir essuyée, on la placera sur une surface neutre, table de bois, ou nappe de tissu naturel. On se munira ensuite d'une douzaine d'épingles ayant longuement reposé sur un aimant, telle qu'on les trouve dans n'importe quel nécessaire de couture. On disposera les épingles autour de la pierre, pointes vers elle, comme s'il s'agissait des chiffres d'une horloge, assez loin les unes des autres pour que leurs aimantations ne les empêchent pas de demeurer en place. On attendra une vingtaine de minutes. Après quoi, la pierre aura « répondu » à la stimulation des forces magnétiques agissant dans tous les sens en réactivant ses propres vibrations. Ce procédé, certes rapide, n'en reste pas moins brutal. Il recharge vite la pierre, mais elle se déchargera d'autant plus rapidement mais jamais entièrement ce qui occasionnera une sorte d'engorgement des ondes rendant son action poussive et peu probante. De plus, la pierre ternira. Néanmoins, en cas de douleur vive (abcès dentaire, zona), en cas d'urgence, on pourra y avoir recours, à condition de décharger ensuite la pierre (voir ci-dessous), pour la recharger par des moyens plus doux. Ce procédé ne fonctionne pas avec la magnétite, la magnésie, la pyrite et l'hématite.

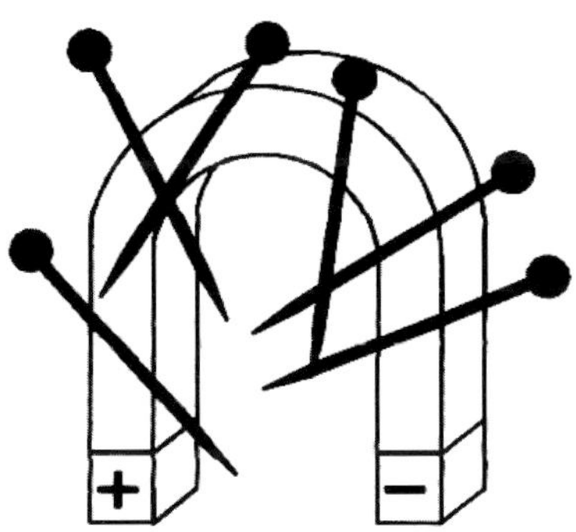

L'aimant charge les épingles

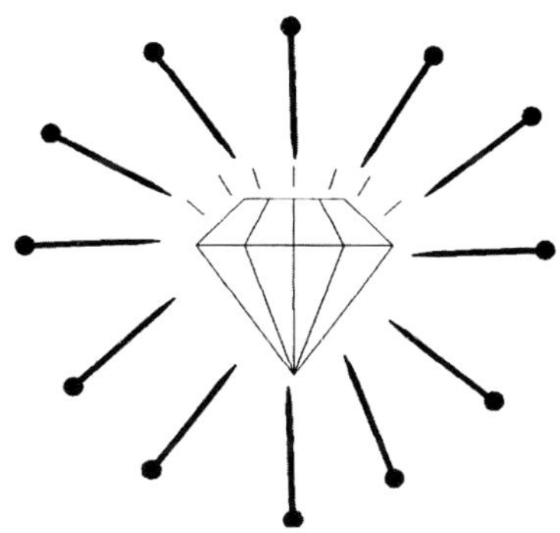
Les épingles aimantées chargent la pierre

La limaille de fer

Nous ne citerons que pour mémoire le procédé barbare qui consiste à enfouir la pierre dans de la limaille de fer magnétisée. C'est le meilleur moyen de « tuer » une pierre à court terme. Cette immersion dans le magnétisme l'épuise et, au bout de deux ou trois fois, elle perd tout son pouvoir curatif et devient inerte.

Recharge par les éléments

C'est, de loin, le meilleur procédé. Il garantit une revitalisation optimale et ne présente aucun danger.

Pour les pierres transparentes, il suffira de les exposer au soleil durant une journée. On évitera un soleil trop brillant et l'on pourra interrompre cette exposition entre onze heures et treize heures (heure solaire) afin que la puissance lumineuse ne blesse pas la pierre, ne la ternisse pas. Ou alors, on la recouvrira d'un mouchoir de coton blanc. On agira toujours ainsi pour les pierres contenant du magnésium (améthyste, par exemple). Le soleil peut pâlir leurs teintes.

Les pierres translucides et les pierres opaques de couleur bleue et verte seront exposées durant une nuit de pleine lune. Les radiations de cette lumière froide réactiveront celles du minéral qui retrouvera sa puissance initiale.

Toutes les pierres opaques peuvent être rechargées par « mûrissement tellurique ». En termes plus simples, on les enveloppera dans un linge de coton avant de les enterrer dans un jardin ou dans un pot de fleur (éviter ceux dans lesquels vivent des cactées ou des plantes grasses). On les laissera ainsi se régénérer durant une nuit. La tradition veut que les pierres ainsi enfouies « revivent leur histoire ».

La pyramide

La pyramide est un volume géométrique aux propriétés mystérieuses. On sait qu'une lame de rasoir s'affûte d'elle-même si on la laisse durant une nuit de pleine lune sous une pyramide creuse. Des fruits placés sous une pyramide de grillage se corrompent beaucoup plus lentement qu'à l'ordinaire. Le lait caille moins vite et c'est pour cela que les premiers emballages cartonnés de cet aliment avaient la forme de « berlingots ». Le procédé U.H.T a rendu ce conditionnement caduc tandis que les « briques » sont plus faciles à stocker. On confectionnera donc une pyramide en carton léger. On peut, mais ce n'est pas obligatoire, peindre l'intérieur de cette pyramide avec une gouache de la couleur complémentaire à celle de la pierre. On orientera les faces de la base de la pyramide selon les points cardinaux. Il n'y aura plus qu'à laisser la pierre se recharger. Éviter absolument les papiers d'aluminium ou de tout autre métal : ils formeraient « cage de Faraday » et disperseraient toutes les forces magnétiques autour de la pyramide, sans qu'aucune n'y puisse pénétrer.

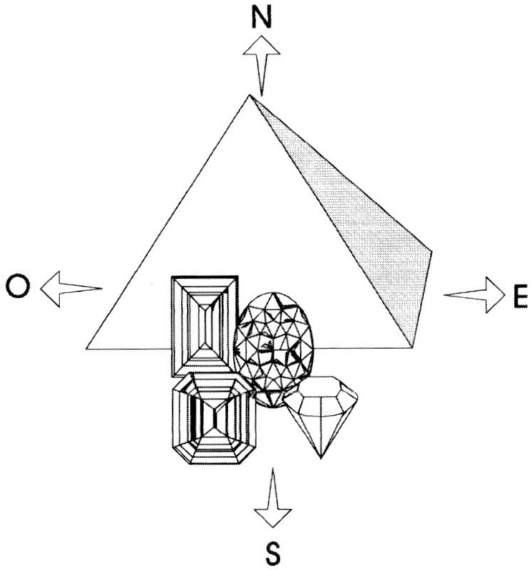

Les pierres placées sous la pyramide se rechargent

Le procédé de la macle

Les pierres peuvent se recharger par elles-mêmes. On placera une pierre à recharger près d'une macle (association de cristaux de même nature) n'ayant jamais servi à des fins curatives. Ce procédé peut aussi augmenter la puissance énergétique naturelle de la pierre. On placera un cristal de roche près d'une macle de cristal de roche, etc.

Le mieux serait de les enfermer ensemble dans un pot de terre avec couvercle. Une simple soupière fait très bien l'affaire. On les y laissera durant une nuit.

Le Gong énergétique

Il s'agit d'un petit instrument de musique que l'on se procure dans les magasins spécialisés dans l'ésotérisme ou chez les vendeurs d'instruments de musique. En exposant une pierre à ses vibrations sonores, on accorde ces dernières avec le rayonnement électromagnétique de la pierre. Il s'ensuit une stimulation mutuelle qui réactivera les forces minérales et revivifiera la pierre.

Comment décharger ou purifier une pierre

Il peut aussi arriver qu'une pierre soit trop « chargée ». À force d'avoir émis son rayonnement, elle se trouve comme embourbée dans un trop-plein d'énergies contradictoires mal orientées ou désorientées. Elle a accumulé le rayonnement négatif de nos ennuis de santé. Elle en est saturée. On a beau frotter la pierre avec un linge fin, elle ne retrouve pas son éclat. De plus, elle semble plus lourde, plus froide qu'elle ne l'est réellement. Puis, une fois dans la main, elle se réchauffe plus rapidement qu'à l'ordinaire.

Immersion ou « baptême »

On placera la pierre dans un bol de céramique empli d'eau déminéralisée. Le bol ne pourra en aucun cas se composer de métal, de matière plastique ou de pierre.

En revanche, une écuelle en bois permet un déchargement plus lent, mais parfois plus complet, selon l'essence (les bois durs sont les meilleurs). On laissera la pierre baigner ainsi durant deux jours. Ensuite, on l'essuiera scrupuleusement, avec douceur, à l'aide d'un chiffon non pelucheux, tissé en fibres naturelles.

Il arrive que la pierre « mousse, qu'il se produise une effervescence autour d'elle. Cette présence de bulles plus ou moins fines indique que la pierre a beaucoup « travaillé » et qu'il convient de la décharger plus longuement. On renouvellera l'eau jusqu'à ce qu'il n'y ait plus de bulles, puis on la laissera baigner durant une semaine ou l'on aura recours au procédé suivant.

Purification optimale

Il arrive que les pierres soient véritablement surchargées, saturées d'énergie négative. Ce sont les bijoux que l'on a portés, par exemple, durant une maladie grave nous affectant personnellement ou concernant un proche, d'une pierre portée avant un deuil. Il peut aussi s'agir d'une pierre chargée d'histoire.

On raconte encore la triste aventure d'un farouche sans-culotte qui vola la chevalière d'un aristocrate promis à la guillotine. Il porta cette bague ornée d'un très beau saphir taillé, comme le faisaient les habiles artisans de l'époque. Au bout de quelques jours, le pillard fut affligé d'intenses bourdonnements d'oreilles, de saignements de nez, de sudation surabondante, de vertiges et de troubles visuels graves. Ce fier gaillard, habitué aux proclamations tonitruantes, aux invectives comme aux insultes se mit à bégayer. De plus, il fut assailli de cauchemars nocturnes, et ses cheveux blanchirent en deux heures. Bientôt, des rides profondes creusèrent son front tandis qu'il commença à trembler, à délirer, à recevoir les atteintes de la sénescence, de la démence précoce. Son état ne provenait pas du remords : cet homme, profondément persuadé des bienfaits de la violence révolutionnaire était un fanatique sincère. Seulement, la pierre, chargée d'une aura négative, marquée par le deuil, la clandestinité, la proscription, la mort violente, produisait anarchiquement des effets symétriquement opposés à ses qualités intrinsèques habituelles.

Vraie ou fausse, cette histoire un peu trop belle pour être authentique, n'en présente pas moins un fond de vérité. Une pierre peu subir les événements, voire l'Histoire. Il faut donc l'en décharger d'une façon particulièrement scrupuleuse.

Voici comment faire :

Après avoir laissé tremper la pierre durant trois jours dans l'eau, on l'enfouira dans la terre. Attention : préférer un bol contenant du terreau plutôt qu'un pot dans lequel vit une plante. Cette dernière recevrait toute l'énergie négative contenue par la pierre, toutes les mauvaises radiations provenant de nos troubles et maladies.

On enveloppera les pierres tendres d'un linge fin en fibres naturelles pour ne pas les rayer. Au bout de trois jours, on déterrera la pierre. Ensuite, on la passera rapidement dans la flamme d'une bougie. Ce procédé ne convient pas à l'ambre qui risque de brûler : on préférera l'exposer, enveloppé d'un linge en fibres naturelles, au soleil déclinant. Jamais à midi !

On terminera par un « bain d'air » en plaçant la pierre dans un tube ouvert aux deux extrémités. On peut confectionner un tube de carton ou se servir d'un morceau de tuyau en PVC (matière inerte et pure, faite pour distribuer sainement l'eau).

On placera le tout à l'extérieur (appui de fenêtre, terrasse, jardin) en orientant l'une des extrémités du tube dans le sens du vent. Ainsi se formera-t-il un courant d'air à l'intérieur du tube, tandis que la pierre aura été purifiée par les quatre éléments. Il ne restera plus qu'à la recharger.

Le rangement des pierres

Qu'il s'agisse du coffre contenant un trésor de pirate comme on le voit au cinéma ou du plus modeste coffret à bijoux d'une femme élégante, l'aspect chatoyant de pierres mélangées brillant de mille feux, étincelant sous la lumière représente le plus mauvais moyen de rangement des minéraux.

Outre le fait qu'elles se rayent les unes les autres, nous sommes en présence d'un nombre impressionnant de rayonnements se contrariant les uns les autres et pouvant modifier durablement l'éclat, comme les vertus curatives de chacune des pierres.

On préférera les écrins individuels ou de simples boîtes dans lesquels on placera les pierres enveloppées, au préalable, dans un linge fin.

On peut, aussi, accrocher les colliers et les bracelets en prenant soin de laisser au moins cinq centimètres entre eux. Les bagues pourront être enfilées sur une tige de bois recouverte de velours naturel, à condition de laisser la même distance entre elles et de les grouper, si possible, par couleurs.

La main de bois, de porcelaine ou même de matière plastique est, certes, fort décorative. Elle n'en est pas moins fortement déconseillée.

Les « marottes » de bijoutier, sortes de tiroirs capitonnés de tissu doux sont idéales pour le rangement des bijoux. Il s'agit d'accessoires professionnels à la fabrication très soignée. Elles sont hélas coûteuses.

Les pierres dans la maison

Rayonnement bénéfique des pierres dans une maison

La présence de pierres à l'aura bienfaisante, en forme de boules, d'objets décoratifs ou d'œuvres d'art (sculptures) est on ne peut plus bienfaisante dans une habitation.

C'est une question, entre autres, de rayonnement, d'ondes électromagnétiques, d'aura. La pierre est, en effet le symbole même de l'habitation, de l'édifice.

S'il existe des maisons de bois, elles ne sont jamais exemptes d'éléments minéraux. De même, la maison minérale, de pierre ou de briques s'abrite grâce à une charpente de bois.

L'homme et la pierre

Il existe un rapport privilégié entre l'être humain et la pierre. Notre organisme, par ses os, ses dents, subsiste grâce à notre nature minérale soutenant la vivacité, le grouillement des organes. Et notre minéralité demeure plus longtemps que tout le reste lorsque le souffle vital s'est tari.

Si nos os soutiennent nos muscles, il convient de se souvenir que ce n'est pas leur seul rôle. Cette ossature, cette structure est aussi une antenne, le récepteur d'ondes multiples que l'univers nous envoie est l'émetteur de nos ondes personnelles. Nous sommes aussi des êtres électromagnétiques. La lithothérapie confirme ce fait. Mais, en dehors de la médecine, des soins, les pierres peuvent aussi nous côtoyer dans un rapport bénéfique, pour le bien-être autant que l'esthétique. Les Japonais, par exemple, organisent des « jardins minéraux » à des fins de contemplation. L'habitude, sous nos latitudes, est de posséder des œufs de jade, des coquillages à usage décoratif, voire – horrible usage – des cendriers taillés ou sculptés dans le marbre ou l'albâtre. Cette maltraitance de la pierre n'en dénote pas moins un goût pour sa beauté.

Maisons de pierre et pierres dans la maison

La pierre a longtemps été la maison, la demeure : les grottes préhistoriques furent le premier abri. Encore fallait-il qu'elles fussent hospitalières. Les archéologues ont découvert des grottes qui n'ont été habitées que durant une nuit : de mauvaises radiations expliquent cet abandon précoce. En revanche, d'autres servirent longtemps. Creusées par la nature dans des tufs, des grès plus hospitaliers, elles rayonnaient au mieux pour que la vie humaine s'y épanouisse.

De la pierre nous vient aussi le mot « perron ». La marche, le seuil de la maison était jadis baptisé : on y versait du vin, en récitant des incantations. La jeune mariée, pour mieux symboliser sa maîtrise des lieux n'y entrait pas à pied la première fois. Le mari devait la porter pour pénétrer dans le foyer. Ainsi, comme « née » ou « renée » dans son domaine, la femme ne pouvait ensuite qu'en sortir pour y entrer à nouveau. Cette familiarité entre la gouvernante du lieu, la Gardienne du feu et la pierre hospitalière d'une part, et la pierre d'entrée, d'autre part, est riche d'une symbolique inépuisable.

Pierre et sacré

D'abord, dans maintes civilisations anciennes, la pierre rejoignait le sacré : on en trouvait, sur les autels domestiques présents dans chaque habitation familiale, sculptées à l'effigie des grands ancêtres ou des dieux.

Le temple grec ou indien, l'église, la cathédrale chrétienne, entre autres lieux de culte sont bâtis de pierres. De nombreuses traditions et rituels sacrés sont nés de la présence des maçons, des architectes et maîtres d'œuvre.

Ces coutumes destinées à la « maison de Dieu » rejaillissaient parfois sur les constructions profanes. Ainsi « baptisait-on » ou consacrait-on les demeures récemment bâties. L'inauguration républicaine des édifices publics, en coupant un ruban ou en posant la première pierre, rappelle ces usages. L'édifice de pierre, abri, asile, a toujours un aspect qui nous relie aux forces cachées du monde. Le béton lui-même, fait de calcite, de silice, etc., conserve cette aura minérale.

Pierres d'usage quotidien

La pierre, comme outil, servant à affûter, à aiguiser les outils, les ustensiles culinaires, autant qu'à laver (pierre d'évier) ou à allumer le feu (silex) se trouvait ainsi omniprésente dans les nécessités de la vie.

Elle concernait les éléments primordiaux : l'eau, le feu. Cette présence nous manque aujourd'hui. Un des signes de ce manque est que nous n'hésitons pas à rapporter de vacances des galets ou autres cailloux. Les enfants, plus réceptifs aux ondes élémentaires, sont encore plus coutumiers du fait que les adultes. Nous sentons intuitivement, inconsciemment que nous manquons de présence minérale. Il convient, pour s'équilibrer, de la restaurer sous une forme plus adaptée à notre mode de vie autant que volontaire et raisonnée. Cette présence de la pierre deviendra donc à la fois esthétique et apaisante par son rayonnement. Certaines pierres conviennent plus particulièrement à telle ou telle pièce de l'habitation.

Cuisine	Entrée	Chambre
Agate bleue - corail jade	*Albâtre - cristal de roche jade - jaspe*	*Améthyste - grenat pierre de lune- sel gemme*
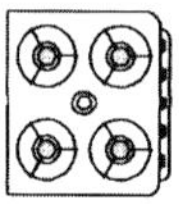	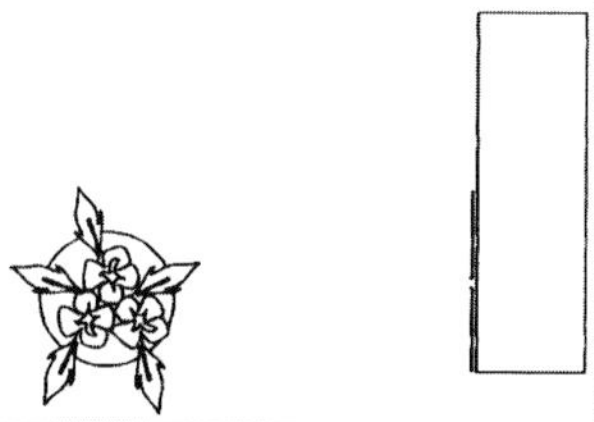	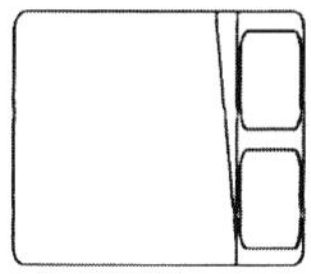
Salle à manger	Pièce à vivre	salle de bain
Agate rouge - corail topaze	*Amazonite - chrysolite chrysocolle*	*Albâtre - opale sel gemme*
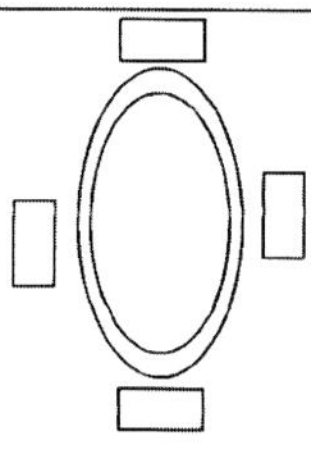	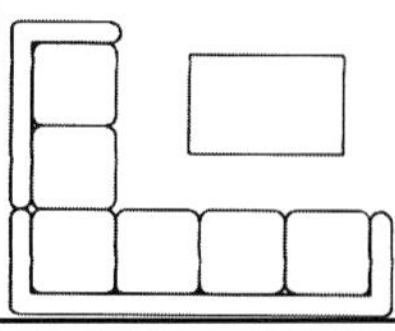	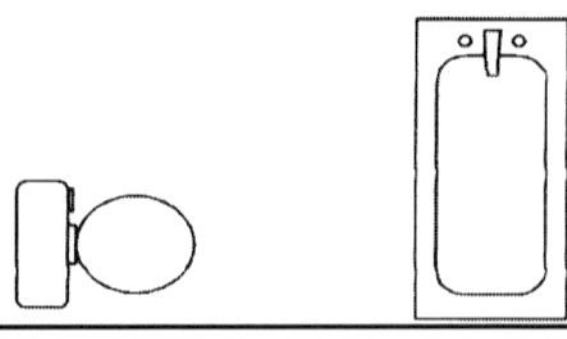

L'entrée

La fonction d'accueil d'une entrée sera renforcée par le jade, le jaspe et l'albâtre. Les anciens romains y plaçaient des mosaïques décoratives, faites de pierres diverses s'harmonisant avec le sujet de ces œuvres d'art, pour procurer une impression de bienvenue. Il sera pourtant judicieux de ne pas trop surcharger cette pièce de décorations ou d'accessoires. Une demeure se découvre au fil du parcours et c'est après l'entrée ou le vestibule qu'on s'y trouve vraiment. Il convient de garder à cette pièce son rôle de frontière, de passage, de transition entre l'extérieur, fût-il un palier, et l'intérieur personnalisé d'un domicile.

Pièces à vivre

Une pierre verte, comme le jade est idéale pour un salon, un living-room dont on voudrait fonder le caractère convivial, amical, chaleureux.

L'amazonite, fort apaisante, calme les esprits et peut éviter les conflits, les « prises de bec » suivant une conversation trop animée, ou encore trop arrosée. L'aura paisible de la chrysocolle, celle, plus vivace de la chrysolite contribueront à affirmer une atmosphère de bien-être.

Le bois silicifié s'accorde particulièrement avec les meubles anciens donnant au lieu une ambiance confortable que les Anglais qualifient de « cosy », adjectif qu'on ne saurait traduire d'une façon précise, mais qui désigne une douceur de vivre familière et joyeuse. Ces formations de silice dispersent les ondes négatives et dosent subtilement les ions négatifs. De plus, le bois silicifié, en compagnie du bois naturel ou vernis, atténue l'effet électrique des tissus synthétiques (moquettes, voilages, rideaux).

Certaines pierres jaunes ne sont pas pour autant contre-indiquées. Il existe des albâtres, des marbres et autres calcaires durs qui apportent à la fois le dynamisme sans excitation superfétatoire, l'optimisme et le sentiment de sécurité. On en ressent la chaleur et la quiétude autant que la vivacité apéritive. De plus, les vibrations émises par ces pierres découragent certains insectes. On peut, spécialement dans les régions ensoleillées, risquer le bleu, le beau bleu de l'azurite, celui, profond et dense de la célestine, par exemple. Couleur de la paix de l'âme, le bleu peut toutefois fatiguer, endormir. On l'emploiera donc en compagnie d'autres couleurs dans un salon ou un « vivoir ».

La salle à manger

En revanche, un peu plus de tonus serait nécessaire pour une salle à manger : la topaze excite le sens du goût, hélas son prix ne permet pas d'en faire un élément de décoration. En revanche, on en trouve des blocs impurs ou comprenant des failles inutilisables en bijouterie et qui pourront à la fois séduire l'œil et apporter une source de rayonnement électromagnétique bienfaisant.

N'oublions pas que le bois silicifié, le corail et le jade excitent l'appétit. C'est peut-être le moyen de ramener les adolescents mal nourris par les fast-foods à la table familiale. L'aura de ces pierres incite à s'asseoir, et à se laisser aller aux plaisirs de la table. Le rouge peut avoir le même effet. Couleur apéritive, elle décore d'ailleurs les restaurants rapides et autres endroits dans lesquels se réunissent les jeunes. Cependant, cette couleur peut énerver et orienter les convives vers des conversations vives, animées, tournant à la dispute. Les ondes du rouge demandent d'être tempérées par du vert : encore une fois, le jade peut ici exercer son rayonnement puissant tout autant que paisible.

La cuisine

Le jade apportera un peu de paix aux cuisinières anxieuses, toujours effrayées de rater un plat. Il en sera de même avec une pierre bleue.

Le corail, minéral énergétique, aide à mener à bien les diverses opérations culinaires dans la chaleur et, parfois, l'énervement.

Objet décoratif ou utilitaire, un mortier d'albâtre y trouvera sa place : l'effet légèrement euphorisant de cette pierre aidera à mieux cuisiner, à préparer des plats inventifs et goûteux.

N'oublions pas que les diverses pierres à aiguiser ou à affûter les couteaux possèdent, elles aussi, des vertus équilibrantes.

Ces minéraux ternes sur lesquels s'incrustent des traces d'acier, sont aussi des sources d'énergie tellurique positive.

La salle de bain

La salle de bain est l'endroit dans lequel on s'occupe de soi : l'albâtre, l'opale, toutes les pierres incitant au calme, à l'accès à sa propre vie intérieure, y sont les bienvenues. Se référer au tableau des correspondances spirituelles pour « personnaliser » son environnement minéral en ce lieu d'apaisement.

La pierre ponce produit un rayonnement à la fois doux et vivace qu'il ne faut pas négliger, en dehors de son utilité pour l'érosion douce des peaux désquamées.

La chambre à coucher

La chambre à coucher sera l'endroit idéal pour y placer de l'hématite brute, une belle pierre de soufre ou une lampe en cristal de sel gemme : ces pierres favorisant le sommeil.

La chrysocolle, le jade, la pierre de lune évitent les cauchemars. La pierre de soleil aussi, mais elle est peut-être trop tonique pour aider au repos.

La chambre d'un couple sera favorisée par ces pierres accompagnées d'amazonite, d'améthyste, de grenat, de tourmaline, de pyrite, de zircon et de toute la gamme des quartz qui prédisposent aux jeux de l'amour et stimulent la fonction érotique.

Correspondances des pierres avec les couleurs et les signes du zodiaque

Pierres et chromothérapie

Le langage des couleurs

RAYON porteur d'énergie, la couleur est utilisée comme pouvoir thérapeutique. À chaque pathologie correspondra donc une couleur particulière.

Le rayonnement de la lumière est plus ou moins bien absorbé par la matière. Le blanc renvoie tous les rayons tandis que le noir les absorbe en totalité.

Les couleurs intermédiaires absorbent certaines fréquences et en renvoient d'autres. Ces rayons lumineux correspondent à ceux du corps et vibrent ou non en harmonie avec lui. C'est l'harmonisation des fréquences, comme l'absorption des rayonnements néfastes, qui fondent principalement le pouvoir des minéraux.

Cependant, certaines radiations sont trop puissantes pour certains organismes. Aussi utilisera-t-on aussi des pierres d'une couleur complémentaire pour équilibrer ou tempérer un effet trop fort.

Les pierres rouges

Rubis, corail, grenat, etc. nous montrent des variations de couleur plus ou moins éclatante et correspondant à la quantité de vibrations absorbée.

Plus le rouge est foncé, plus la pierre est « chargée » de rayons. Cependant, les rubis clairs, une fois taillés, ajoutent à ces propriétés les qualités des rayons lumineux qui rebondissent au gré des facettes et se renforcent les unes les autres.

Le rouge, couleur du fluide vital évoque l'énergie. Les pierres rouges sont pleines de force réelle, matérielle. Cette couleur est celle du pouvoir, de la pourpre des nobles romains au simple feu rouge qui interdit absolument le passage des automobiles.

L'autorité du rouge est incontestable. C'est la couleur choisie pour exciter la rébellion des taureaux de combat, pour leur donner la volonté combative.

À des degrés divers, les pierres rouges soignent les déficits énergétiques, qu'il s'agisse de l'insuffisance du cœur ou des problèmes de souffle. Cependant, le caractère implacable du rouge peut angoisser.

Couleur complémentaire : bleu vert et vert.

Les pierres orange

Cornaline, pierre de feu, certains coraux. Chaleur, énergie active, silence positif, l'orange prédispose à l'action sans générer d'angoisse. Elle corrige le tempérament trop rêveur des distraits, de ceux qui sont toujours « dans la lune ».

Couleur complémentaire : bleu.

Les pierres jaunes

Ambre, topaze, citrine, etc. La lumière, le soleil... Le jaune représente la vitalité, la chaleur fondamentale. Il protège et sécurise. C'est une puissance très positive qui incite à la fois à l'action et à son complément, la méditation opératoire.

Couleur complémentaire : violet.

Les pierres jaune-vert

Aventurine, chrysoprase, jade pâle, etc. Le printemps, le renouveau végétal, la croissance des arbres et des plantes. C'est la couleur des prairies s'éveillant après l'hiver. Encore acide, l'énergie du bleu-vert prédispose aux guérisons rapides, aux préparations du terrain, à une action plus profonde, par exemple celle du vert profond.

Couleur complémentaire : mauve.

Les pierres vertes

Olivine, fluorite verte, malachite, émeraude. Fertilité, fécondité : couleur de l'équilibre naturel, le vert porte tous les espoirs. Il repose sans aliéner notre énergie.

Couleurs complémentaires : rouge, orange, selon l'intensité.

Les pierres couleur bleu-vert

Amazonite, chrysocolle, turquoise, aigue-marine. Cette couleur nous dirige avec une douce énergie vers l'équilibre des passions, des émotions. Elle incite à la concentration détendue et à l'accueil des autres. C'est une couleur d'amitié.

Couleur complémentaire : rouge.

Les pierres bleues

Lapis-lazuli, azurite, saphir, sodalite, etc. Couleur du ciel, certes, mais aussi des fleurs rares et qui sont censées activer la mémoire (myosotis signifie en grec : ne m'oublie pas).

Les radiations des pierres bleues fortifient l'intellect autant que l'esprit. L'élévation ainsi produite incite à la science, à la connaissance, et par voie de conséquence, à la paix.

Couleur complémentaire : orange.

Les pierres mauves et violettes

Améthyste, fluorite mauve. Couleurs de la spiritualité, de la religiosité efficace, le mauve et le violet ne diffèrent que par leur nombre de fréquences absorbées ou rejetées. Le violet propose une énergie plus pure, plus « ciblée » que le mauve qui donne une force plus diffuse.

Attention : cette couleur, en incitant au mysticisme peut nous faire glisser vers le fanatisme. Il peut être utile de porter en même temps une pierre de couleur complémentaire.

Couleur complémentaire : jaune.

Les pierres blanches ou transparentes

Albâtre, diamant, cristal de roche. Elles nous aident à retrouver notre vrai « moi » généralement empêtré par les attitudes de la vie courante. Cette clarté, parfois insoutenable, nous met face à nous-même et nous incline à nous juger sans aucune concession. C'est la pureté absolue.

Attention aux tendances à la « désincarnation », au mépris du corps et de la matière.

Couleurs complémentaires : toutes à des degrés divers, noir.

Les pierres noires

Onyx, jais, obsidienne. Elles représentent la Terre, sa force implacable, son aspect parfois inquiétant de feu qui couve et qu'on ne voit pas.

C'est un autre révélateur du moi profond. Mais la révélation qu'il propose de notre être peut mener à la morosité, à la dépression.

Couleur complémentaire : blanc.

Couleur principale et Couleur complémentaire

L'équilibre entre une pierre d'une couleur et une autre de son complémentaire permet de corriger non seulement les effets des pierres, mais aussi les excès de tempérament ou les problèmes de caractère du patient.

Nous avons vu que le blanc « désincarne » et peut conduire à un mysticisme glacé, peu soucieux de la vie matérielle. Une pierre rouge peut redonner au tempérament blanc la matérialité, la puissance naturelle, presque animale, manquante.

De même, le colérique à dominante rouge et dont le tempérament le rend insupportable à son entourage, à ses subordonnés, sera fort apaisé par le port d'une pierre bleu-vert, voire verte, selon l'importance du déséquilibre.

Dans les prisons américaines, on a repeint la plupart des murs en bleu, en bleu-vert, sur les conseils d'un psychiatre. Cette couleur a sensiblement amoindri le nombre des rixes et des bagarres hélas si fréquentes dans ces lieux pénitentiaires.

De même, dans les unités de soins destinées aux grands déprimés, aux alcooliques en cure, des murs peints en orange ont redonné un peu de joie de vivre à de malheureux malades prostrés, emprisonnés dans leurs mentalités closes et désespérées.

On portera une pierre de couleur complémentaire sensiblement plus petite que la pierre de couleur principale.

PIERRES ET ASTROLOGIE

Pierres et Signes du zodiaque

LA correspondance entre les pierres et les constellations est à la fois évidente et subtile. L'alliance, par exemple, du jaspe avec le Cancer « saute aux yeux » pour la plupart des astrologues.

Mais au-delà de cette affinité qui semble « aller de soi », on découvrira un plus fort degré de ressemblance entre la pierre et le signe pour peu qu'on veuille bien prendre le temps de méditer.

Un peu d'attention, de concentration, et nous découvrirons l'univers particulier de ces couples dont l'harmonie repose sur la profondeur des interactions. Nous serons souvent surpris de nos découvertes.

Les pierres associées aux signes que nous présentons ci-dessous n'ont pas forcément, ou pas seulement une action curative, un propos médical. Il s'agit plutôt de correspondance, d'affinités générales permettant une relation harmonieuse entre les planètes et leurs sœurs terrestres, les pierres. Il va sans dire que nous ne pouvons donner que des correspondances générales. Elles seront affinées, parfois contredites par la connaissance des ascendants. Chaque cas est particulier. Cependant, il existe de grandes règles permettant de tracer un schéma relationnel satisfaisant pour ce qui concerne les pierres et leurs signes affinitaires.

Les pierres et les signes du zodiaque

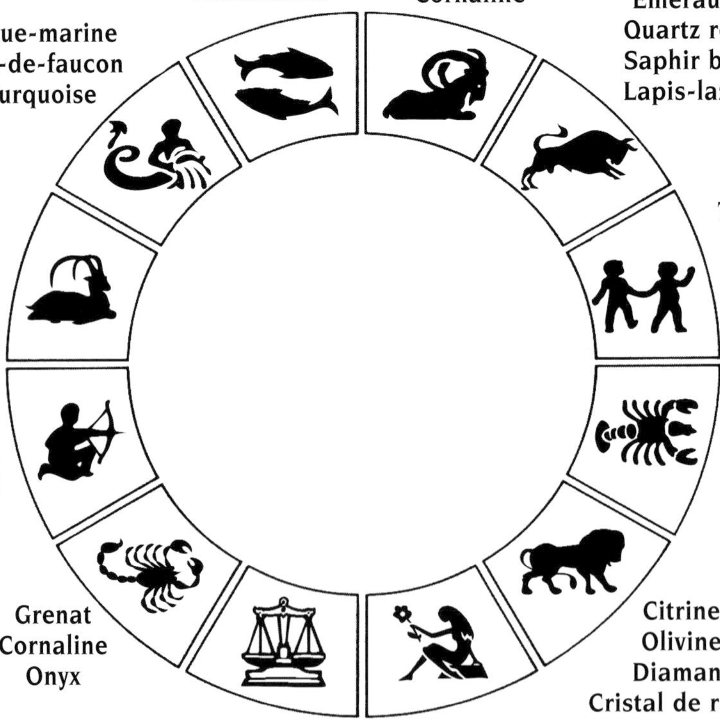

LE BÉLIER

(21 Mars – 20 Avril. Signe de feu.
Planète : Mars.)

Ce signe représente le printemps, la renaissance. Le Bélier est, en effet, le père de l'agneau pascal. Il correspond à Abraham, capable de sacrifier son propre fils et fondateur d'un peuple. Ce signe représente à la fois les forces naturelles et la possibilité de leur résister, de les dévier, de les apprivoiser.

LE RUBIS – À tout seigneur tout honneur ! Le rubis évoque la puissance du Bélier, puissance parfois capricieuse et qui mérite qu'on la canalise. Cette puissance, sans amoindrir le moins du monde, s'alliera avec une intuition créatrice accrue. Cette créativité agira sur la sexualité souvent impétueuse du Bélier. Elle la rendra plus patiente, plus forte, plus spirituelle. **Le plaisir prendra un sens et la communion avec le partenaire** atteindra des profondeurs insoupçonnées.

LE GRENAT – Il porte les mêmes qualités que le rubis. Mais en orientant la puissance créatrice du Bélier, il y ajoutera la patience, la persévérance, l'attention à l'autre, voire l'adaptation à un rythme différent, à de nouveaux points de vue. **Cette pierre harmonisera l'entente d'un couple.**

LE JASPE ROUGE OU SANGUIN – L'impétuosité du Bélier sera tempérée, certes, mais surtout équilibrée par cette pierre qui inscrira la sollicitude dans la relation à l'autre du Bélier. **Un peu de sagesse s'ensuivra** pour le plus grand bien des natifs de ce signe.

La Cornaline rouge – **C'est l'harmonie, la complicité** entre la pierre et le signe. La correspondance menant à la « voie royale », à l'épanouissement.

L'Améthyste – Elle évitera les emportements soudains, les caprices parfois déplorables. Elle tempérera l'action du rubis et permettra au natif du Bélier d'accéder à son intériorité qu'il a tendance à fuir. Il découvrira ainsi sa force spirituelle... La nécessité impérieuse d'agir, parfois de s'agiter est, pour ce signe, trop souvent le masque de sa fuite devant le réel. **L'améthyste « remettra les pendules à l'heure »** et son pouvoir équilibrant fera merveille.

L'Hématite – L'éclat métallique parfois sourd de cette pierre animera l'esprit du Bélier et le dirigera vers les hauteurs qu'il s'est choisies. **Elle lui donnera les moyens de son ambition** parfois démesurée. Il la transformera parfois en quête spirituelle ou en amour ardent ?

Le Corail – Ce minéral marin renforcera paradoxalement l'impression d'être bien enraciné dans la Terre. Le Bélier se rassurera en constatant cet effet. Il se rendra compte que, malgré les changements spectaculaires, nous demeurons ce que nous sommes et pouvons le devenir de plus en plus, de mieux en mieux.

Le Diamant – Autre seigneur, autres honneurs : le diamant confrontera le Bélier à son destin. C'est la Stature du Commandeur autant que le jumeau qui nous contemple. C'est, pour ce signe, la pierre du « rendez-vous avec soi-même ». Il s'ensuivra un peu de tourment. Après quoi, une grande impression de pureté, de renaissance, envahira le natif du Bélier pour son plus grand bien. Attention : on ne triche pas avec les pierres, encore moins avec celle-ci ! Si l'on désire assumer la grande clarté du diamant, il faut savoir s'en montrer digne et s'y préparer.

LE TAUREAU

(21 Avril – 20 Mai. Signe de Terre.
Planète : Vénus)

Véritable concentré de forces terrestres, le taureau paraît souvent brutal. Il représente la fertilité, la germination, la fécondation. C'est un signe de poussée germinative, d'éclosion parfois soudaine. Il participe de la Terre, de l'énergie primordiale du feu, et bien entendu du feu sacré. Pour que le Taureau trouve le calme, il devra se domestiquer, parfois en réprimant son sentiment de révolte envers ce qui l'a créé, la Nature dans toute sa splendeur. Les pierres l'y aideront.

L'Agate – Le Taureau a parfois tendance à « foncer tête baissée ». C'est souvent pour fuir son inquiétude et son manque de confiance en lui. Voire même son complexe d'infériorité. L'agate saura le « dégrossir » et **lui donner une solidité mentale satisfaisante**.

La Chrysocolle – Voici une pierre qui fera voyager le désir de satisfaction immédiate du Taureau vers des soucis plus hauts. Ce signe possède un potentiel spirituel non négligeable, mais trop souvent ignoré. La chrysocolle favorisera son affleurement à la conscience.

La Malachite – Le Taureau a souvent l'impression de ne pas évoluer. C'est l'une des raisons de son agitation : bouger lui semble contrecarrer cette impression de stagnation. La malachite lui fera prendre conscience du progrès accompli dans l'évolution de son être. **Ce qui tranquillisera ce signe généralement inquiet.**

L'Émeraude – Couleur d'herbe tendre, l'émeraude séduira le Taureau. Elle le nourrira spirituellement, lui donnant l'occasion de « ruminer » son expérience de la vie, de la penser longuement jusqu'à la méditation. Ainsi, le natif de ce signe découvrira-t-il sa spiritualité dans une sorte de nudité aveuglante. **Il pourra s'agir d'une véritable révélation.**

Le Saphir bleu – Cette pierre est souvent comme un regard qui vous dévisage: le Taureau s'y mirera et découvrira qu'il existe des forces invisibles ou subtiles aussi puissantes que l'impétuosité, voire la brutalité. **Il découvrira l'abnégation, la ténacité, la patience.** Ce sera pour son plus grand bien.

La Citrine – Le jaune lumineux de cette pierre apportera une joie plus sereine au Taureau qui fait souvent preuve d'une gaîté appuyée, parfois de mauvais aloi. Le jaune, c'est la blancheur, la pureté alliée au soleil, à la chaleur. Cette couleur permettra au Taureau **de se réchauffer le cœur, d'éloigner ses inquiétudes, de se laisser un peu aller** sans avoir besoin de se cacher derrière une hyperactivité épuisante.

Le Lapis-Lazuli – On choisira une pierre bien stellée, c'est-à-dire étincelante de particules de pyrite dorée. C'est une vision du ciel. Mais pas d'un ciel abstrait, celui des poésies grandiloquentes. C'est l'azur solidifié, l'idéal tangible et qu'on peut atteindre, moyennant une forte patience. Le Taureau découvrira cette évidence en contemplant le lapis-lazuli. **Il y puisera une certaine confiance prometteuse.**

La Calcédoine – L'un des points faibles du Taureau est son côté « donneur de leçon », jointe à une intolérance pénible. La calcédoine l'aidera à accueillir les idées des autres sans les contredire systématiquement. **Autant dire que le Taureau reprendra confiance en lui**, et ceci suffisamment pour ne pas chercher à avoir toujours raison.

LES GÉMEAUX

(21 Mai – 21 Juin. Signe d'Air. Planète : Mercure)

Les Gémeaux s'émerveillent facilement. On les croit parfois candides voire un peu bêtes. Leur absence de malice peut en faire les victimes de toutes sortes de personnes bien intentionnées. Cependant, vifs comme le mercure, métal de leur planète, ils savent glisser entre les doigts de qui veut les attraper. Pétris de confiance et d'amour du genre humain, ils sont souvent déçus. S'ils découvrent qu'on les a trompés, ils peuvent devenir implacables jusqu'à la férocité. Leurs rares colères sont impressionnantes et généralement justifiées. Aimant la communication, les échanges, les Gémeaux sont souvent des amis fidèles.

L'Aigue-marine – Cette pierre évoquant l'eau, la mer, les puissances océanes **équilibrera l'aspect terrien des Gémeaux**. Leur besoin d'émerveillement se limite parfois aux alentours de leurs domiciles. De plus grandes joies leur seraient offertes s'ils acceptaient de voyager, physiquement ou intérieurement, vers l'inconnu.

L'Œil-de-tigre – Un regard de fauve, une acuité quelque peu inquiétante... Cette belle pierre évitera l'aveuglement des Gémeaux qui, même devant l'évidence, **ne parviennent pas à voir le mal**. De plus, cette pierre les incitera à oser découvrir leurs sentiments.

L'Ambre – L'électricité statique de cette pierre compensera le côté trop placide des Gémeaux. Ce qui les aidera à se détendre sans mollesse et à jouir chaleureusement de la douceur de vivre. La magie profonde de l'ambre les conduira à rechercher leur énergie intime, ce qui aidera à les libérer de leurs hantises voire de leurs obsessions.

Le Cristal de roche – La lumière sans réfraction de ce fort beau minéral correspond tout particulièrement au signe des Gémeaux. Pierre de l'unité, de la dualité résolue, le cristal de roche offre des résonances harmoniques particulièrement adaptées à celles des natifs de ce signe.

La Citrine – La clarté jaune aidera les Gémeaux à démêler l'écheveau de leurs tendances, désirs et passions. Ils comprendront mieux leur complexité émotionnelle et sauront faire la part des choses. **Elle les aidera à transmettre leurs connaissances souvent précieuses.**

La Calcédoine – Voici une pierre « de bonne volonté ». **Elle aidera les Gémeaux à mieux parler, à mieux s'exprimer** sans pour autant abolir leur sincérité parfois désarmante. Blanche ou bleue, elle saura aussi combattre leur irritabilité souvent rentrée.

La Célestine – En possédant une telle pierre, si douce les natifs de ce signe se retrouveront eux-mêmes, se sentiront « en bonne compagnie » et s'éloigneront de leur « quête du double » qui trouble leur vie sentimentale en les faisant choisir des partenaires leur ressemblant trop. **Ce jeu de miroir peut devenir malsain : la célestine l'en empêchera.**

La Topaze – La splendeur de la topaze jaune est communicante. C'est, pour le Gémeaux, **la pierre qui permettra de tirer profit de l'expérience, du vécu.** Et par là même, son partage et sa transmission. Les Gémeaux, par leur aptitude à communiquer, font généralement de fort bons enseignants. La topaze renforcera cette qualité.

LE CANCER

(22 Juin – 22 Juillet. Signe d'eau. Planète : Lune)

Souvent hypersensible, le Cancer demeure attaché à son foyer. Paradoxalement, l'existence le conduit souvent à voyager, alors qu'il déteste se déplacer. Il supporte mal l'agressivité. Le Cancer est souvent amené à dominer ses tendances profondes. Cette lutte le prédispose aux aigreurs, aux problèmes gastriques, aux ulcères, aux affections rhino-pharyngées... C'est un signe qui tirera le plus grand bénéfice des pierres équilibrantes. Beaucoup de Cancer sont des créateurs, des poètes, des peintres. S'ils ont la détermination de l'artiste, ils n'en sont pas moins en prise directe avec leurs sentiments.

LE JASPE – C'est une pierre « mère », nourrissant la sphère des émotions sentimentales. Elle relie les Cancer aux forces profondes de la nature et leur révèle leur force cachée. **Leurs émotions, grâce à cette pierre, se mueront en puissance énergétique efficace.**

LE CORAIL – Racines marines, **le corail donne au Cancer un sentiment de sécurité renforcé par l'eau**, élément préférentiel de ce signe. Le rouge ajoutera son énergie à ce sentiment qui évoluera vers une impression de force certaine.

L'OPALE – **Pierre de prédilection du Cancer, l'opale lui demeure bénéfique.** Elle précise et renforce ses sentiments tout en l'orientant vers la joie de vivre, vers une jovialité pleine d'humour et parfois cocasse.

La Pierre de lune – Les vibrations tendres de cette pierre abolissent les routines affectives du Cancer. En correspondance avec la planète, **la pierre permet un rayonnement particulièrement harmonieux** et conduira à approfondir les pressentiments, les intuitions des natifs de ce signe.

La Perle – Elle permet au Cancer d'encaisser les coups durs, les événements pénibles de son existence comme la contrariété. Les blocages émotionnels disparaîtront comme par enchantement dans ce processus quasiment alchimique de transformation de la douleur en bien, en créativité, en espoir, en plaisir.

L'Émeraude – Complète la tendance conviviale du Cancer. Elle lui permet de mieux comprendre les autres, à ne pas se laisser prendre au jeu des apparences. Ainsi, dans une relation amicale ou amoureuse, **l'émeraude permettra au natif du Cancer d'aller droit à l'essentiel,** sans se laisser distraire ni troubler par les défenses de leurs partenaires.

La Célestine – Elle accorde au Cancer la puissance de sa belle couleur. Elle s'offre à ce signe avec une sorte de délectation : il n'y aura pas de problème, **l'amour sera au rendez-vous**. Cependant, le Cancer a parfois tendance à considérer ce sentiment comme une sorte de drogue.

L'Aventurine – L'aspect miroitant de cette pierre n'empêche pas qu'elle soit propice à la méditation. La pensée parfois trop floue du Cancer y trouvera une précision, une acuité, tout en approfondissant son rapport aux éléments, son désir de communion avec la nature familière.

Le Jade – **Voici un excellent facteur d'équilibre.** Cette pierre accorde les faisceaux émotifs du Cancer entre eux afin de les rendre propres à féconder le travail créatif, la réalisation d'une œuvre d'art ou d'un projet ambitieux.

LE LION

(23 Juillet – 22 août. Signe de feu. Planète : Soleil)

Signe de puissance, signe solaire, le Lion est, comme l'a écrit le poète, « superbe et généreux ». C'est-à-dire que ses manières souvent hautaines cachent de réelles qualités de compassion et de sollicitude qu'il n'ose pas toujours montrer, par peur de paraître faible. Car le Lion construit souvent sa propre légende. Il ne joue pas vraiment un rôle : il le vit. Ce qui constitue parfois une ascèse rendant sa vie difficile. Il préférerait mourir que de le laisser paraître. Signe sympathique, le Lion profite parfois de son aura de grandeur pour se montrer odieux, voire vexant. Il sait qu'on le lui pardonnera presque toujours. Parfois insupportable, il est souvent attendrissant. Il y a une certaine dignité, une vraie grandeur dans son désir de ne jamais montrer ses faiblesses. Mais aussi de l'orgueil. Le Lion présente les qualités de ses défauts.

LE DIAMANT – Limpidité, grandeur : le diamant est le miroir du Lion. Comme lui, il présente des facettes répartissant la lumière de différentes façons. Son rayonnement est très fort. Il ne convient pas aux caractères faibles. Certains natifs du Lion présument parfois de leur force. En cas de trouble, ils préféreront un cristal de roche à un diamant qui peut se révéler néfaste pour eux. En revanche, le Lion assuré, celui dont l'autorité naturelle agit sans qu'on la remarque ni qu'on en soit contrarié **tirera d'intenses bénéfices du port du diamant**.

L'Olivine – Cette pierre, fort belle est un peu mystérieuse. Certains de ses pouvoirs se révèlent difficilement. Si elle peut aider à ouvrir son cœur, elle sait aussi dissimuler. C'est en partie une pierre de secret. Parfois, l'olivine encourage les tendances tyranniques du Lion. Ce peut être bénéfique pour les entrepreneurs, les artistes, les organisateurs de ce signe puissant. **L'olivine doit se porter seule.** Elle ne supporte aucune autre pierre.

La Citrine – Elle donnera au Lion une réelle chaleur psychique. Ainsi, elle atténuera la tendance au snobisme de ce signe riche. En même temps, **elle stimulera ses facultés créatives** souvent faibles.

L'Ambre – **Véritable amplificateur de la force solaire**, l'ambre correspond fort bien au Lion qui y trouvera une source d'équilibre l'éloignant de ses idées de grandeur frisant parfois la mégalomanie. Peut-être même que ce minéral lui révélera la tendresse enfouie au fond de son cœur…

Le Grenat – Pierre de cœur, le grenat adoucira la sexualité souvent trop… conquérante des natifs du Lion. Ils comprendront que l'autre n'est pas une proie ni un royaume à annexer à sa couronne. Et ceci tout en conservant la belle énergie vitale de ce signe.

Le Rubis – Le Lion appréciera sa belle couleur rouge. « Grand frère » du grenat, le rubis agira sur le désir souvent débordant du Lion. Pour se convaincre encore et toujours de sa grandeur, le Lion, homme ou femme, n'aura de cesse de collectionner les conquêtes. Ce qui occasionnera parfois des maladies de cœur (dans ce cas on s'abstiendra de porter des pierres rouges). Le rubis, malgré sa force, saura réguler une sexualité parfois forcée et démonstrative.

LA VIERGE

(23 Août – 22 Septembre. Signe de Terre. Planète : Mercure)

Pondérés, mais critiques, avec parfois la « dent dure », les natifs de la Vierge montrent un caractère généralement grave. On les trouve froids, manquant de fantaisie, voire « rabat-joie ». Leur timidité n'arrange rien. Le fait est qu'ils ont du mal à exprimer leurs sentiments. Ils les éprouvent pourtant avec intensité. Bien des amoureux de ce signe « meurent de soif auprès de la fontaine » et n'osent se déclarer à l'être élu. Et le pauvre natif de la Vierge vivra dans la solitude alors qu'il ne lui aurait fallu qu'un mot, voire qu'un sourire... Ce qui est vrai dans le domaine sentimental l'est aussi dans les autres. C'est ainsi que des personnalités fortes, compétentes, pouvant devenir utiles à leur entreprise demeurent à des postes subalternes par timidité, par maladresse dans la communication. Heureusement, les pierres existent !

Saphir jaune – Pierre de toute beauté, reliée au chakra du plexus solaire, elle aura un bon effet de décontraction sur la Vierge. En lui permettant de mieux respirer, elle la préparera à mieux s'exprimer, à éviter la fameuse « boule dans la gorge » qui empêche de parler, voire les sudations des très grands timides. Le saphir jaune la canalisera, la transformera en un fort courant, **un flot impétueux auquel rien ne résistera**.

Agate jaune – Ce jaune réchauffe le cœur, combat l'inquiétude. Le caractère bénéfique de l'Agate s'en trouve comme rehaussé pour la Vierge. De plus, cette pierre consolera d'un malheur éventuel tout en préparant une saine réaction. Un équilibre se fondera dans le cœur de la Vierge qui pourra enfin se préparer à faire valoir ses qualités réelles.

Jaspe rouge – Pierre douce au toucher, le jaspe rouge étonne le regard par l'intensité de sa couleur. C'est une pierre de détermination, voire d'audace. La Vierge y trouvera la force de « foncer », de se décider, d'avancer... Mais l'audace n'est rien si elle n'est pas suivie d'endurance, d'opiniâtreté : il faut continuer, exploiter les avantages acquis. Le jaspe rouge est la **pierre idéale pour tenir la distance, conquérir, atteindre son but.**

Cornaline – Une belle cornaline orange complétera l'action des pierres précédentes en donnant à la Vierge l'éclat de sa séduction. En révélant sa chaleur vitale, sa fonction désirante, **elle aidera à l'épanouissement de son affectivité**, de sa sexualité. Ceci en soignant radicalement les inconvénients quotidiens de la timidité : crampes, tremblements, névralgies, irrégularités de la tension artérielle.

Lapis-lazuli – **Cette pierre développera une bonne conscience de soi** chez les Vierge, ce qui leur permettra de mieux « être au monde » en acceptant le cours des choses, les lois de l'univers qui les blessent souvent.

Citrine – Énergie pure pour les Vierge : cette pierre donnera un « coup de fouet » salutaire. La Vierge découvrira en elle l'énergie nécessaire pour trouver sa place, **pour que ses qualités soient enfin reconnues.**

LA BALANCE

(23 Septembre – 22 Octobre. Signe d'Air.
Planète : Vénus)

L'amour peut-il être sage ? Peut-on raisonner Vénus ? Tel est le paradoxe de la Balance, signe d'équilibre sous l'invocation de l'amour. Les Balance sont à la recherche de leur équilibre entre la force des passions et leur désir de pondération, de sagesse. Ce vacillement entre don de soi éperdu et quant-à-soi austère en fait des artistes sensibles exprimant avec force la condition humaine. Les Balance sont souvent d'excellents musiciens.

TOPAZE – La topaze jaune, ou mieux dorée, détendra les muscles du tronc, permettant de mieux se ressentir, de mieux se comprendre soi-même. En facilitant la réflexion active, cette pierre aidera à mieux utiliser l'expérience acquise. Ce sera le moyen de concilier, d'équilibrer la folie et la sagesse qui habitent ce signe volatil, aérien.

QUARTZ ENFUMÉ – Pierre idéale pour « remettre les pieds sur terre » de Vénus exaltée. En même temps, ce quartz atténuera la méfiance exagérée propre à ce signe. Elle correspond trop souvent à un manque de confiance en soi. En renforçant la communion entre le corps et l'esprit, le quartz enfumé permettra aux Balance d'établir une nécessaire harmonie entre pusillanimité et exaltation, rendant positives ces tendances néfastes.

Chrysocolle – Pierre de paix, la chrysocolle va renforcer, chez la Balance, l'aptitude à mieux discerner les beautés cachées. **La méfiance habituelle de ce signe l'empêche bien souvent, hélas, de les voir.**

Corail rose – En assurant les bases d'une stabilité affective, **cette pierre permettra aux Balance de s'affirmer**, d'oser envisager une relation profonde, sans trop douter d'eux-mêmes ; de s'ouvrir aux autres, à l'autre, de s'offrir, même, sans méfiance ni timidité, sans arrière-pensée.

L'Aigue-marine – Purificatrice de l'âme, **cette pierre clarifiera l'esprit de la Balance** et l'orientera vers les décisions nécessaires. De plus, elle découvrira son être profond, celui qu'elle fuit trop fréquemment.

Le Saphir – encore une pierre favorisant l'introspection. Mais attention : ce regard de soi-même en soi-même ne supporte pas la complaisance. Ce doit être un moteur de l'action. Aussi les âmes sensibles doivent savoir qu'on découvre toujours au fond de soi bien des choses déplaisantes qu'il faut assumer, corriger, modifier, sublimer... Or, les Balance ont tendance à fuir les grandes profondeurs...

L'Orpiment – Du rouge, de l'or, de l'énergie précieuse... Il en faudra aux Balance ayant osé « sauter le pas »... après s'être regardé en face, sans complaisance, on se trouve comme « vidé », épuisé, essoufflé... La force de l'orpiment redonnera le tonus nécessaire pour la suite de cette belle évolution.

Sel Gemme – Les cristaux de sel, pureté absolue mais corrosive donneront aux Balance un esprit plus mordant. Ils leur permettront de comprendre leur « solitude intérieure » si bien représentée par la pierre de sel évocatrice des grands déserts du monde et de l'âme humaine.

LE SCORPION

(23 Octobre – 21 Novembre. Signe d'Eau.
Planète : Pluton)

Signe de l'évolution, du changement, des renouvellements successifs, le Scorpion a parfois trop tendance à désirer le mouvement pour le mouvement. Ce signe a besoin de pierres stabilisantes, même si le changement constant est une façon très « plutonienne » de s'équilibrer. Car cette agitation n'est pas dévastatrice, tandis que les Scorpion sont volontaires, constructifs, engagés. Contre toute attente, il mène à bien ses entreprises, parfois dans l'exaltation la plus échevelée. Le cas des Scorpion atrabilaires, souvent insupportables par leurs sautes d'humeurs, leurs crises de colère ou d'agressivité se trouveront bien d'un traitement lithothérapique jugulant leurs colères irrépressibles.

L'Hématite – Cette pierre à la fois chaude et froide, ce minéral évoquant l'animalité apportera un peu de paix au Scorpion. Ce qui permettra à sa force créative de s'exprimer. Ainsi, atteindra-t-il plus facilement son but.

Le Grenat – En soignant les petites infections coutumières aux Scorpion, cette pierre restaurera son enthousiasme. **En lui donnant du courage, il renforcera sa persévérance**... Attention, cependant, les Scorpion colériques ne doivent pas demeurer en contact avec cette pierre plus de cinq minutes par jour. Autrement, gare à la casse !

L'Agate – Cette pierre conduira le Scorpion vers la connaissance de sa lumière intérieure. Mais elle ne peut pas tout faire : la détermination du Scorpion sera nécessaire pour aller au bout du chemin. L'agate indique la bonne direction, mais ne va pas plus loin.

Le Jais – Le calme, l'intensité du jais amèneront le Scorpion a plus de tempérance dans son humeur. Ce peut être sa pierre de méditation. Le noir du jais n'est pas triste : il exhale une puissance brillante sans exagération. Cette pondération rejaillira sur les Scorpion colériques qui y trouveront sans doute le moyen d'acquérir la bienveillance nécessaire pour ne pas faire subir aux autres leur instabilité caractérielle.

L'Onyx – Griffe de terre, l'onyx encourage l'enracinement. Il renforce l'appui, la stabilité, l'enracinement dans la terre. Ce qui donnera au Scorpion la gravité, la pondération qui lui manque souvent.

Le Rubis – L'impétuosité parfois hargneuse du Scorpion sera d'abord tempérée par cette pierre. Attention, cependant : au début, elle peut, au contraire, activer sa propension à la colère irraisonnée. Après cette éventuelle crise, les impulsions émotives trop anarchiques de ce signe s'orienteront enfin vers la beauté crue de l'amour. Le Scorpion redécouvrira sans doute son partenaire. En même temps, son désir sexuel réactivé deviendra plus pur, plus unifiant. L'autre existera enfin en lui. **Tandis que le Scorpion lui, deviendra disponible, bienveillant, bénéfique.**

LE SAGITTAIRE

(22 Novembre – 20 Décembre. Signe de Feu. Planète : Jupiter)

Le Sagittaire se montre souvent intransigeant. Il vit, parfois, sans même le savoir, une profonde recherche de la Vérité. Mais de quelle vérité s'agit-il ? D'une vérité factuelle, d'ordre scientifique ou judiciaire ? D'une vérité poétique, dévoilant les aspects cachés du monde et des choses ? D'une vérité spirituelle, axée sur la profondeur ?

LA SODALITE – Cette pierre donnera au Sagittaire l'aptitude à la concentration. Elle le rendra parfois moins dépendant de l'opinion d'autrui, moins conformiste. **Elle lui remettra les pieds sur terre** sans pour autant lui faire perdre de vue son idéal.

L'AMÉTHYSTE – En lui ouvrant le cœur, cette pierre donnera au Sagittaire une lucidité active sans pour autant le diriger vers un matérialisme trop sec, voire sectaire. **Elle renforcera son intuition** et facilitera sa prise de parole.

LA CHRYSOCOLLE – Comme un aimant attire le fer, cette pierre emmagasinera pour le Sagittaire les énergies terrestres et célestes. Elle lui fera comprendre la réalité basique des forces spirituelles.

LE SAPHIR – Le bleu harmonieux, calme, profond, donnera au Sagittaire la capacité d'exprimer calmement, mais fermement ses opinions, ses désirs, sa volonté. Cette pierre de fidélité l'aidera à mieux comprendre ses vrais amis dont les critiques, qui l'agacent, sont pourtant généralement constructives.

L'Obsidienne – Pierre de contraste, elle saura montrer au Sagittaire la complexité du réel tout en lui donnant les moyens de démêler le vrai du faux. **Elle renforcera ses capacités de concentration** et rendra son jugement plus sûr. Elle le rendra plus indulgent envers autrui, sinon envers lui-même.

L'Opale – **Elle lui « musclera » le mental.** Car, bien souvent, sous les apparences d'une force solide, le Sagittaire demeure faible, indécis. Par compensation, il tente de se montrer sûr de lui, ce qui trompe parfois... L'opale harmonisera l'apparence et la réalité. Ainsi le Sagittaire se réconciliera-t-il avec lui-même.

La Turquoise – Corrige les manifestations trop visibles de l'émotivité. **La turquoise aidera le Sagittaire à négocier, voire à ruser.** Mais aussi à séduire. En même temps, elle restaurera l'estime de soi et l'aptitude imaginative. Attention, cependant aux rêves creux !

L'Aventurine – Verte, cette pierre porte l'espoir. Espérer, c'est aussi se donner les moyens d'agir : l'espérance active sollicite les énergies naturelles, comme la force intérieure. Le Sagittaire y trouvera donc la puissance suffisante pour accéder à son but. **C'est, pour lui, une pierre de réalisation.**

Le Lapis-Lazuli – Cette belle pierre affinera la prise de conscience des forces de l'Univers. Le Sagittaire découvrira que ce qu'il prend pour de la solitude n'est qu'un isolement intérieur qu'il peut corriger. Pour le Sagittaire **c'est la pierre de l'Union entre le matériel et le spirituel.**

LE CAPRICORNE

(21 Décembre – 19 Janvier. Signe de Terre.
Planète : Terre)

Le Capricorne est un signe de l'élémentaire, de l'essentiel, ce qui peut occasionner des problèmes relationnels : tout le monde ne se sent pas forcément concerné par le sacré, fût-il réellement relié au quotidien. La recherche de pureté de ce signe peut maintenir une distance mal appréciée. Les signes de Terre, contrairement aux apparences ne sont pas aussi solides qu'ils le paraissent. L'inquiétude du Capricorne, son désir de pureté peuvent ne pas être compris et générer une inquiétude. Les pierres sont là pour harmoniser ce jeu de polarités électromagnétiques complexes. Le tout est de bien accorder les vibrations. Aussi faut-il examiner avec un soin, peut-être plus aigu que pour les autres signes, les multiples interelations entre les vibrations minérales et animales.

L'ÉMERAUDE – Son vert tendre reliera le Capricorne à la vie ordinaire, quotidienne, voire banale. Ce signe de terre refuse souvent son appartenance aux fluides originels de notre planète mère. La réflexion constante du Capricorne se disperse souvent. L'émeraude saura corriger le parcours capricieux de ce signe. En polarisant son aptitude à la concentration, **il saura corriger sa tendance à l'intolérance.** C'est l'un des grands problèmes de ce signe qui, une fois débarrassé de ce défaut, peut accomplir de grands desseins.

Le Jaspe – Tout en améliorant les facultés de résistance et d'endurance physiques autant que morales, le jaspe permet au Capricorne de demeurer ancré au réel. Parfois, ce signe à tendance à « s'envoler », à perdre le sens des choses tangibles. Aussi, cette pierre lui permettra d'éviter des actions irraisonnées autant qu'intempestives.

L'Obsidienne – Cette pierre ambiguë trouve chez le Capricorne une correspondance privilégiée. Elle y perd son aspect parfois funeste. Elle révèle à ce signe les couches profondes de son être tout en l'empêchant de chercher midi à quatorze heures.

Le Diamant – Le goût de l'essentiel propre à ce signe trouvera sa complétude avec cette pierre merveilleuse. Cette lumière venue du fond de la Terre porte en elle, on l'oublie trop souvent, la force élémentaire du sous-sol, de tout ce qui vit au cœur même de notre planète. Cet aspect peu considéré du diamant mènera le Capricorne vers une connaissance accrue de ses énergies sous-jacentes, de son enracinement.

La Calcédoine – Il existe une certaine modestie chez cette pierre aux pouvoirs multiples. Elle donne de l'éloquence, certes, mais sans verbiage ni parle en l'air. Aussi permet-elle au Capricorne de trouver le mot juste, l'expression exacte pour affirmer ses opinions parfois complexes.

La Perle – Le charme, la séduction de cette concrétion calcaire rejaillit particulièrement sur ce signe avide de reconnaissance. **Elle lui donnera une certaine aisance fort utile en amour ou en affaires.**

L'Améthyste – La belle énergie vivace de cette pierre incite à la méditation, à la recherche de profondeur. Elle orientera particulièrement le Capricorne vers l'essentiel.

LE VERSEAU

(20 Janvier – 18 Février. Signe d'Air.
Planète : Uranus)

Le Verseau est créatif, novateur et sensible. Son ingéniosité peut en faire un bricoleur talentueux ou un ingénieur extraordinaire. Son sens du concret n'équilibre pas toujours la tendance inverse : il est des Verseau quasiment mystiques et d'autres plus terre à terre. Souvent, ces tendances se succèdent chez la même personne. D'où une certaine difficulté à bien comprendre ce signe d'air qui est aussi relié à l'eau. Le Verseau voudrait s'envoler, découvrir l'azur. Cependant, bon an mal an, il se contente, parfois avec résignation, d'un rôle terrestre humble, voire modeste.

La Fluorite – De préférence bleue, cette pierre présente une affinité particulière avec le Verseau. Son rôle se manifeste en au moins deux étapes. D'abord, elle révèle aux natifs de ce signe les aspects mal connus, voire insolites de leur force intérieure. Ensuite, elle leur donne le « mode d'emploi », en véritable inspiratrice, **elle lui révèle les buts à atteindre autant que les moyens d'y parvenir.**

L'Aigue-marine – L'air du grand large... Elle entraîne le Verseau vers d'autres horizons, vers une nouvelle respiration. Elle lui donne le sens de l'espace et peut aller **jusqu'à développer, chez lui, des pouvoirs extra-sensoriels** ou des facultés paranormales.

La Turquoise – Elle procure au Verseau le souffle initial, l'étincelle, le point de départ de ses projets. Elle poursuit en fécondant son inspiration. De plus, **elle possède, envers ce signe, une fonction protectrice affirmée.**

L'Opale – Elle renforcera le mental du Verseau. Car, bien souvent, sous les apparences d'une résolution inébranlable, le Verseau, se dérobe. **L'opale harmonisera l'idéal et le quotidien** que ce signe confond parfois.

La Chrysocolle – C'est, pour le Verseau, la « pierre du devoir ». **Elle lui fait prendre conscience de ses obligations** jusqu'à pouvoir exacerber son sens des responsabilités. Le Verseau, aidé par cette pierre, accomplit sans rechigner, ni en souffrir les tâches les plus rebutantes à condition d'être convaincu de leur nécessité.

Le Saphir – Cette pierre conduit le Verseau. **Elle lui donne de bonnes idées, elle lui inspire des sentiments vrais et purs.** Il faudrait savoir l'écouter : tout se passe comme si le saphir conseillait, orientait, montrait le bon chemin au Verseau comme un père attentif dirige les premiers pas de son enfant.

La Turquoise – **Cette pierre est un porte-bonheur pour les natifs de ce signe.** Elle les protège contre l'adversité, les influences néfastes et permet de reconnaître les faux amis les flatteurs, les hypocrites.

LES POISSONS

(19 Février – 20 Mars. Signe d'Eau.
Planète : Neptune)

Les Poissons ont besoin de fusionner avec la vie : ils désirent s'y trouver comme... des poissons dans l'eau. Seulement, l'existence n'est pas un fluide accueillant, un milieu propice. Il faut apprendre à s'y mouvoir tandis que ses courants sont toujours à la fois multiples et contradictoires. Les Poissons ont un besoin constant de s'adapter au monde, ils s'y accordent sans cesse, passent leur temps à ajuster, à affiner leurs réactions face à des situations qui les dépassent parfois. Par chance, ils bénéficient d'une finesse d'intuition leur permettant un réajustement permanent. Ce qui leur évite bien des déboires.

Le Corail – Affinité marine s'il en fut, le corail a la propriété de fixer l'humeur vagabonde des poissons. **Il leur apporte une sorte de stabilité** pouvant aller jusqu'à l'enracinement.

L'Améthyste – Cette pierre offrira aux Poissons un apaisement tranquille. Elle leur manifestera une bienveillance constructive, mais reposante. Elle élèvera leur mental vers les plus hautes sphères sans toutefois désincarner leur caractère fluide, riche, mouvant. Elle fortifiera leur sens du sacré et pourra, parfois, leur faire découvrir leur religiosité profonde.

La Turquoise – **Talisman, pierre protectrice des Poissons.** Elle fortifiera leur mémoire et leur évitera de tomber dans les pièges que certains veulent leur tendre. Car le Poisson est candide et se laisse facilement tromper. Ce peut être la proie de charlatans, voire d'organisations sectaires qui savent bien profiter de leur générosité souvent naïve.

Le Jade – En Asie, mais aussi en Amérique précolombienne, on trouve beaucoup d'amulettes représentant un couple de poisson en jade. Ce qui exprime l'affinité complice entre ce minéral et ce signe. Le jade n'apporte rien de précis aux Poissons. Il leur diffuse un sentiment de bien-être général, une plénitude et une belle confiance en eux.

La Labradorite – Cette pierre grisâtre qui ne révèle le chatoiement de ses couleurs que si on l'examine attentivement ressemble à certains Poissons. On connaît ainsi des natifs de ce signe fort timides et ne payant pas de mine. Il faut apprendre à les connaître mieux. Ensuite, on appréciera leurs qualités cachées. **La Labradorite les aide à mieux les manifester.**

La Perle – Elle permet aux Poissons de résister aux aléas de la vie, **d'encaisser les coups durs**.

L'Olivine – Cette pierre ne doit pas être portée en même temps qu'une autre : leurs actions se contrecarreraient. **Elle donne aux Poissons une certaine chaleur, une aisance**, une loquacité positives.

L'Andalousite – Les Poissons gagneront à porter cette pierre qui les adapte à la Terre, au sentiment de la nature et les incite à la communion cosmique. Elle peut devenir leur pierre préférée, **le support de leur méditation**.

Les pierres appliquées aux différents troubles : symptômes, carences ou pathologies

SYMPTÔMES PHYSIQUES

• CORRESPONDANCE PIERRE
• CORRESPONDANCE CHAKRA
• CORRESPONDANCE COULEUR
• MODE D'UTILISATION

Accouchement. Gestation.

- CHRYSOCOLLE. CORAIL. JADE. PIERRE DE LUNE.
- Svadhisthana chakra (sacrum).
- Orange.
- Poser la pierre sur le chakra durant 20 mn. Placer un morceau de Jade dans la main gauche de la parturiente.

Acidité gastrique.

- Voir Troubles de la digestion.

Grossesse.

- Voir Accouchement.

Acné.

- AMAZONITE. ANDALOUSITE. AVENTURINE. GRENAT.
- Anahata chakra (cœur).
- Vert. Rose.
- Poser la pierre sur le chakra durant 20 mn. Rincer la peau avec de l'eau d'Amazonite après lavage. Suivre un régime équilibré. Porter un bijou comprenant un Grenat.

Allergies chroniques ou saisonnières.

- **Aigue-Marine. Ambre. Citrine.**
- Vishuddha chakra (cou).
- Violet et après atténuation du symptôme, Jaune.
- Poser la pierre sur le chakra. On peut aussi boire de l'eau d'Aigue-marine. Masser les zones atteintes avec de l'eau d'Aigue-marine mêlée d'1/3 de jus de citron. Porter un bijou d'Ambre ou de Citrine, voire les deux. Poser un fragment d'Ambre sur le chakra du cou, un morceau de Citrine sur le front durant dix minutes.

Aménorrhée.

- Voir Cycle menstruel.

Ampoule.

- Voir Brûlure.

Anémie.

- **Corail. Héliotrope. Hématite. Jaspe.**
- Svadhisthana chakra (sacrum).
- Orange.
- Poser la pierre sur le chakra durant 20 mn. Mêler de la poudre de Corail au vinaigre d'assaisonnement (une pincée pour une cuillerée à café de vinaigre). Boire de l'eau d'Héliotrope (un verre trois fois par jour). Porter un bijou d'Hématite.

Angine.

- **Azurite. Calcédoine.**
- Vishuddha chakra.
- Bleu clair. Bleu-vert.
- Une cuillerée à café d'eau d'Azurite matin et soir durant une semaine. Sucer un fragment de Calcédoine quand la douleur se fait sentir.

Arthrose. Arthrite.

- **ÉCUME DE MER. GRENAT. MALACHITE. PIERRE DE SOLEIL.**
- Selon la localisation.
- Orange. Bleu.
- Masser l'endroit atteint avec un morceau d'Écume de mer poli. Poser un Grenat sur le chakra correspondant. Poser une Malachite sur le chakra correspondant. Alterner l'application de Grenat et de Malachite sur le chakra correspondant (par exemple : Malachite, 10 mn le matin. Grenat, 10 mn le soir.) Eau de Pierre de soleil à volonté.

Constipation.

- **DIAMANT. TOPAZE.**
- Svadhisthana chakra (sacrum).
- Orange.
- Sucer le Diamant ou la Topaze. Boire à volonté de l'eau de Diamant ou de Topaze. Poser le Diamant ou la Topaze sur l'abdomen durant 5 mn. Ne pas dépasser cette durée.

Convalescence.

- Voir Fatigue.

Obésité.

- **MAGNÉSITE.** (En association avec le Zircon en cas de boulimie associée).
- Manipura chakra (nombril).
- Jaune. Jaune d'or. Jaune orangé.
- Poser la pierre sur le chakra.

Coqueluche.

- **AIGUE-MARINE.**

- Vishuddha chakra (cou).
- Violet.
- Poser la pierre sur le chakra. Cette thérapie est complémentaire d'un traitement classique dont elle accélère les effets.

Cycle menstruel (troubles du).

- **Chrysocolle. Corail. Jais. Lapis-lazuli. Magnétite. Malachite. Rubis. Pierre de lune.**
- Svadhisthana chakra (sacrum).
- Orange.
- Poser la pierre à l'endroit de la douleur. Voir aussi migraine, selon le cas.
  En cas d'aménorrhée, de leucorrhée, poser la pierre sur le chakra durant 20 mn.
  Mêler de la poudre de Corail au vinaigre d'assaisonnement (une pincée pour une cuillerée à café de vinaigre).

Diabète.

- **Citrine.**
- Svadhisthana chakra (sacrum).
- Orange.
- Boire de l'eau de Citrine à volonté. En complément d'un traitement classique.

Diarrhée.

- **Cristal de roche. Diamant.**
- Svadhisthana chakra (sacrum).
- Orange.
- Sucer le Cristal de roche. Poser le Diamant sur l'abdomen durant 5 mn. Ne pas dépasser cette durée

Constipation.

Voir aussi Digestion (trouble de la).

- **Péridot**.
- Svadhisthana chakra (sacrum).
- Orange.
- Sucer un fragment de Péridot. Boire de l'eau de Péridot après chaque repas (1/2 verre).

Digestion (troubles de la digestion).

- **Bézoard. Écume de mer. Émeraude. Héliotrope. Jaspe. Moldavite** (flatulences). **Opale** (spécialement « opale de feu »). **Péridot** (pour la constipation).
- Manipura chakra (plexus) et Svadhisthana chakra (sacrum).
- Jaune or. Orange.
- Poser la pierre durant quelques minutes sur la zone à traiter, puis masser le chakra par de petits mouvements circulaires du pouce durant 3 mn. On peut aussi rouler une petite boule d'Écume de mer à l'endroit douloureux. Boire de l'eau d'Émeraude ou d'Héliotrope à volonté.

Douleur.

- **Cristal d'Herkimer. Magnétite**.
- Selon la localisation de la zone douloureuse.
- Blanc translucide. Bleu clair.
- Poser à l'endroit douloureux ou sur le chakra le plus proche. Si la douleur se situe entre deux chakras, alterner. On peut aussi « viser » la zone douloureuse avec une pointe de cristal d'Herkimer. On portera un morceau de Magnétite collée avec du sparadrap en fibres naturelles sur l'endroit douloureux.

Douleurs dentaires.

- Voir Rage de dents.

Eczéma.

- AVENTURINE. JADE.
- Anahata chakra (cœur).
- Vert. Rose.
- Poser la pierre sur le chakra durant 20 mn matin et soir. Diète légère durant deux jours. Boire de l'eau d'Aventurine ou de Jade à volonté.

Météorisme.

- Voir Digestion.

Aérophagie.

- Voir Digestion.

Endocrines (glandes).

- CITRINE. LAPIS-LAZULI.
- Svadhisthana chakra (sacrum).
- Orange.
- Boire de l'eau de Citrine à volonté. Poser une Citrine sur le chakra durant 20 mn.

Enrouement.

- AZURITE. CALCÉDOINE.
- Vishuddha chakra.
- Bleu clair. Bleu vert.
- Une cuillerée à café d'eau d'Azurite matin et soir durant une semaine. Sucer un fragment de Calcédoine quand la douleur se fait sentir

Épilepsie.

- **Diamant.**
- Ajna chakra (front).
- Bleu. Violet.
- Poser la pierre sur le front durant 5 mn trois fois par jour.

Épilepsie. Spasmes nerveux.

- **Aigue-marine.**
- Ajna chakra (frontal). Sahasrara chakra (sommet du crâne) mais aussi Muladhara chakra (base du corps).
- Rouge. Violet. Bleu.
- Le matin, on se massera les tempes avec de l'eau d'Aigue-marine. Après le repas de midi, on posera une Aigue-marine durant 20 mn sur le chakra frontal. En fin d'après-midi on se tiendra assis, bien droit sans contraction avec une Aigue-marine posée au sommet du crâne. On gardera cet équilibre durant 5 mn. Enfin, on boira un verre d'eau d'Aigue-marine avant le coucher.

Épistaxis (saignement de nez).

- **Grenat. Héliotrope. Hématite, Jade. Jaspe. Topaze. Saphir.**
- Svadhisthana chakra (sacrum).
- Orange.
- Poser une pierre sur le front durant 20 mn. Respiration, souffle, problèmes pulmonaires.

Voies respiratoires.

- **Aigue-marine. Pyrite. Saphir. Turquoise.**
- Anahata chakra (chakra du cœur), Vishuddha chakra (cou) et Manipura chakra (plexus).

- Violet. Vert. Rose.
- On peut y adjoindre l'Or en cas de haut-le-cœur accompagnant l'essoufflement. Masser la poitrine avec de l'eau d'Aigue-marine, de Saphir ou de Turquoise. En cas de douleur, masser la poitrine avec l'une ou l'autre de ces pierres. Fixer une Pyrite sur la poitrine avec un sparadrap. Garder une heure.

Estomac. Foie. Digestion. Aérophagie. Météorisme.

- Aigue-marine. Jais.
- Manipura chakra (plexus).
- Jaune. Or.
- Poser une pierre à l'endroit douloureux durant 5 mn, trois fois par jour. Le soir, avant le coucher, poser la pierre sur le chakra durant une vingtaine de minutes.

Fatigue oculaire.

- Aigue-marine. Cristal d'Herkimer, cristal de roche. Moldavite.
- Ajna chakra (frontal).
- Bleu. Violet.
- Poser une Aigue-marine ou une Moldavite sur chaque paupière close durant 20 mn, avant le coucher. Boire de l'eau de Cristal à volonté...

Fatigue, convalescence, asthénie.

- Bois silicifié. Calcédoine.
- Sahasrara chakra (sommet du crâne).
- Violet. Or.
- Poser la pierre sur le sommet du crâne, se tenir droit durant deux ou trois minutes.

Fièvre.

- **AGATE. SEL GEMME. SOUFRE.**
- Ajna chakra (frontal).
- Violet. Bleu.
- Poser la pierre sur le front. Boire un verre d'eau d'Agate trois fois pas jour. Appliquer quelques cristaux de Sel sur la poitrine ou le front. Laisser fondre sous l'influence de la transpiration. Masser les tempes avec une pierre de Soufre.

Flatulences.

- Voir Digestion.

Frigidité.

- Voir Troubles sexuels.

Gestation.

- Voir Accouchement.

Grippe.

- **JADE.**
- Anahata chakra (cœur) et Vishuddha chakra (cou).
- Bleu clair. Vert.
- Sucer la pierre. L'appliquer sur les chakras.

Hémorroïdes.

- **GRENAT. HÉLIOTROPE. JASPE.**
- Muladhara chakra (base) et Svadhisthana chakra (sacrum).
- Rouge. Orange.
- Sucer un Grenat. Poser un Grenat ou une Héliotrope sur le Svadhisthana chakra. Bains de siège à l'eau d'Héliotrope. Poser un morceau de Jaspe sur les chakras.

Impuissance.

- Voir Troubles sexuels.

Insomnie.

- **Améthyste.**
- Ajna chakra (front).
- Violet.
- Poser une pierre sur le chakra durant 20 mn.

Bourdonnement d'oreilles.

- **Onyx.**
- Ajna chakra (front).
- Violet. Noir.
- Ne pas porter constamment l'Onyx : tenir la pierre ou porter le bijou durant 10 mn au maximum plusieurs fois par jour.

Troubles cardiaques.

- **Agate. Aventurine. Émeraude. Grenat** (sauf hypertension). **Hématite** (spécialement pour l'arythmie). **Kunzite. Lapis-lazuli. Moldavite. Olivine** (ne jamais utiliser avec une autre pierre).
- Anahata chakra (chakra du cœur).
- Violet.
- Poser la pierre sur le chakra durant 20 mn. Porter un bijou d'Aventurine ou d'Hématite à même la peau (pendentif, bague). Boire de l'eau d'Émeraude, de Lapis-lazuli ou de Grenat.

Énurésie.

- Voir Incontinence.

Polyakurie.

- Voir Incontinence.

Incontinence. Énurésie. Polyakurie.

- NÉPHRITE. ZIRCON.
- Svadhisthana chakra (sacrum).
- Orange.
- Sucer une pierre avant le coucher.

Intoxication alcoolique.

- AMÉTHYSTE. TANZANITE.
- Sahasrara chakra (sommet du crâne) et Manipura chakra (plexus).
- Jaune et son complémentaire Violet.
- Porter préventivement un bijou comprenant une Améthyste. Si l'on doit assister à une soirée « bien arrosée », sucer une Améthyste ou une Tanzanite durant 5 mn avant, pendant et après la prise d'alcool. Conserver une Améthyste sous son oreiller ou cousu dans ce dernier. Boire beaucoup d'eau.

Ivresse.

- Voir Intoxication alcoolique.

Leucorrhée.

- Voir Cycle menstruel.

Mal des transports.

- CRISTAL DE ROCHE. TOURMALINE.
- Svadhisthana chakra (sacrum).
- Orange.
- Sucer le Cristal de roche. On « piquera » la région du cœur avec un bâtonnet de Tourmaline.

Maladie de Clérambault.

- Voir Troubles sexuels.

Migraine. Céphalée.

- AMÉTHYSTE. JADE. TANZANITE.
- Ajna chakra (front).
- Violet.
- Poser une Améthyste sur le chakra et poser un morceau de Jade sur le front. Les laisser durant 20 mn.

Neurasthénie.

- Voir Dépression.

Nymphomanie.

- Voir Troubles sexuels.

Phlyctène.

- Voir Brûlure.

Poumons.

- Voir Essoufflement.

Priapisme.

- Voir Troubles sexuels.

Rage de dents.

- AIGUE-MARINE. AMBRE (plus spécialement pour les douleurs dentaires du nourrisson).
- Vishuddha chakra (cou).
- Violet.
- Sucer une petite Aigue-marine comme on le ferait d'un

bonbon. Bains de bouche à l'eau d'Aigue-marine avec trois gouttes d'essence d'Anis par verre. Douleurs dentaires du nourrisson : coudre un fragment d'Ambre dans ses vêtements. Lui frotter les gencives avec de l'eau d'Ambre safranée.

Reins (maladies des).

- **Chrysoprase. Chrysolite. Bézoard. Diamant. Jaspe** (pour les calculs).
- Svadhisthana chakra (sacrum).
- Orange. Blanc.
- Poser la pierre durant 20 mn sur les reins ou au niveau de la vessie. Ou encore, poser la pierre sur le chakra.

Lumbago.

- Voir Rhumatisme.

Rhumatismes. Lumbago.

- **Grenat. Jais. Ambre. Lapis-lazuli** (lumbago). **Malachite.** Selon la localisation.
- Rouge. Vert.
- Poser la pierre sur les chakras correspondants. L'alliance de l'Ambre et du Jais est très efficace. On « électrisera » ces pierres en les frottant sur un chiffon de laine avant de les appliquer sur les zones douloureuses.

Rhume des foins.

- Voir Allergies chroniques.

Saignement de nez.

- Voir Épistaxis.

Surrénales (glandes).

- **Aventurine.**
- Svadhisthana chakra (sacrum).
- Orange.
- Poser la pierre sur le chakra durant 20 mn matin et soir. Boire de l'eau d'Aventurine.

Tension artérielle.

- **Béryl. Chrysobéryl. Chrysolite. Chrysoprase. Kunzite.**
- Anahata chakra (cœur).
- Vert. Rose. Or.
- Eau de Béryl : un verre trois fois par jour. Poser l'une ou l'autre des pierres durant 20 mn à l'endroit du cœur.

Troubles nerveux.

- **Chrysocolle. Diamant.**
- Ajna chakra (front).
- Bleu.
- Après amélioration, jaune, puis violet. Poser la pierre sur le chakra durant 20 mn.

Troubles oculaires.

- **Béryl. Chrysobéryl. Aigue-marine. Émeraude. Lapis-lazuli. Moldavite.**
- Anahata chakra (cœur) et Ajna chakra (frontal).
- Vert-bleu. Violet. Rose. Or.
- Eau de Béryl : un verre trois fois par jour. Poser l'une ou l'autre des pierres durant 20 mn à l'endroit du cœur. Poser une Aigue-marine ou un Lapis-lazuli sur chaque paupière close durant 20 mn avant le coucher.

Troubles sexuels.

- **AMAZONITE. GRENAT. AMÉTHYSTE. AMBRE. JASPE. TOURMALINE** (impuissance, frigidité). **RUBIS. PYRITE. QUARTZ ET PIERRE DE SOLEIL** (aphrodisiaques). **ZIRCON** (aphrodisiaque et régulateur).
- Muladhara chakra (bas) et Svadhisthana chakra (bas du ventre).
- Rouge. Orange.
- Poser la pierre sur les chakras. Massage des organes génitaux avec de l'eau d'Amazonite ou de Grenat matin, midi et soir.
  Poser un Grenat sur le nombril (trois fois 10 mn par jour). Poser une Tourmaline, une Améthyste ou un Rubis sur le nombril durant 20 mn le matin et le soir.
  Conserver une Améthyste à demeure sous son oreiller ou cousue dans celui-ci.
  Râper de l'Ambre à la râpe à muscade dans un verre d'eau. À boire en trois fois : 1/3 de verre matin, midi et soir.

Urinaires (troubles).

- Voir Reins.

Urticaire.

- **AVENTURINE. AIGUE-MARINE.**
- Anahata chakra (cœur).
- Vert. Rose.
- Poser la pierre sur le chakra durant 20 mn matin et soir. Diète légère durant deux jours. Boire de l'eau d'Aventurine à volonté. Rincer les zones irritées à l'eau d'Aigue-marine. Si les troubles proviennent d'une intoxication (fruits de mer, etc.) voir à Allergies pour compléter le traitement.

Vaginisme.

- Voir Troubles sexuels.

Varicelle. Variole. (Voir Zona).

- **Amazonite.**
- Anahata chakra (cœur).
- Vert. Rose.
- Poser la pierre sur le chakra durant 20 mn, en complément d'un traitement médical de fond.

Varices.

- **Grenat. Héliotrope.**
- Muladhara chakra (base) et Svadhisthana chakra (sacrum).
- Rouge. Orange.
- Rincer la peau à l'endroit des veines bouchées à l'eau de Grenat. Sucer un Grenat. Poser un Grenat ou une Héliotrope sur le Svadhisthana chakra.

Variole.

- Voir Varicelle.

Vésicule biliaire.

- **Chrysolite. Bézoard.**
- Svadhisthana chakra (sacrum).
- Orange.
- Poser la pierre sur le chakra 15 mn matin et soir.

Vessie.

- Voir Reins.

Voies respiratoires.
- Voir Essoufflement.

Voix (troubles de la).
- CALCÉDOINE.
- Vishuddha chakra (gorge).
- Bleu clair. Argent.
- Poser la pierre pendant quelques minutes sur la zone à traiter. Boire un verre d'eau de Calcédoine trois fois par jour. On peut aussi en sucer un fragment.

Parkinson (maladie de).
- RHODONITE et RHODOCHROSITE.
- Ajna chakra (frontal).
- Bleu. Violet.
- Boire de l'eau de Rhodochrosite (un verre par jour) durant deux semaines, puis de l'eau de Rhodonite à la même dose durant trois semaines. Ce traitement aide à la guérison, il ne peut qu'être complémentaire d'un traitement médical.

Zona.
(Le zona est une forme de Varicelle qui peut aussi se soigner comme cette maladie).
- AIGUE-MARINE. RHODOCHROSITE.
- Manipura chakra (plexus).
- Jaune. Or.
- Ne jamais mettre la pierre en contact avec le zona. La placer durant 20 mn sur le chakra le matin et le soir. Traitement de complément.

D'ORDRE PSYCHIQUE

• CORRESPONDANCE PIERRE
• CORRESPONDANCE CHAKRA
• CORRESPONDANCE COULEUR
• MODE D'UTILISATION

Agitation. Agressivité destructrice.
(Spécialement chez l'adolescent).
- **Aventurine. Fluorine.**
- Anahata chakra (cœur).
- Vert. Rose. Or.
- Poser la pierre choisie sur le chakra durant 20 mn trois fois par jour. Eau d'Aventurine.

Agressivité. Colère irraisonnée.
- **Améthyste. Aragonite. Olivine. Orpiment. Perle.**
- Anahata chakra (cœur).
- Vert. Rose. Or.
- Poser la pierre choisie sur le chakra durant 20 mn. Trois fois par jour. L'Olivine s'utilise seule. Vinaigre dans lequel on a dissous de l'Aragonite ou une Perle morte en assaisonnement dans les aliments.

Alcoolisme.
- **Améthyste. Tanzanite.**
- Muladhara chakra (base) et Ajna chakra (front).
- Rouge. Bleu. Argenté.

- Placer une pierre au fond du verre dans lequel on boit. Porter une bague ornée d'Améthyste. Poser l'Améthyste sur le Muladhara chakra et la Tanzanite sur l'Ajna chakra durant 20 mn le matin. Faire l'inverse le soir avant le coucher.

Altérations de la personnalité.

- Albâtre. Fluorine. Moldavite. Obsidienne. Tanzanite.
- Muladhara chakra (centre de base) et Ajna chakra (chakra frontal).
- Rouge. Violet.
- En cas de torpeur, placer une pierre sous l'oreiller. Autrement, une cuillerée à café de poudre d'Albâtre dans un litre d'eau qu'on boira dans la journée durant une semaine. Placer la Fluorine sur le chakra frontal durant 20 mn. Poser la Moldavite, la Tanzanite ou l'Obsidienne sous l'oreiller ou la coudre au vêtement de nuit.

Anaphrodisie.

(Manque de désir sexuel sans troubles physiques).

- Amazonite. Jaspe. Zircon. Tourmaline.
- Svadhisthana chakra (chakra sacré).
- Orange.
- Sucer la pierre et la placer sur le chakra durant 20 mn.

Angoisse.

- Chrysocolle. Magnétite. Péridot.
- Anahata chakra (cœur).
- Or. Vert. Rose.
- Maintenir une pierre sur chaque tempe avec un sparadrap de fibres naturelles.

Anorexie.

- **BOIS SILICIFIÉ. CALCÉDOINE. CORAIL. JADE.**
- Manipura chakra (centre).
- Jaune. Or. Brun.
- Poser la pierre choisie sur le chakra durant 20 mn trois fois par jour. Vinaigre ou jus de citron mêlé de poudre de Corail en assaisonnement durant les repas. Porter un bijou de Jade à même la peau.

Boulimie.

- **MAGNÉSITE. AMBRE. CALCÉDOINE. CORAIL.**
- Manipura chakra (centre).
- Jaune. Or. Brun.
- Poser alternativement les pierres sur le chakra durant 20 mn trois fois par jour. Porter un bijou mêlant la Magnésite et l'Ambre ou la Calcédoine. Vinaigre contenant de la poudre de Corail en assaisonnement.

Cacolalie.

(Besoin irrépressible de dire des obscénités d'une façon vulgaire et agressive).

- **AMBRE. AMÉTHYSTE. CORAIL.**
- Svadhisthana chakra (chakra sacré).
- Orange.
- Eau d'Ambre et aussi une pincée de poudre d'Ambre mêlée aux aliments. Poser l'Améthyste sur le chakra durant 20 mn matin et soir.

Cauchemars. (Voir Angoisse. Dépression).

- **HÉMATITE. CHRYSOCOLLE. JADE. PIERRE DE LUNE. PIERRE DE SOLEIL.**
- Ajna chakra (front). Sahasrara chakra (coronal).
- Rouge. Bleu.

Chagrin d'amour.

- **Amazonite. Grenat.**
- Anahata chakra (cœur). Ajna chakra (front). Sahasrara chakra (coronal).
- Rouge. Bleu.
- Placer la pierre choisie alternativement sur chacun des chakras durant 20 mn.

Concentration (troubles de la).

- **Améthyste. Béryl** (spécialement Héliodore). **Calcédoine. Chrysobéryl. Chrysoprase. Fluorite.**
- Ajna chakra (front).
- Bleu. Violet.
- Placer la pierre choisie (se laisser aller à sa préférence esthétique) sur le chakra. Dans certains cas (distraction) on a intérêt à compléter l'action de la Calcédoine par une pierre de couleur rouge (Grenat voir Orpiment). Le Chrysobéryl convient particulièrement aux natifs du signe du Cancer.

Conformisme exacerbé ou « normalité pathologique » ou encore panurgisme.

- **Jade. Jaspe. Sodalite.**
- Anahata chakra (cœur). Ajna chakra (front). Sahasrara chakra (coronal).
- Rouge. Bleu.
- Placer la pierre choisie alternativement sur chacun des chakras durant 20 mn. Cette affection peut mener à devenir esclave de la mode, voire à l'adhésion à des groupes sectaires.

Confusion mentale.

- Voir Mémoire (troubles de la).

Culpabilité (sentiment de) Culpabilisation.

- **Chrysocolle. Jade. Labradorite. Sodalite.**
- Anahata chakra (cœur).
- Bleu. Violet.
- Poser la pierre choisie sur le chakra durant 20 mn.

Défaitisme.

- Voir Morosité.

Dégénérescence mentale.

- **Moldavite. Mica. Néphrite.**
- Ajna chakra (front) et Manipura chakra (centre).
- Jaune. Violet. Or.
- Placer la pierre sur le chakra durant 20 mn.

Dépression, neurasthénie.

Dépression après l'accouchement ou « baby blues ».

- **Agate jaune ou pourpre. Ambre. Calcédoine. Chrysocolle. Corail. Lapis-lazuli. Obsidienne. Opale. Péridot. Aragonite, Perle. Quartz** (sauf rose).
- Ajna chakra (chakra frontal).
- Jaune (mais aussi sa complémentaire : Violet).
- Porter un bijou d'Agate à même la peau. Attention, l'Agate peut occasionner une décharge d'énergie et produire un effet paradoxal au début du traitement. Eau de Calcédoine, de Lapis-lazuli, d'Opale ou de Chrysocolle : 3 verres par jour. Vinaigre contenant de la poudre de Corail, ou vinaigre dans lequel on a dissout de l'Aragonite, ou une Perle morte. En assaisonnement alimentaire. L'association Obsidienne/Cristal de roche est souveraine.

Égoïsme.

- ARAGONITE. PERLE.
- Ajna chakra (front).
- Bleu.
- Vinaigre dans lequel on a dissout de l'Aragonite ou une Perle morte en assaisonnement des aliments.

Envie.

- Voir Jalousie.

Exaltation. Ivresse spirituelle.

- AGATE. MALACHITE. OBSIDIENNE.
- Sahasrara chakra (sommet du crâne).
- Violet.
- Méditation sur l'Obsidienne. Eau d'Agate (un verre trois fois par jour). Poser la Malachite sur le chakra durant 20 mn trois fois par jour.

Frigidité (voir Impuissance).

- AMAZONITE (voir impuissance) et ALBÂTRE.
- Svadhisthana chakra (chakra sacré).
- Orange.
- Eau d'Albâtre (un verre trois fois par jour). Voir aussi les remèdes contre l'impuissance.

Grossesse nerveuse.

- Voir Hystérie.

Hystérie.

- ÉMERAUDE, AMÉTHYSTE. ORPIMENT.
- Ajna chakra (front). Muladhara chakra (centre de base) et Svadhisthana chakra (sacrum).

- Bleu. Jaune.
- Cette névrose, contrairement à l'idée reçue, atteint aussi les hommes. En complément d'une traitement de fond : eau d'Émeraude. Mémoire sélective : voir trouble de la mémoire. Placer alternativement les pierres sur les chakras durant 20 mn en cas de bouffée agressive.

Impuissance. Frigidité d'origine psychosomatique.

- Amazonite. Rhodochrosite. Pierre de soleil. Pierre de lune. Saphir. Tourmaline.
- Svadhisthana chakra (chakra sacré).
- Orange.
- Placer la pierre sur le chakra durant 20 mn.

Insomnie.

- Hématite. Soufre.
- Ajna chakra (front). Anahata chakra (cœur). Muladhara chakra (centre de base).
- Bleu. Jaune. Vert. Rose. Rouge.
- Poser les pierres sur les chakras alternativement. L'insomnie est une manifestation du stress, de l'angoisse, de la dépression. Voir à ces mots. L'insomnie matinale est particulière aux états dépressifs. Elle s'accompagne parfois d'hyperactivité qui masque les symptômes. Il convient, dans ce cas, d'entreprendre un traitement de fond.

Jalousie névrotique ou obsessionnelle. Envie.

- Chrysocolle. Citrine. Diamant. Rhodonite.
- Manipura chakra (centre). Ajna chakra (front).

- Jaune. Bleu. Indigo.
- En complément d'un traitement psychiatrique de fond. Poser la pierre sur le chakra choisi durant 20 mn. Ne pas utiliser la Citrine en cas de caractère violent ou de tendance à la calomnie.

Maladie de Clérambault.

(Érotomanie de la vieille femme).
Voir : Obsession sexuelle. En cas de pulsions irrésistibles et de cacolalie.

- AMBRE
- (Eau d'Ambre). Et aussi une pincée de poudre d'Ambre mêlée aux aliments.

Manie dépressive.

- Voir Altérations de la personnalité. Tout traitement ne pourra que seconder une cure psychiatrique de fond à long terme.

Mémoire (troubles de la).

- ÉMERAUDE. FLUORINE. MALACHITE. MOLDAVITE. OPALE.
- Ajna chakra (front).
- Bleu, Jaune.
- Les troubles de la mémoire sans lésion des centres nerveux ont bien souvent une base affective. Un traitement de fond se révélera nécessaire, indispensable même. L'eau d'Émeraude à volonté aidera à guérir plus vite, comme l'eau de Malachite. On placera la Fluorine, l'Opale ou la Moldavite sur le chakra durant 20 mn trois fois par jour.

Mémoire sélective.

- Voir Hystérie.

Morosité maladive. Pessimisme. Défaitisme.

- **Calcédoine. Fluorine. Jade. Jais.**
- Ajna chakra (front).
- Jaune. Violet. Or.
- Eau de Calcédoine (un verre trois fois par jour). Placer la Fluorine sur le front durant 20 mn. Porter un bijou de Jade à même la peau. Porter un bijou de Jais. Attention, le contact avec la peau ternit le Jais. On le portera sur les vêtements.

Nervosité diffuse. Agitation. Hyperkinésie.

- **Agate. Aigue-marine.**
- Ajna chakra (chakra frontal).
- Violet.
- Eau d'Agate à volonté. Porter un bijou d'Aigue-marine.

Normalité pathologique.

- Voir Conformisme exacerbé.

Nymphomanie.

- Voir Obsession sexuelle.

Obsession sexuelle. Satyriasis. Nymphomanie. Maladie de Clérambault (érotomanie de la vieille femme).

- **Amazonite. Ambre. Jaspe. Kunzite. Pierre de soleil. Saphir.**

- Svadhisthana chakra (chakra sacré).
- Orange.
- Eau d'Amazonite à volonté. Eau d'Ambre et aussi une pincée de poudre d'Ambre mêlée aux aliments. Eau de Saphir. Placer le Jaspe ou la Pierre de soleil sur le chakra durant 20 mn trois fois par jour. La Kunzite, appliquée de la même façon, nous ramènera vers l'altitude spirituelle, mais elle peut aussi nous faire perdre le sens des réalités. À utiliser avec précautions.

Panurgisme.

- Voir Conformisme exacerbé.

Paranoïa.

- Voir Altérations de la personnalité. Tout traitement par les pierres ne pourra que seconder une cure psychiatrique de fond à long terme.

Pessimisme exacerbé.

- Voir Morosité maladive.

Satyriasis.

- Voir Obsession sexuelle.

Scène de ménage.

(Disputes ritualisées et répétitives du couple avec ou sans violence).

- AVENTURINE. AMÉTHYSTE. ORPIMENT.
- Ajna chakra (front). Anahata chakra (cœur). Muladhara chakra (centre de base).
- Violet. Or.

- Les deux partenaires devront placer les pierres sur le chakra. Ils peuvent se le faire mutuellement dès qu'ils sont en état de manifester un désir de paix durable.

Schizophrénie.

- Voir Altérations de la personnalité. Tout traitement ne pourra que seconder une cure psychiatrique de fond.

Somnambulisme.

- CALCÉDOINE.
- Ajna chakra (front).
- Jaune.
- Coudre une pierre dans l'ourlet de son vêtement de nuit.

Stress. Tension nerveuse.

- AMÉTHYSTE. JASPE. TANZANITE.
- Ajna chakra (front) et Manipura chakra (centre).
- Jaune. Violet. Or.
- Placer la pierre sur le chakra durant 20 mn.

Timidité. Trac.

- CALCÉDOINE. MICA. SEL GEMME. TURQUOISE.
- Ajna chakra (front) et Manipura chakra (centre).
- Jaune. Violet. Or.
- Méditation. Eau de Calcédoine (un verre trois fois par jour) et eau de Mica (un verre trois fois par jour), alternativement. Placer une Turquoise ou une Pierre de sel sur les chakras concernés.

Tourette (Maladie de la).

- AVENTURINE. AMÉTHYSTE. CHRYSOCOLLE. CHRYSOLITE.

- Ajna chakra (front).
- Bleu. Violet.
- Cette hyperactivité avec cacolalie et tics nerveux ne peut se soigner qu'à l'aide d'un neuropsychiatre. Cependant, placer une pierre sur le chakra correspondant deux fois par jour durant 20 mn, aide à la stabilisation de la maladie, atténue l'état paroxysmique des crises.

Trac.

- Voir Timidité.

Effets spirituels

• CORRESPONDANCE PIERRE
• CORRESPONDANCE CHAKRA
• CORRESPONDANCE COULEUR
• MODE D'UTILISATION
(et, éventuellement, description de l'état spirituel)

Énergie (blocage des).

- JADE. JASPE. SODALITE. CRISTAL DE ROCHE, AIGUE-MARINE.
- Anahata chakra (cœur). Ajna chakra (front). Sahasrara chakra (coronal).
- Rouge, Bleu.
- Poser alternativement les pierres sur les chakras concernés durant 20 mn, cinq fois par jour.

Intolérance. Sectarisme (Tendance au).

- JADE. JASPE. SODALITE. CRISTAL DE ROCHE. AIGUE-MARINE.
- Anahata chakra (cœur). Ajna chakra (front). Sahasrara chakra (coronal).
- Rouge. Bleu.
- Aucune vraie recherche spirituelle ne peut aboutir lorsqu'on est agi par un état d'intolérance. Placer la pierre choisie alternativement sur chacun des chakras durant 20 mn.

Silence intérieur (excès de).

- Voir Harmonisation du corps énergétique. Impression de vide, sentiment d'être « dépeuplé ». Voir aussi dans le tableau des troubles psychologiques à altérations de la personnalité.

Absence au monde. Distraction.

- Bois silicifié. Calcédoine. Corail. Jade.
- Manipura chakra (centre).
- Jaune. Or. Brun.
- Poser le Bois silicifié sur le chakra durant 20 mn trois fois par jour.
  Manipuler la Calcédoine en psalmodiant le son « Ram » doucement sur tous les tons. Porter un bijou de Jade à même la peau. Rêverie sur le Corail.

Acédie.

- Voir Doute existentiel. Equanimité négative, ennui : peu grave si soigné à temps.

Angoisse métaphysique. Doute essentiel.

- Chrysocolle. Magnétite. Péridot.
- Anahata chakra (cœur).
- Or. Vert. Rose.
- Manipuler les pierres en psalmodiant le son « Lam » doucement sur tous les tons.

Aporie.

- Voir Mélancolie. État de stupeur mentale ou spirituelle. Peut-être le résultat d'une dépression ou d'un deuil récent.

Communion avec la nature, l'univers.

- Voir la Paix intérieure. Compréhension des phénomènes naturels.
- **Aventurine. Fluorine.**
- Anahata chakra (cœur).
- Vert. Rose. Or.
- Réflexion. Puis, psalmodie du son « Yam » sur le 4e degré de la gamme (fa dièse).

Concentration (troubles de la), empêchant l'élévation spirituelle ou toute discipline mentale.

- **Améthyste. Béryl** (spécialement Héliodore). **Calcédoine. Chrysobéryl. Chrysoprase. Fluorite.**
- Ajna chakra (front).
- Bleu. Violet.
- Placer la pierre choisie (se laisser aller à sa préférence esthétique) sur le chakra. Dans certains cas (distraction) on a intérêt à compléter l'action de la Calcédoine par une pierre de couleur rouge (Grenat, voire Orpiment). Le Chrysobéryl convient particulièrement aux natifs du signe du Cancer.

Confiance et respect des forces de l'Univers.

- **Améthyste. Tanzanite.**
- Muladhara chakra (base) et Ajna chakra (front).
- Rouge. Bleu. Argenté.
- Rêverie ou contemplation : laisser venir en soi les douces vibrations de l'Améthyste, ou celles, plus « piquantes » de la Tanzanite. Murmure du son « Lam » venant de la gorge.

Confusion mentale.

- Voir Mémoire (troubles de la). Se référer au tableau des troubles psychologiques.

Connaissance de son Moi profond.

- ALBÂTRE. FLUORINE. MOLDAVITE. OBSIDIENNE. TANZANITE.
- Muladhara chakra (centre de base) et Ajna chakra (chakra frontal).
- Rouge. Violet.
- Choisir la pierre qui vous attire le plus. Alterner avec celle qui vous plaît le moins. Par réflexion active, essayer d'analyser les raisons de cette attirance et de son contraire. Ensuite, on pourra méditer dans la pénombre mais pas dans l'obscurité activement sur une pierre, au choix. Le son « Lam » sera chantonné sur le premier degré de la gamme (do). Le son Om ou plutôt Aum (deux syllabes) suivra, dit d'une voix de gorge la plus grave possible jusqu'à extinction du souffle. Attention : l'aspect compact, nocturne de l'Obsidienne proposera une certaine résistance. Mais une fois cet obstacle vaincu, on se trouvera de plain-pied avec soi-même.

Connaissance intuitive.

(Et aussi perception de l'infini)

- AMBRE. AMÉTHYSTE. CORAIL.
- Svadhisthana chakra (chakra sacré).
- Orange.
- Rêverie sur les pierres et les couleurs. Poser l'Ambre sur le chakra frontal durant 20 mn une fois par jour. Attention, il pourra s'ensuivre une période d'insomnie.

Culpabilité (sentiment de culpabilisation).

- **Chrysocolle. Jade. Labradorite. Sodalite.**
- Anahata chakra (cœur).
- Bleu. Violet.
- Poser la pierre choisie sur le chakra durant 20 mn.

Cupidité empêchant l'élévation spirituelle, la réflexion.

- **Amazonite. Grenat.**
- Anahata chakra (cœur). Ajna chakra (front). Sahasrara chakra (coronal).
- Rouge. Bleu.
- Placer la pierre choisie alternativement sur chacun des chakras durant 20 mn.

Défaitisme.

- Voir Morosité. Se référer au tableau des troubles psychologiques.

Dégénérescence mentale.

- **Moldavite. Mica. Néphrite.**
- Ajna chakra (front) et Manipura chakra (centre).
- Jaune. Violet. Or.
- Placer la pierre sur le chakra durant 20 mn.

Délectation morose.

- Voir Mélancolie. Forme grave du masochisme spirituel : on prend un plaisir à s'enfoncer dans les ténèbres de l'âme. Peut-être faut-il aussi penser à une dépression, des obsessions ou à des angoisses préalables. Se référer aux troubles psychologiques.

Doute essentiel.

- Voir Angoisse métaphysique.

Doute existentiel.

- Voir Mélancolie. Sentiment du « à quoi bon ». Peu grave si soigné à temps.

Égoïsme.

- ARAGONITE. PERLE.
- Ajna chakra (front).
- Bleu.
- Vinaigre dans lequel on a dissout de l'Aragonite ou une Perle morte en assaisonnement des aliments.

Énergie vitale purificatrice.
Amour de « notre Mère » la Terre.

- AMAZONITE. JASPE. ZIRCON. TOURMALINE.
- Svadhisthana chakra (chakra sacré).
- Orange.
- Placer une Amazonite sur le chakra durant 20 mn. Laisser l'esprit libre. Puis, le lendemain, méditer sur le Jaspe en prononçant le son « Vam » sur le deuxième degré de la gamme (ré). Le Zircon, la Tourmaline serviront pour des méditations actives ultérieures dès qu'on se sentira « en prise directe » avec la Terre.

Envie.

- Voir Jalousie.

Exaltation. Ivresse spirituelle.

- AMÉTHYSTE. AGATE. MALACHITE. OBSIDIENNE.

- Sahasrara chakra (sommet du crâne).
- Violet.
- Port d'un bijou d'Améthyste. Méditation sur l'Obsidienne. Eau d'Agate (un verre matin et soir). Eau d'Améthyste (un verre à midi). Poser la Malachite sur le chakra durant 20 mn trois fois par jour.

Force vitale (dynamisation de la).

- CORAIL, CALCÉDOINE. FLUORINE. JADE. JAIS.
- Ajna chakra (chakra frontal).
- Jaune. Violet. Or. Noir.
- Contemplation des arborescences du Corail. Méditation sur le noir du Jais. Poser Fluorine et Jade sur le chakra alternativement matin et soir durant 20 mn. Prendre des « bains de silence » en se tenant 1/4 d'heure par jour dans un endroit silencieux. En cas d'impossibilité, utiliser des tampons d'oreilles. Ce pis-aller vous permettra d'écouter vos « voix intérieures ».

Force vitale (manque de).

- Voir Mélancolie.

Forces mentales et spirituelles (mobilisation conjointe des).

- HÉMATITE. SOUFRE.
- Ajna chakra (front). Anahata chakra (cœur). Muladhara chakra (centre de base).
- Bleu. Jaune. Vert. Rose. Rouge.
- Poser les pierres sur les chakras alternativement. Méditation des couleurs. Éviter de trop vouloir se concentrer. Laisser venir l'irradiation des forces minérales.

Haine.

- Voir Jalousie. La haine est toujours pathologique. Elle dénature toute expérience ou quête spirituelle.

Harmonie intérieure.

- **Aventurine. Améthyste. Orpiment.**
- Ajna chakra (front). Muladhara chakra (centre de base) et Svadhisthana chakra (sacrum).
- Bleu. Violet. Or.
- Poser les pierres alternativement sur les chakras. Méditation. Psalmodie alternative des sons « Om » (une syllabe sur le sixième degré) « Aum » (deux syllabes sur le septième degré), « Lam » (sur le premier degré) et « Vam » (sur le deuxième degré).

Harmonisation du corps énergétique.

- **Émeraude, Améthyste. Orpiment.**
- Ajna chakra (front). Muladhara chakra (centre de base) et Svadhisthana chakra (sacrum).
- Bleu. Jaune.
- Méditation sur les pierres.

S'ouvrir au silence. Indécision.

- **Grenat.**
- Ajna chakra (front).
- Jaune. Rouge.
- Hésitation à s'engager dans sa propre quête spirituelle. Tentation hypercritique, désir de se soumettre à une autorité extérieure sans que cette soumission soit tout à fait libre, puisqu'elle procède d'un besoin de se rassurer. Poser la pierre sur le chakra durant 20 mn matin et

soir. Contemplation du Grenat. Attention : cette pierre a des effets énergiques et peut occasionner des ruptures, des décisions irrévocables. On alternera avec les modalités de l'Harmonie.

Jalousie. Envie. Sentiments de haine empêchant l'élévation spirituelle.

- AMAZONITE. GRENAT.
- Anahata chakra (cœur). Ajna chakra (front). Sahasrara chakra (coronal).
- Rouge. Bleu.
- Placer la pierre choisie alternativement sur chacun des chakras durant 20 mn.

Lien avec les forces de guérison naturelle (spirituelle ou corporelle).

- AVENTURINE. FLUORINE.
- Anahata chakra (cœur).
- Vert. Rose. Or.
- Contemplation. Psalmodie du son « Yam » sur le 4e. degré de la gamme (fa dièse).

Lien avec les forces terrestres.

- AMÉTHYSTE. ARAGONITE. OLIVINE. ORPIMENT. PERLE.
- Anahata chakra (cœur).
- Vert. Rose. Or.
- Poser la pierre choisie sur le chakra durant 20 mn. Réflexion active en position allongée. Répéter le son « Yam » en syllabes brèves par séries de sept fois sans tonalité particulière.

Lucidité (Dynamisation de la).

- Ambre. Calcédoine. Corail.
- Muladhara chakra (bas), Manipura chakra (centre) et Sahasrara chakra (sommet).
- Jaune. Or. Rouge. Violet. Noir.
- Rêverie, puis contemplation de la pierre préférée. Réflexion à propos des couleurs. Bourdonnement (bouche fermée) du son « Om » (une syllabe). Et, progressivement « faire le vide » intérieurement.

Maladie de Clérambault.

(Érotomanie de la vieille femme).

- Voir : Obsession sexuelle.

En cas de pulsions irrésistibles et de cacolalie.

- Ambre.
- Eau d'Ambre et aussi une pincée de poudre d'Ambre mêlée aux aliments.

Manie dépressive.

- Voir Altérations de la personnalité. Tout traitement ne pourra que seconder une cure psychiatrique de fond à long terme.

Matérialisme exacerbé.

- Amazonite et Albâtre.
- Svadhisthana chakra (chakra sacré).
- Orange.
- Eau d'Albâtre (un verre trois fois par jour). Voir aussi les remèdes contre l'impuissance et la frigidité, car il s'agit d'une forme d'impuissance ou de frigidité spirituelle. La défaillance du désir spirituel peut aussi pro-

venir d'un trouble psychologique, voire organique préexistant. Fredonner le son « Vam » sur le deuxième degré de la gamme (ré).

Mélancolie. Aporie. Doute existentiel. « Délectation morose ». Acédie.

- AGATE JAUNE OU POURPRE. AMBRE. CALCÉDOINE. CHRYSOCOLLE. CORAIL. LAPIS-LAZULI. OBSIDIENNE. OPALE. PÉRIDOT. ARAGONITE. PERLE. QUARTZ (sauf rose).
- Ajna chakra (chakra frontal).
- Jaune (mais aussi sa complémentaire : Violet).
- Porter un bijou d'Agate à même la peau. Attention, l'Agate peut occasionner une décharge d'énergie et produire un effet paradoxal au début du traitement. Eau de Calcédoine, de Lapis-lazuli, d'Opale ou de Chrysocolle : 3 verres par jour. Vinaigre contenant de la poudre de Corail ou vinaigre dans lequel on a dissout de l'Aragonite ou une Perle morte en assaisonnement alimentaire. L'association Obsidienne/Cristal de roche est souveraine.

Mémoire (troubles de la).

- ÉMERAUDE. FLUORINE. MALACHITE. MOLDAVITE. OPALE.
- Ajna chakra (front).
- Bleu. Jaune.
- La mémoire ordinaire est le support psychique de la mémoire spirituelle. Cette mémoire qui dépasse notre propre existence est nécessaire à toute élévation : elle se restaurera avec la guérison des troubles de la mémoire intellectuelle et affective. Voir le tableau des troubles psychiques. En attendant : méditation sur les pierres et les couleurs. Psalmodie du son « Aum » (deux syllabes).

Mémoire sélective.

- Voir Hystérie.

Moi profond (communion avec son).

- Amazonite. Ambre. Jaspe. Kunzite. Pierre de soleil. Saphir.
- Svadhisthana chakra (chakra sacré).
- Orange.
- Eau d'Amazonite à volonté. Eau d'Ambre. Eau de Saphir. Placer le Jaspe, le Saphir ou la Pierre de soleil sur le chakra durant 20 mn trois fois par jour. La Kunzite appliquée de la même façon nous ramènera vers l'altitude spirituelle autonome.

Moi supérieur (dialogue avec notre).

- Agate. Aigue-marine.
- Ajna chakra (chakra frontal).
- Violet.
- Eau d'Agate à volonté. Porter un bijou d'Aigue-marine. Psalmodie du son « Aum » (deux syllabes). Méditation sur le violet. Prendre des « Bains de silence » en se tenant 1/4 d'h. par jour dans un endroit silencieux. En cas d'impossibilité, utiliser des tampons d'oreilles. Ce pis-aller vous permettra d'écouter vos « voix intérieures ».

Morosité maladive, pessimisme, défaitisme.

- Calcédoine. Fluorine. Jade. Jais.
- Ajna chakra (chakra frontal).
- Jaune. Violet. Or. Noir.

- Méditation. Placer la Fluorine sur le front durant 20 mn. Porter un bijou de Jade à même la peau. Porter un bijou de Jais. Attention, le contact avec la peau ternit le Jais. On le portera sur les vêtements. Prendre des « bains de silence » en se tenant 1/4 d'h. par jour dans un endroit silencieux. En cas d'impossibilité, utiliser des tampons d'oreilles. Ce pis-aller vous permettra d'écouter vos « voix intérieures ».

Paix intérieure. Communion avec la nature, l'univers.

- CHRYSOCOLLE. CITRINE. DIAMANT. RHODONITE.
- Manipura chakra (centre). Ajna chakra (front).
- Jaune. Bleu indigo.
- Poser la pierre sur le chakra choisi durant 20 mn. Ne pas utiliser la Citrine en cas de caractère violent ou de tendance à la calomnie. Laisser irradier la puissance minérale dans le but de « lâcher prise ». Contemplation puis méditation des couleurs.

Perception de l'infini.

- Voir Connaissance intuitive.

Pouvoir évolutif (création, renforcement, augmentation du).

- AVENTURINE. AMÉTHYSTE. CHRYSOCOLLE. CHRYSOPRASE. CHRYSOLITE.
- Ajna chakra (front).
- Bleu. Violet. Or.
- Placer une pierre sur le chakra correspondant deux fois par jour durant 20 mn. Méditation active nocturne durant une nuit de pleine lune (pas plus d'une heure). Contemplation des couleurs.

Prosélytisme (besoin impérieux de convaincre, de convertir, certitude d'avoir raison).

- Voir Intolérance. Être convaincu d'être missionné pour « évangéliser » d'une façon ou d'une autre a toujours mené à des violences physiques ou psychologiques.

Pseudo-béatitude indifférente.

- Cristal de roche, Aigue-marine.
  Cas graves : Diamant.
- Muladhara chakra (la base).
- Rouge translucide.
- Impression de détachement, de « hauteur » mystique cachant un orgueil artificiel souvent dû à un sentiment d'infériorité. Psalmodier le son « Lam » le plus longtemps possible jusqu'à essoufflement. Se « vider » les poumons et l'esprit. Poser l'une ou l'autre des pierres sur le cœur. Méditer sur le chakra de base, force élémentaire simple et régénératrice de la personnalité. Il permettra une vision plus « terre à terre » de soi et du monde, ce qui restaurera la réceptivité spirituelle... et la santé mentale !

Psychophorisme.

(Impression d'avoir accueilli un autre soi en Soi), d'« être un autre ». « Dialoguer avec soi-même » avec impression de vision et d'auditions « objectives » de son double.

- Dans les cas graves, on « rencontre son double ». Il s'agit d'un trouble pouvant provenir d'une ascèse ou d'une attitude spirituelle exagérée. Cet état se situe à la frontière entre le psychologique et le spirituel.

- Voir le tableau des troubles psychologiques à altération de la personnalité et schizophrénie. Certains ermites recherchent cet état pour parvenir à des états spirituels supérieurs. C'est une quête dangereuse.

Sectarisme.

- Voir Intolérance.

Sollicitude (approfondissement ou accès à la).

- AVENTURINE. AMÉTHYSTE. ORPIMENT.
- Ajna chakra (front). Muladhara chakra (centre de base) et Svadhisthana chakra (sacrum).
- Bleu. Violet. Or.
- Méditation sur les chakras : les ressentir, les penser, se les représenter en images mentales. Voir aussi : Harmonie.

Somnambulisme.

- CALCÉDOINE.
- Vaticination nocturne. Certains grands mystiques recherchaient le somnambulisme pour atteindre des états de conscience particuliers. À des niveaux inférieurs, ce peut être un effet indésirable d'une quête mystique mal engagée. Pour l'éviter : coudre une pierre dans l'ourlet de son vêtement de nuit.

Sources énergétiques (dynamisation de nos).

- HÉMATITE. CHRYSOCOLLE. JADE. PIERRE DE LUNE. PIERRE DE SOLEIL.

- Ajna chakra (front). Sahasrara chakra (coronal).
- Rouge. Bleu.
- Peut-être faut-il d'abord soigner une éventuelle dépression. Ensuite, poser l'Hématite sur le chakra frontal durant 20 mn le matin. Poser la Chrysocolle ou le Jade sur le chakra coronal au milieu de la journée durant 20 mn. Rêverie sur les couleurs et port d'un bijou de Pierre de lune ou de Pierre de soleil. Fredonner de temps à autre le son Om (une syllabe) sans intention particulière, avec détachement.

Structures émotionnelles (blocage des).

- **AMAZONITE. RHODOCHROSITE. PIERRE DE SOLEIL. PIERRE DE LUNE. SAPHIR. TOURMALINE.**
- Svadhisthana chakra (chakra sacré).
- Orange.
- Crises d'indifférence passagère, accès d'absence à la sollicitude. Placer la pierre sur le chakra durant 20 mn.

Terreur psychique.

- **CALCÉDOINE. MICA. SEL GEMME. TURQUOISE.**
- Ajna chakra (front) et Manipura chakra (centre).
- Jaune. Violet. Or.
- État allant parfois jusqu'au sentiment d'horreur provenant d'un abus de concentration mystique ou spirituelle. Peur spirituelle avec, parfois, hallucinations effrayantes. Méditation. Placer une Turquoise ou une Pierre de sel sur les chakras concernés. Éviter durant quelques mois les « bains de silence ».

Vérités suprêmes (perception et découverte des).

- AMÉTHYSTE. JASPE. TANZANITE.
- Ajna chakra (front) et Manipura chakra (centre).
- Jaune. Violet. Or.
- Contemplation des arborescences du Corail. Méditation sur le noir du Jais. Poser Fluorine et Jade sur le chakra alternativement matin et soir durant 20 mn. Prendre des « bains de silence » en se tenant 1/4 d'h. par jour dans un endroit silencieux. En cas d'impossibilité, utiliser des tampons d'oreilles. Ce pis-aller vous permettra d'écouter vos « voix intérieures ».

Zèle.

- **Voir Intolérance.** Forme particulière du sectarisme menant à l'acceptation de mortifications abusives et autres privations sensorielles imposées par une communauté et non librement choisies par l'individu. S'accompagne de prosélytisme. Les zélotes étaient une secte violente, meurtrière du Ier siècle.

UN MASSAGE D'UNE QUASI-PERFECTION !

■ Il existe des inventions pour lesquelles on peut se poser rétrospectivement et à juste titre la question de savoir pourquoi personne d'autre n'y avait songé auparavant. Parmi celles-ci figurent certainement la fermeture éclair, les glaces, et, sans nul doute, la **roulette de massage Joya®**, une invention alliant simplicité, esthétique et douceur. Cette roulette de massage, fabriquée à partir des bois les plus précieux, avec une pierre précieuse ou semi-précieuse sertie au centre de l'appareil, tourne avec un système de roulement. Elle constitue l'exemple même de ce type d'"outil-miracle" prêt à l'emploi, à tout moment, en tout lieu et en toutes circonstances. Autre atout non négligeable : ce massage, se pratiquant avec ou sans vêtement, peut aller du simple massage de la nuque et des épaules au bureau, jusqu'au traitement thérapeutique au sens strict du terme. **Le Massage Joya®** convient donc parfaitement à un emploi aussi vaste que diversifié.

■ "C'est à l'automne 2004, qu'Ulrich Metz, l'inventeur de la **roulette de massage Joya®**, m'a présenté son invention, au cours d'une réunion sur différentes formes de thérapie. Me faisant sur le champ la démonstration de la **roulette de massage Joya®**, en l'espace de quelques minutes, j'en étais un partisan convaincu. Quelques mouvements de massage sur le dos avaient été suffisants pour faire disparaître "en un tour de main" les contractures de mes muscles du dos occasionnées par des heures de station debout."

■ Vous découvrirez les principaux champs d'applications de la **roulette de massage Joya®**.

■ Ce livre important, illustré de très nombreuses photos en couleur, vous indique dans le détail, la façon d'utiliser le **massage Joya®** en toute sécurité.

Prix : 20 €

SOMMAIRE

ENTRETIEN DES PIERRES

LES PIERRES DANS LA MAISON

Imprimé en France, en Février 2009, par EMD S.A.S.
53110 Lassay-les-Châteaux
Dépôt légal : Février 2009 - N° impression : 20754